国家哲学社会科学成果文库
NATIONAL ACHIEVEMENTS LIBRARY
OF PHILOSOPHY AND SOCIAL SCIENCES

信息资源共享系统绩效评估研究

肖希明　李卓卓　著

学习出版社

作者简介

肖希明 1955年生于湖南武冈。1983年毕业于武汉大学图书馆学专业。1992—1995年在武汉大学图书情报学院攻读博士研究生，获理学博士学位。1996年在美国俄亥俄州肯特州立大学作访问学者。1999—2004年应聘担任佛山科技学院图书馆馆长。现为武汉大学信息管理学院教授、博士生导师。兼任教育部高等学校图书馆学教学指导委员会委员、中国图书馆学会学术研究委员会副主任委员、资源建设与共享专业委员会主任委员、湖北省图书馆学会常务理事，《中国图书馆学报》、《大学图书馆学报》等学术期刊编委。长期从事信息资源建设、图书馆学基础理论方面的教学和研究，主持多项国家社科基金项目、教育部人文社科基金项目，出版《文献资源共享理论与实践研究》、《中国图书馆藏书发展政策研究》、《信息资源建设》、《数字信息资源建设与服务研究》等学术著作9部，发表学术论文150余篇，获各级教学科研奖励10余项。

作者简介

李卓卓 1982年生，安徽芜湖人，管理学博士。现任苏州大学社会学院档案与电子政务系副教授，从事图书馆学、信息资源管理领域的教学与研究。现主持教育部人文社会科学青年基金项目、江苏省社会科学研究基地项目等省部级项目3项，曾参与教育部哲学社会科学研究重大课题攻关项目、国家社会科学基金项目等多个项目研究。参编《数字信息资源建设与服务研究》、《图书馆知识管理研究》等著作，在核心期刊发表论文20余篇。

《国家哲学社会科学成果文库》
出版说明

为充分发挥哲学社会科学研究优秀成果和优秀人才的示范带动作用，促进我国哲学社会科学繁荣发展，全国哲学社会科学规划领导小组决定自2010年始，设立《国家哲学社会科学成果文库》，每年评审一次。入选成果经过了同行专家严格评审，代表当前相关领域学术研究的前沿水平，体现我国哲学社会科学界的学术创造力，按照"统一标识、统一封面、统一版式、统一标准"的总体要求组织出版。

全国哲学社会科学规划办公室

2011年3月

前　言

自 20 世纪 60—70 年代 OCLC、OhioLINK、RLIN 开展了全球性或地区性的卓有成效的信息资源共享活动以来，世界各国特别是欧美发达国家都加大了对信息资源与服务保障体系的建设与投入，各种形式的信息资源共享系统无论是数量还是功能都得到了长足的发展。我国的信息资源共享系统建设也取得了实质性的进展。自 1998 年起，陆续建设了中国高等教育文献保障系统（CALIS）、国家科学数字图书馆（CSDL）、国家科技图书文献中心（NSTL）等国家级的信息资源共享系统，至今已投入使用了 10 余年，一些区域性的信息资源共享系统也相继建立并得到发展。

随着国家和社会对信息资源建设和开发的投入逐年增加，各类型信息资源共享系统在快速发展，与此同时，信息资源共享系统运行的效果和效率、系统建设和维护的投入产出、系统提供的服务所产生的经济效益和社会效益、用户获取和利用文献资源的满意度等信息资源共享系统绩效评估问题也引起了学界和业界的关注。

近年来，世界各国和国际组织开展了一系列有关信息资源共享系统绩效评估的项目，召开了一些国际会议，制定了相关的标准和指南，如美国研究图书馆协会（ARL）的 E-METRICS 项目、英国联合信息系统委员会投资的 JUBILEE 项目等，Northumbria 绩效评估国际研讨会和 IFLA 馆际互借与文献传递（ILDS）国际会议等都十分关注信息资源共享系统的绩效评估问题。在理论研究方面，国内外都有不少重要成果。理论研究的问题主要包括信息资源共享系统绩效评估的理论与方法研究，特别是对各种定性或定量方法的适用性探讨；信息资源共享系统绩效评估的要素研究，从不同的角度提出并分析了绩效评估的要素；对信息资源共享系统绩效评估指标体系的研究，提出了若干评估指标体系，这些指标宏观上涉及与系统活动紧密关联的目标任务、管理模式、组织结构、资源和资金配置、投资收益等内容；微观上包括系统各项功能和活动，如资源发展、虚拟参考咨询、人员培训、用户满意度等。国内外的研究对信息资源共享系统的绩效评估问题进行了有益的探讨，但仍存在一些薄弱环节：一是研究主要侧重在某一方面，而对信息资源共享系统绩效评估缺乏综合性研究；二是没有提出一个既面向结果又面向过程、科学合理而又切实可行的信息资源共享系统绩效评估的指标体系。

这部著作是作者承担的国家社会科学基金项目"文献资源共享系统绩效评估研究"的成果。课题力图从技术、经济、制度、人文等多角度，从微观、中观、宏观等多层次，运用科学的绩效评估理论和方法，结合我国信息资源共享系统建设的实践，探讨我国信息资源共享系统的绩效评估问题。具体而言，本课题研究试图解决以下三个问题：

第一，深入分析绩效评估对信息资源共享系统战略发展的重要意义，探讨信息资源共享系统相关理论和实践发展规律，选择适合信息资源共享系统的绩效评估方法。

第二，分析绩效评估在信息资源共享系统中的应用现状，针对目前信息资源共享系统绩效评估实践的不足，理论联系实际，运用优选的绩效评估方法构建面向结果和面向过程的信息资源共享系统绩效评估理论框架，并从构成要素、标准体系和流程方法上着手，设计信息资源共享系统绩效评估模型。

第三，运用信息资源共享系统绩效评估模型进行实证分析，发现我国信息资源共享系统建设和发展中存在的绩效问题，深入剖析提高信息资源共享系统绩效障碍因素，实现提高信息资源共享系统绩效的管理机制创新与优化。

在研究中我们感觉到，要科学、客观、准确地评估信息资源共享系统的运行绩效，确实是相当困难的。如何选择科学的绩效评估方法，构建一套综合的具有普适性的评估模型，使其既具有科学性又具有实用性，如何在评估实践中获取完整的正确的数据等等，都是这一领域研究中面临的挑战。我们将以这一研究成果为起点，进一步深入开展研究。

这部著作是课题研究团队集体智慧的结晶。课题负责人肖希明带领课题组成员李卓卓、张新鹤以及博士研究生张新兴、戴艳清，硕士研究生张璇、卢娅、文甜、郭以正、曹淼等，围绕课题研究内容完成了15篇论文，分别发表于《中国图书馆学报》、《图书情报工作》、《国家图书馆学刊》等期刊。这些论文都是本课题研究重要的阶段性成果。特别是李卓卓于2009年完成博士学位论文《信息资源共享系统绩效评估研究》，是本课题研究的核心内容。在课题最终成果，也就是本书稿形成的过程中，由肖希明负责大纲的拟定，各章节撰写的分工是：第一章由肖希明撰写，第二章至第四章由李卓卓撰写，第五章由肖希明、戴艳清撰写，第六章由李卓卓撰写，第七章由肖希明、张新兴撰写，第八章由张新鹤、肖希明撰写。全书由肖希明统稿。

本书稿入选《国家哲学社会科学成果文库》以后，我们又根据全国哲学社会科学规划办公室反馈的修改意见对书稿进行了修改和内容调整，特别是根据实证研究的结果，进一步修改和完善了信息资源共享系统绩效评估的指标体系，最后完成了书稿。

在课题研究的过程中，我们做了大量的调研，走访了国内多位专家学者，特别是CALIS管理中心的老师和广东省立中山图书馆的莫少强副馆长等，对我们的调查研究给予了积极支持，提供了大量的资料和数据，在此谨向他们致以诚挚的谢意。本书在撰写过程中广泛吸收了国内外大量的研究成果，参考和引用了许多专家学者的有关著述，亦在此谨致谢忱。同时也真诚欢迎国内外学人对本课题研究中的不足甚至谬误，进行批评指正。

《信息资源共享系统绩效评估研究》能够入选2012年《国家哲学社会科学成果文库》，本研究团队全体成员深感荣幸。衷心感谢武汉大学信息管理学院马费成教授和陈传夫教授的全力推荐，衷心感谢评审专家、全国哲学社会科学规划办公室和学习出版社同仁为本书的出版提供的大力支持和付出的辛勤劳动。

肖希明

2012年11月28日

目 录

第一章 信息资源共享系统的发展与绩效评估 …………………（ 1 ）
  一、信息资源共享系统在全球的发展 ……………………………（ 1 ）
  二、信息资源共享系统绩效评估的内涵 …………………………（ 7 ）
  三、信息资源共享系统绩效评估的意义 …………………………（ 16 ）
  四、信息资源共享系统绩效评估理论与实践研究进展 …………（ 25 ）

第二章 信息资源共享系统绩效评估的理论基础与方法选择 …（ 44 ）
  一、信息资源共享系统绩效评估的支撑理论 ……………………（ 44 ）
  二、绩效评估方法及其在信息资源共享系统中的应用 …………（ 56 ）
  三、信息资源共享系统绩效评估的方法选择 ……………………（ 63 ）
  四、面向过程和结果的信息资源共享系统绩效评估模型 ………（ 71 ）

第三章 信息资源共享系统绩效评估的要素 ……………………（ 85 ）
  一、不同视角的信息资源共享系统绩效评估要素 ………………（ 85 ）
  二、信息资源共享系统绩效评估要素分析 ………………………（103）

第四章 信息资源共享系统绩效评估指标体系的构建 …………（122）
  一、指标体系构建的要求与方法 …………………………………（122）
  二、指标的选取及指标的内涵 ……………………………………（125）
  三、指标权重的确定 ………………………………………………（134）

第五章 信息资源共享系统绩效评估的实施 ……………………（138）
  一、信息资源共享系统绩效评估实施的条件 ……………………（138）

二、信息资源共享系统绩效评估的流程 …………………………（141）
三、信息资源共享系统绩效评估的管理 …………………………（146）

第六章 信息资源共享系统绩效评估实证研究之一
　　　　——CALIS的绩效评估 ………………………………………（156）
一、CALIS发展战略 ………………………………………………（156）
二、CALIS开展评估现状 …………………………………………（161）
三、CALIS绩效评估体系 …………………………………………（164）
四、CALIS绩效评估的实施及结果分析 …………………………（180）
五、提高CALIS绩效的策略 ………………………………………（195）

第七章 信息资源共享系统绩效评估实证研究之二
　　　　——对珠江三角洲数字图书馆联盟的绩效评估 ……………（208）
一、珠江三角洲数字图书馆联盟绩效评估实施过程与
　　调查项目 ………………………………………………………（209）
二、珠江三角洲数字图书馆联盟绩效评估调查结果分析 ………（219）
三、指标体系的可行性分析与适应性改造 ………………………（243）
四、基于实证研究的指标体系完善和优化 ………………………（246）

第八章 信息资源共享系统的运行机制及其绩效评估 ………………（250）
一、我国图书馆信息资源共享机制现状的调查分析 ……………（250）
二、信息资源共享系统运行机制创新的内容 ……………………（269）
三、信息资源共享系统运行机制的绩效评估 ……………………（283）
四、提高信息资源共享系统绩效的策略 …………………………（290）

主要参考文献 ………………………………………………………（298）

附录Ⅰ ………………………………………………………………（310）

附录Ⅱ ………………………………………………………………（317）

Contents

Chapter One: Development and Performance Evaluation of
     Information Resource Sharing System .... (1)

    I.   The Development of Information Resource Sharing System in
        the Worldwide Scope .... (1)

    II. The Meaning of Performance Evaluation of Information
        Resource Sharing System .... (7)

    III. The Significance of Performance Evaluation of Information
        Resource Sharing System .... (16)

    IV. Progress in Theory and Practice of Performance Evaluation of
        information Resource sharing System .... (25)

Chapter Two: Theoretical Foundations and Methods Selection
     Performance Evaluation of Information Resource
     Sharing System .... (44)

    I.   The Supporting Theory of Performance Evaluation of
        Information Resource Sharing System .... (44)

    II. Methods of Performance Evaluation and Its Application in
        Information Resource Sharing System .... (56)

    III. The Method selection for Performance Evaluation of
        Information Resource Sharing System .... (63)

    IV. The Procedure and Result-Oriented Performance Evaluation
        Model of Information Resource Sharing System .... (71)

II Research on Information Resource Sharing System Performance Evaluation

Chapter Three: Elements of Performance Evaluation of
Information Resource Sharing System ·············· (85)
   I.   The Performance Evaluation Elements of
       Information Resource Sharing System in
       Different Perspectives ······································ (85)
   II. Elements analgsis of Performance Evaluation of
       Information Resource Sharing System ····························· (103)

Chapter Four: Constructing Performance Evaluation Index System of
Information Resource Sharing System ··················· (122)
   I.   Principles and Methods of Constructing Index System ········· (122)
   II. Selection of Index System and Meaning of Index System ······ (125)
   III. Determination of Index Weight ····································· (134)

Chapter Five: Implementation of Performance Evaluation of
Information Resource Sharing System ················· (138)
   I.   Implementation Conditions for Performance Evaluation of
       Information Resource Sharing System ····························· (138)
   II. Processes of Performance Evaluation of Information Resource
       Sharing System ·· (141)
   III. Management of Performance Evaluation of Information
       Resource Sharing System ·· (146)

Chapter Six: The First Piece of Empirical Study on Performance
Evaluation of Information Resource Sharing System
——Performance Evaluation of CALIS ···················· (156)
   I.   Development Strategy of CALIS ····································· (156)
   II. Current Situation of Evaluation in CALIS ····················· (161)
   III. Performance Evaluation System of CALIS ····················· (164)
   IV. Implementation of Performance Evaluation of CALIS and
       Analysis on Its Results ·· (180)

V. Strategies on Improving Performance of CALIS .... (195)

Chapter Seven: The Second Piece of Empirical Study on Performance Evaluation of Information Resource Sharing System
——Performance Evaluation of the Digital Library Consortia in Zhujiang River Delta .... (208)

I. Implementation Process and Survey Project of the Digital Library Consortia Performance Evaluation in Zhujiang River Delta .... (209)

II. An Analysis on the Result in Survey of the Digital Library Consortia Performance Evaluation in Zhujiang River Delta ...... (219)

III. The Feasibility analysis of Indicator System and Adaptive Improvement .... (243)

IV. Improvement and Optimization of Indicator System Based on Empirical Research .... (246)

Chapter Eight: Operating Mechanism of Information Resource Sharing System and its Performance Evaluation .... (250)

I. Investigation and Analysis on the Current Situation of Library Information Resource Sharing Mechanism in China ... (250)

II. Innovative Content of Operating Mechanism of Information Resource Sharing System .... (269)

III. Performance Evaluation of Operating Mechanism of Information Resource Sharing System .... (283)

IV. Strategies on Improving Performance of information Resource Sharing System .... (290)

References .... (298)

Appendix I .... (310)

Appendix II .... (317)

第 一 章
信息资源共享系统的发展与绩效评估

一、信息资源共享系统在全球的发展

信息资源共享系统，是指集信息资源采集协调合作、馆藏文献数字化与数据库建设、联机联合编目、数字信息资源合作开发、长期保存及馆际互借与电子文献传递等功能于一体的集成系统。图书馆联盟正是这种经过正式组织、合作更加紧密、更具有协同性的信息资源共享系统的形式。

人类以文献为工具进行的信息交流，伴随着文献的产生就已经开始了。早期的信息资源共享以文献共享为主。公元前200年，埃及的亚历山大图书馆与普格姆图书馆之间进行了馆际互借的尝试[①]。17世纪，巴黎皇家图书馆（the Royal Library）与罗马的几个图书馆之间尝试建立了跨国图书馆互借系统。19世纪80年代，美国《图书馆杂志》（*Library Journal*）发表了一篇关于图书馆合作的文章，倡议图书馆应该进行广泛的合作以共享其资源，自此拉开了欧美发达国家开展图书馆信息资源共享活动的序幕。1916年在英国，Albert Mansbridge在伦敦建立了"学生中央图书馆"（Central Library For Students），为其成员馆提供联合目录和馆际互借，这也是英国图书馆文献提供中心（the British Library Document Supply Centre，BLDSC）的前身[②]。1933

---

① 陈曙：《文献资源网络建设的起源和发展综述》，《图书馆工作》1997年第4期，第8—13页。
② 程焕文、潘燕桃：《信息资源共享》，高等教育出版社2004年版，第216页。

年"三角研究图书馆网络"（Triangle Research Library Network，TRLN）成立，开创了以地理位置优势形成区域性合作的信息资源共享系统，它是美国高等教育界最早的大学图书馆联盟之一[①]。这些早期自发性的文献资源共享活动所结成的合作关系和联盟组织是信息资源共享系统形成的萌芽。

二战以后，由于国家战略调整和不断激增的社会需求，图书馆难以在人力和经费日渐紧缺的情况下满足用户的需求。加之出版物激增，资源选择范围的扩大和要求的提高，使得信息机构特别是图书馆面临着内外双重压力，信息资源共建和共享便成为图书馆唯一的选择。在这种情形下，指令统购（Blanket Order）、阅选订购（Approval Plan）、合作采集和联合编目等，成为这一时期美国信息资源共享的主要方式。加之法明顿计划（Farmington Plan）、格林威计划（Greenway Plan）和公共法案480号、国家采购和编目计划（National Program for Acquisitions and Cataloging，NPAC）等代表性的信息资源共享项目的实施，也有效地推动了美国信息资源共建共享广泛而深入的发展。但是，由于这些"计划"都是图书馆自发的行为，没有建立成员馆的利益均衡机制，缺少统一管理机构的协调和约束，导致了资金来源渠道单一和经费短缺，加之松散的协作，使得"计划"执行缺少灵活性而无法适应成员馆自身的发展要求，因此，未能得到图书馆长久的支持并获得持续发展的条件。与此同时，中国和其他国家与地区也尝试了一些具有影响力的信息资源共享实践，如北欧四国的斯堪的纳维亚计划（Scandinavia Plan）、拉丁美洲合作采访计划（Latin American Cooperative Acquisitions Program，LACAP）、中国的《全国图书协调方案》等。正是这一时期，图书馆自给自足的资源建设和服务方式开始受到了挑战，由国家意志和国际组织引领的各种资源合作计划的实施，为信息资源共享进一步发展提供了初步尝试的机遇和宝贵的经验。信息资源共享系统雏形的特征，主要概括为自愿参与、资金自给、手工作业、地域局限、规模有限和以书目资源及文献资源共享为主，等等。实践证明，以某一特定任务结成的松散的信息资源共享协作关系，不能适应图书馆可持续发展的要求，而更为合理和紧密的信息资源共享系统将

---

① Sharon L B. "The history and development of academic library consortia in the United States: An overview" [J/OL]. Journal of Academic Librarianship, 2001（2）：128-130.

成为合作进程中的必然。在这一时期，现代信息技术特别是计算机通信技术的迅速发展，各国政府对信息资源共享系统的关注和支持，世界性书目控制计划的开展等掀起了信息资源共享系统发展的"第一次浪潮"，促进了信息资源共享系统功能的丰富和完善，加速信息资源共享系统正规化和科学化的进程。"第一次浪潮"呈现出以下标志性的特征：

第一，现代信息技术催生了以计算机网络为依托的信息资源共享系统的形成。20 世纪 60 年代是信息资源共享系统发展的一个分水岭，这首先表现为计算机渗透到图书馆实际工作中，催生了现代意义上的信息资源共享系统。1967 年，俄亥俄大学图书馆中心（Online College Library Center, OCLC）[1]的产生将信息资源共享系统带入了新的发展阶段。坚持非盈利性质、以会员制度为基础，通过会员对资源建设和利用协作的共识，使得 OCLC 从诞生到发展至今的 40 多年间，服务于美国各种类型的 7.2 万所图书馆及全球 170 个国家和地区；从最初提供联机编目和馆际互借服务拓展为提供包括 FirstSearch 联机检索、合作虚拟咨询（QuestionPoint, QP）、网上图书馆（NetLibrary）、WorldCat 资源共享和数字馆藏管理等全方位的信息资源共享服务，成为目前世界上发展最早、规模最大、信息资源最丰富的信息资源共享系统[2]。随后，由 1974 年成立的研究图书馆团体（Research Libraries Group, RLG）发展起来的研究图书馆信息网络（Research Library Information Network, RLIN）、1983 年创办的日本文部省学术情报中心（National Center for Science Information Systems, NACSIS）、1993 年英国创办的联合信息系统委员会（Joint Information Systems Committee, JISC）等国家支持的跨区域利用计算机网络，把参与协作的图书馆的信息资源集中在一起，产生了书目利用共同体，形成了多种形式服务的图书馆信息资源共享系统。与此同时，始建于 1987 年的美国 OhioLINK 开创了"书目利用共同体"的先河，被同行视为图书馆合作、集中投资和有效服务的典范。这类区域性信息资源共享系统的建立和跨地区、国家范围的信息资源共享系统的发展，大大推动了信息

---

[1] OCLC 于 1977 年改名为联机计算机图书馆中心（Online Computer Library Center, OCLC），OCLC 的缩写不变。

[2] OCLC 简介［EB/OL］.［2008 - 08 - 03］. http：//www. oclc. org/asiapacific/zhcn/about/default. htm.

资源共享活动的深入，丰富了信息资源共享系统建设的模式，其合理的组织管理机构，完善的政策、程序、规章制度和技术标准等，保证了系统的有效运行，完成了图书馆之间的合作活动向成熟健全的信息资源共享系统运作的进化。

第二，政府政策和资金的支持以及国际性书目控制计划的开展确保了信息资源共享系统的稳步发展。1966年，美国"图书馆服务法案"（Library Service Act）在修订过程中增加了第三章"馆际合作"，并确定了该法案下联邦政府提供的经费数量。从1967年到1981年的15年间，联邦政府共为"馆际合作"拨款达4800多万美元[①]。20世纪60年代中期，计算机已在美国的图书馆广泛使用。在此技术应用的基础上，从1964年到1968年，国会图书馆研制成功了MARC，还有OCLC和DIALOG联机检索公司的成立，使计算机技术真正应用到图书馆实际工作中，并形成了相对合理的标准，促使信息资源建设的合作与共享阔步进入了计算机时代。另外，IFLA所发起的书目控制计划也为世界各地图书馆达成信息资源共享的共识发挥了积极的作用。20世纪70年代，为了进一步推动全球范围内的信息资源共享，国际图联制定并实施了"世界书目控制计划"（Universal Bibliographic Control，简称UBC计划），以致力于建立一个由各国出版界和图书馆界的全国性机构共同构成的世界编目网，使用国际通用的规格和标准，准确迅速地提供世界各国所有出版物的基本书目数据；随后又实施了"世界出版物可得计划（Universal Availability Publications，简称UAP计划）"，促进各国构筑一个具有文献的出版、发行、采购、加工、存储、保护和馆际互借等基本功能的国家系统，并建立国内书目系统和馆际互借网络，最大限度地向读者提供所需要的出版物。20世纪90年代后期，这两个计划又顺应数字环境的要求，在信息资源合作和共享中发挥了积极的作用，如1995年UAP制定的《中心图书馆馆际互借和复制指南》，对中心图书馆跨国互借和跨国文件传输的标准作出了规定，同时在解决共享活动中版权、资源可获取性以及信息资源组织和共享相关标准等问题上，有效推动了信息资源全球著录标准的完善和地区

---

① Holly E G, Schremser R F. *The Library Service and Construction Act: An Historical Overview From the Viewpoint of Major Participants*. Greenwich: JAI Press Inc, 1983.

性信息协作网络的建设。

第三，信息资源共享系统的服务职能和合作活动得以确立。即：一是建立在联机编目基础上的书目供应体，提供了可共享的编目数据服务，如北美的四大书目供应体 OCLC、RLIN（Research Library Information Network）、WLN（Washington Library Network）和 UTLAS（University of Toronto Library Automation System）；二是以书目供应体的联合目录为基础形成的馆际互借和文献传递系统，提供了广域范围的文献传递和馆际互借服务；三是联合自动化系统开发，集合了多个图书馆的力量联合共同开发并共同享用一种图书馆的自动化功能，如联合公共书目、联合流通系统等；四是参考网络，也就是文摘索引数据库的集中存储和联机检索系统，如 BRS 系统和 DIALOG 系统[1]。

第四，信息资源共享系统的调查统计和相关技术的应用及推广指导了实践发展。美国教育部在 20 世纪 70 年代初期开展了一项全美大学图书馆联盟的调查研究，这项研究直接产生了两个成果：一是 Diana D. DeLanoy 和 Carios A. Cuadrahe 编辑的《大学图书馆联盟名录》(*The Directory of Academic Library Consortia*)；二是由 Ruth J. Partrick 撰写的《图书馆合作指南：大学图书馆联盟的发展》(*Guidelines for Library Cooperation: Development of Academic Library Consortia*)，均于 1972 年出版。这两篇文献对美国大学图书馆联盟进行了全面考察，被视作美国图书馆联盟研究和发展的重要里程碑[2]，其中涉及的 125 个大学图书馆联盟大都建于 1931 年到 1972 年，绝大部分（90%）均建于 1960 年后，形成了信息资源共享系统发展的"第一次浪潮"。ASLA（Association of State Library Agencies）于 1978 年编辑出版了《图书馆合作报告》，对这一阶段不同层次图书馆之间的合作活动进行了总结，基本反映了这一时期图书馆联盟的发展情况[3]。自动化在图书馆中的广泛应用促使计算机编目、书目数据共享和数据库查询技术的迅速普及，一些自动化技术研究项目也随之得以开展，如芝加哥大学、哥伦比亚大学和斯坦

---

[1] Martin S K. *Library Networks*, 1976 – 77. White Plains, N. Y. Knowledge Industry Publications, 1976.
[2] 王丽华：《图书馆联盟运行机制研究》，北京大学学位论文，2008 年，第 30—31 页。
[3] Kopp J J. "Library Consortia and Information Technology: The Past, the Present, the Promise" [J/OL]. *Information Technology and Libraries*, 1998 (1): 7 – 12.

福大学的自动化专业技术人员进行的图书馆系统合作发展项目(Collaborative Library Systems Development)，目的是共享自动化技术和经验。

信息资源共享系统发展的第二次浪潮，产生于计算机网络普及下的数字信息资源开发利用和数字图书馆兴起的背景下。信息资源共享的范畴发生了变化，不仅包括文献信息资源，还包括数字信息资源；文献信息资源被数字化后还可通过数字化共享渠道得以共享；系统成员享有共享权利的同时也需要更多地承担共建的任务。文献资源数字化以及数字信息资源的开发和组织都离不开成员的"共建"，这就使得成员参与信息资源共享的合作不单单涉及用户的需求和服务，还要体现到信息资源建设的各个环节，包括信息资源的选择、采集和评价、分类和组织以及参考咨询等。在这样的信息资源共享系统中，用户是共同的用户，资源是整合了的资源，环境是共处的环境。

我国的信息资源共享系统形成与发展相对较晚，已有相关学者对我国信息资源共建共享实践进行了详细的阐述[①]。1949年新中国成立后，在高度集中的政治经济体制下，1957年6月国务院通过了《全国图书协调方案》，确立了两个全国性和九个地区性中心图书馆委员会，提出了采购、调配、交换、互借的分工合作和编制联合目录、新书通报的任务，尤其是外文原版期刊的采购协调。"文化大革命"十余年间，我国信息资源共享系统发展停滞，资源遭到破坏，错失了全球信息资源共享系统发展的第一个热潮。直到20世纪80年代末，图书馆自动化的发展伴随机读目录的推广和应用，以及随之而来的互联网，给信息资源共享系统建设带来了一次难得的发展契机。经过五六年的辛勤耕耘，我国信息资源共享系统于20世纪90年代中后期产生和发展起来。国家层面的信息资源共享系统建设项目，如中国高等教育文献保障系统、国家科技图书文献中心、全国文化信息资源共享工程等，分属教育系统、科研系统和公共图书馆系统，从不同的图书馆系统构架了全国性的信息资源共享体系，并协调本系统成员的资源建设，保障信息服务的顺利开展。同时，这三大系统又在各地区成立了子系统，发挥区域信息资源共享系统在地区政策、财政和通信上的便利，开展资源协调、联机编目、联合目

---

① 高波：《网络时代的资源共享——中日文献信息资源共享比较研究》，北京图书馆出版社2003年版，第61—78、100—110页。

录、馆际互借、文献传递等合作活动。

纵观国内外信息资源共享的发展，构建信息资源共享系统成为必然趋势。在信息技术发展的带动下，每个图书馆需要重新定位发展目标，共同在信息资源共享系统中寻求技术、政治和经济上的支持，以求得顺应整个时代发展的持续性发展战略[1]。在用户不断提升的信息需求的驱动下，图书馆参与共建共享已由最初"自发"的"外在"行为转变为"自觉"的"内生"需求。参与信息资源共享系统不仅是图书馆提高运行效率、优化投入产出的重要途径，更关系到图书馆在数字时代核心价值的发挥和战略目标的实现。

二、信息资源共享系统绩效评估的内涵

（一）信息资源共享系统绩效的含义

"绩效"是一个适用范围极广的概念，所有的个人、组织、系统等都存在绩效。它既非新词也非舶来品[2]。"绩效"概念可以追溯到我国古代的选官、用官制度。如《后汉书·荀彧传》中即有"原其绩效，足享高爵"，即考察官员的绩效看其是否足以担任高的官职；以及《旧唐书·夏侯孜传》中的"录其绩效，擢处钧衡"，即把一个官吏的绩效记录存档，根据其优劣来提拔到合适的官位[3]。

从语言学的角度来看，"绩"是指业绩，侧重效果；"效"是指效率、效益，侧重过程。"绩效"则是对两者的综合，就是指完成工作的效率与效能。从管理学的角度看，"绩效"是组织期望的结果，是组织为实现其目标而展现在不同层面上的有效输出。在不同的实践领域，"绩效"的具体内涵又各不相同：在人力资源管理领域，绩效主要是指个人、团队或组织从事一种活动所获取的成绩和效果；在公共部门评价领域，绩效主要是指在特定情

---

[1] Potter W G. "Recent Trends in Statewide Academic Library Consortium" [J/OL]. *Library Trends*, 1997, 45 (3): 416–434.

[2] 吴建南、阎波：《政府绩效：理论诠释、实践分析与行动策略》，《西安交通大学学报》（社会科学版）2004 年第 3 期，第 31—40 页。

[3] 吴建南、杨宇谦、阎波：《政府绩效评价：指标设计与模式构建》，《西安交通大学学报》（社会科学版）2007 年第 5 期，第 79—85 页。

境下公共部门在实现其价值过程中的行为和结果。

绩效是一个可以从不同角度理解的多维概念，在不同的语境之下有不同的解释。人们对于绩效的认识也经历了一个从单纯地强调数量到强调质量再到强调满足顾客需要，从强调"即期绩效"到强调"未来绩效"这样一个不断发展的过程。因此，必须以全面和发展的眼光来认识绩效的概念，综合考虑绩效产生的过程、方式、时间以及结果等因素。具体而言，要从以下几个方面来理解绩效的含义：（1）从绩效的本质规定性来看，绩效反映的是个人、组织或者系统在履行其职能或职责的过程中，在一定时间内以某种方式实现某种结果的过程。（2）从行使职能或职责以产生绩效的主体来看，绩效包括系统绩效、组织绩效、个人绩效。（3）从绩效的质与量的规定性来看，绩效并不等于产出本身，也不等于任务或产品本身，绩效既有量的规定性，也有质的规定性。（4）从绩效形成的过程来看，绩效具有一定的周期，具有从投入到获得中期结果，再获得最终结果的周期性发展过程，时间对绩效形成具有影响作用[①]。

综上所述，就信息资源共享系统这一产生绩效的主体而言，过程和结果是其绩效强调的两个关键维度，因而可以从这两个方面来定义信息资源共享系统的绩效：一是信息资源共享系统运行过程中的有效性，以及用户使用满意度；二是信息资源共享系统对其设定共享目标的贡献和实现程度[②]。信息资源共享系统的绩效涉及系统运行的效果和效率、系统建设和维护的投入产出、系统提供的服务所产生的经济效益和社会效益、用户获取和利用信息资源的满意度等诸多方面。

（二）信息资源共享系统绩效的形成机理

绩效问题已经成为当前信息资源共享系统建设和发展中广受关注的一个重要课题，若想科学评价和高效管理信息资源共享系统的绩效，必须要了解其绩效的形成机理。信息资源共享系统是由多种要素构成的动态有机体，它的绩效是各要素之间相互影响和协同发展的结果。信息资源共享系统的绩效形成机理如图1-1所示。

---

① 政府绩效评估 [EB/OL]. [2011-06-12]. http://www.doc88.com/p-58461997634.html.
② 王鑫：《图书馆联盟绩效评估研究》，天津工业大学学位论文，2007年，第14页。

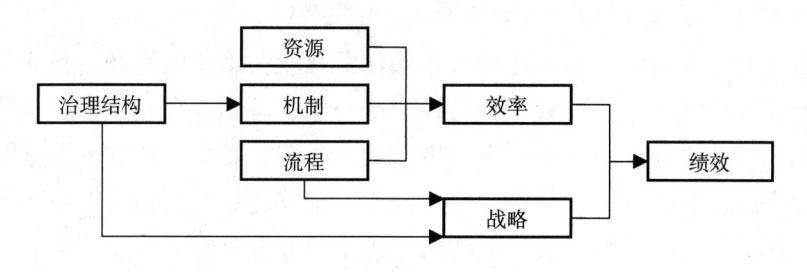

图 1-1 信息资源共享系统绩效形成机理[1]

治理结构是指在治理主体多元化的前提下，关于信息资源共享系统法人决策权、管理执行权和监督权关系的制度安排。治理结构直接决定了有机体的运作机制——它要求各项权利之间要有清晰的界限，决策、执行、监督相互分离，并且三者之间互相制衡，从而达到高效的决策和激励效果[2]。信息资源共享系统的治理结构通过对系统内权利的相互制衡，对战略的制定，乃至战略的执行和实现具有决定性影响。采取不同治理结构的信息资源共享系统必然会选择相应的发展战略，进而形成各具特色的资源与服务。

信息资源共享系统的人力资源、设施设备、社会网络、运行经费、知识文化，以及信息资源本身等共同构成了系统的资源基础，它们是系统得以生存，进而提供服务的物质条件。各种资源的结构和水平对系统的效率发挥着基础性影响作用。信息资源共享系统的运行机制是系统各个组成要素相互联系、相互作用的关系及其功能，包括动力机制、决策机制、信息传递与交流机制、市场机制、服务机制、有效监督机制、政策保障机制。系统的运行机制是系统可持续发展的根本性问题。系统运行机制的有效性，如战略决策模式、信息沟通渠道、服务质量控制等，则是系统效率提升的关键。系统的流程是一系列连续的、有规律的行动，这些行动以确定的方式发生或执行，导致特定结果的实现。流程决定了系统输入转化为输出的途径和程序，所以流程的规范化、精细化、复杂性、集权度、流程监控和反馈的科学性与周期控

---

[1] 胡汉辉、刘怀德：《流程重组的多维性：中国企业变革的特点》，《科研管理》2002 年第 1 期，第 63—69 页。
[2] 贺亚民：事业单位法人治理结构研究 [EB/OL]．[2011-06-12]．http://www.docin.com/p-548300.html．

制对系统效率发挥立竿见影的影响。

流程对信息资源共享系统的战略同样具有至关重要的影响。首先，战略的制定需要遵循一定的流程，只有在广泛调研、协调各方利益和民主决策基础上制定的战略才是科学的、有发展前景的战略。其次，战略的实施受到系统流程设计的合理性，以及各项业务流程的延续性和关联性的影响。无论多么完美的战略，如果缺乏高效的实施流程，也只能是纸上谈兵。最后，流程还是战略能否实现的制约因素，系统流程的运转效率与自动化水平和信息化程度，如流程能否对战略实施过程进行有效监控，对成员或用户意见快速反馈以调整战略，关系到系统战略的实现程度。

信息资源共享系统的绩效是在系统效率和战略的共同作用下产生的。其中，效率是在特定时间内，系统的各种资源投入与产出之间的比率关系。战略是信息资源共享系统统领性、全局性的发展方案和计划。效率决定了系统实现社会效益和经济效益的能力，而战略则决定了系统的发展方向，并且效率的高低主要表现在对战略的实现上，所以效率和战略必须相互适应、相互结合才能达到最佳绩效。系统的效率水平和对既定战略的实现程度是信息资源共享系统绩效的核心表征。

信息资源共享系统作为由相互联系、相互依赖的成员结合而成，并具有特定功能的信息资源共享有机体，其绩效是由信息资源共享系统的治理结构、资源、机制、流程、效率、战略等因素综合作用形成的。以上各个因素都直接或间接地对系统的最终绩效产生不同程度的影响，在考察系统绩效时，需要对这些因素予以综合考虑。

（三）信息资源共享系统绩效评估的含义

绩效评估古已有之，发展至今已日趋成熟。现代的绩效评估是指运用数理统计、运筹学原理和特定指标体系，对照统一的标准，按照一定的程序，通过定量定性对比分析，对项目在一定经营期间的经营效益和经营者业绩做出客观、公正和准确的综合评判[1]。综合考虑信息资源共享系统的特点和绩效评估的含义，可以将信息资源共享系统绩效评估概括为：遵循信息资源共

---

[1] 绩效评估、绩效审计与绩效优化——需要我国资讯化亟待解决的热点[EB/OL]. [2011-06-12]. http://www.mba163.com/glwk/cwgl/200606/64463.html.

享系统绩效评价指标体系，依据客观事实和数据，通过定量定性对比分析，运用科学的方法，对信息资源共享系统的有效性和运作效率是否达到预期目标做出客观、公正和准确的评判和分析。或者说，就是根据信息资源共享系统绩效评价指标体系，对信息资源共建和共享的质量与效益进行定量的测度与定性的分析[①]。

信息资源共享系统绩效评估对信息资源共享系统在运行过程中的资源和服务以及利用效果进行检测，对成员参与共建共享所产生的系统效益和价值加以估量，并且反馈各种信息，从而为调整信息资源共享系统组织管理模式、制定发展战略、实施即时调控、进一步扩大社会效益和经济效益提供客观依据。换句话说，信息资源共享系统绩效评估是将信息资源共享系统作为一个整体，考察组织管理架构和运行机制、资源和服务保障体系状况和功能以及成员参与所发挥的整体效益，特别是单个成员所无法实现的功能和收益，即共建共享合作带来的收益。这种绩效评估工作是与信息资源共享系统的运作并行的，即边建设、边评估、边调整。因此，信息资源共享系统的评估具有三种功能：判断功能——判断当前绩效状况和水平；预测功能——预测绩效的变化方向和程度是否能与信息资源共享系统的发展战略相吻合；选择功能——根据绩效的状况和变化趋势实施调整策略，改进不足，提高系统的运行绩效，更好地服务于系统战略目标的实现。对于价值的判断、预测和选择最终是对系统运行起到导向作用，导向功能是评估最为重要、处于核心地位的功能。因此，"三种功能"都是紧密围绕着信息资源共享系统的发展战略目标，以发展战略要求为依据确定绩效状况、衡量绩效水平、提出绩效改进方案[②]。

需要特别注意的是，不同于一般组织或系统的绩效评估，信息资源共享系统绩效评估的关键是需要体现共享的绩效问题。共享不仅体现在信息资源共享系统的投入上还体现在产出上，是各个子系统相互关联并与系统整体发生绩效连动关系的关键，是系统绩效大于成员绩效之和的来源。共享的绩效不仅关系到信息资源共享系统运行的绩效结果，而且更关系到各个子系统即

[①] 肖希明、文甜：《信息资源共享系统绩效评估的理论意义与实践原则》，《图书情报工作》2009年第19期，第10—13、76页。

[②] 李卓卓：《信息资源共享系统绩效评估研究》，武汉大学学位论文，2009年，第45—46页。

各个成员、各种功能是如何有机地联系到一起，即需要注重共享的过程。这也符合信息资源共享系统绩效管理和持续提高信息资源共享系统绩效的要求。在信息资源共享系统的运作中，共享绩效产生于系统内部对其成员的有效组织运作、合理配置系统内的优势资源、深度挖掘和多样化重组及整合信息资源、最大限度地提升系统内资源的利用效率和效果；在系统外部则产生于通过行业联盟，使整个系统的每个成员以最低的代价尽可能地获取最多的资源，谋求系统利益的最大化，解决单个成员无法应对的行业难题，如技术攻关、知识产权、数字资源长期保存等问题。共享绩效的衡量是信息资源共享系统绩效评估的关键，也是检验信息资源共享系统方法适用性的核心标准[1]。

（四）信息资源共享系统绩效评估的原则

1. 科学性原则。首先，科学性体现在评估方案与具体的评估方法要合理，能真实客观地反映评估对象的情况。其次，评价的指标体系的制定也应贯彻科学性原则。指标体系是理论与实践的结合，各指标的制定是对评估内容的一种抽象描述，要简练、符合客观实际。同时各个指标概念的内涵与外延不能模糊含蓄，要做出具体、科学的规定。再次，统计指标的原始数据必须客观准确，具有可行性，所以数据采集的方法和途径也要具备科学性。

2. 可行性原则。评估指标体系的设计最终是要应用到评估过程当中的，所以除了具备科学性外，还要具有可行性。具体来讲就是：首先，相关的部门都要求能快捷方便地使用，所以要求评估指标体系在保证评估指标全面、客观的情况下，评估指标尽量简化，不能太烦琐，突出重点，各评估指标之间的各项指标都要有明确的含义和内容，相互之间逻辑关系要清楚。其次，评估指标所需要的数据要方便采集，易于量化。统计方法也要明确，易于操作。

3. 系统优化原则。系统优化原则要求指标体系要从整个信息资源共享系统出发，兼顾共享建设的各个环节以及各个环节中涉及的各因素。同时还要统筹整体与要素，要素与要素，整体与环境适应的关系，最终要统一到追

---

[1] 卢娅、李卓卓：《关于信息资源共享系统绩效评估方法适用性的探讨》，《图书情报工作》2009年第19期，第18—21、111页。

求信息资源共享服务的最优化上。同时，系统优化原则还体现在评估指标体系的结构方面，从综合绩效评估出发，依据各系统的具体特点，系统优化指标体系。在评估方法的选择上也可以体现系统优化的原则，那就是综合考虑绩效评估的内容，比较各评估方法的优缺点，准确分析评估方法对评估内容的适用性，根据具体情况，选择合适的评估方法。

4. 动态性与开放性原则。首先，随着信息资源共享系统的建设与发展，反映系统绩效的统计数据和评估指标会不断变化，只有以发展的眼光认真考察各种影响因素，才能使制定出来的指标体系具有与时俱进的适应性。其次，涉及信息资源共享系统效益的评估内容，包括现实效益和潜在效益，因此信息资源评估工作不可能一次性完成，要定期地进行追踪评估。最后，信息资源共享系统评估对数字化技术和工具的依赖性很强，随着数字化技术不断进步，评估工具不断更新，绩效评估中相关的评估方法、技术也要保持高度动态性。

（五）信息资源共享系统绩效评估体系

信息资源共享系统绩效评估的设计与实施是一项复杂的系统工程，评估对象、评估定位、评估模型、评估机制等要素相互依存、相互作用构成了信息资源共享系统的绩效评估体系。在信息资源共享系统绩效评估体系中，评估对象即被评估的共享系统，评估定位是实施评估的导向，评估模型包括评估方法、评估标准、评估指标、评估数据，评估机制包括评估主体、评估实施的程序、评估结果的使用[1]。信息资源共享系统绩效评估体系如图1-2所示。

信息资源共享系统绩效评估的主体是指开展信息资源共享系统绩效评估工作的组织和人员。鉴于信息资源共享系统绩效涉及共享系统内管理机构、成员单位及终端用户，而它们的价值观、利益取向、关注重点等各不相同，这就要求评估主体的构成应多元化，以保证评估的各项目便于操作，同时兼顾评估的公平性和有效性。因此，信息资源共享系统绩效评估主体应包括：信息资源共享系统内管理机构、成员、终端用户及第三方（相关专家或专业调查咨询机构）。

---

[1] 吴建南、阎波：《地方政府绩效评估体系的路径选择——福建的分析》，《中国行政管理》2008年第2期，第25—29页。

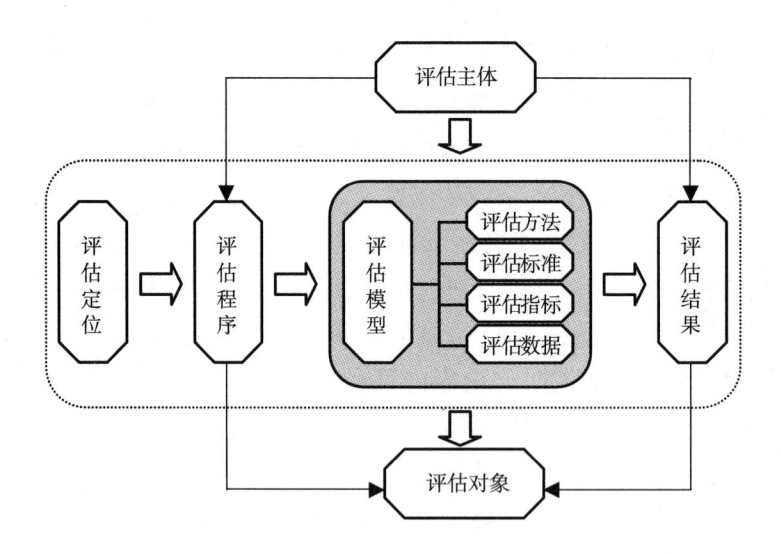

图 1-2　信息资源共享系统绩效评估体系[①]

信息资源共享系统是集信息资源协调采集、馆藏文献数字化、联合编目、数字信息资源开发、数据库建设、馆际互借和文献传递等功能于一体的集成系统。因此，信息资源共享系统的绩效也是体现在多方面的。从不同的维度进行评估，所指向的问题和所反映的绩效是不同的。评估定位指的就是确定共享系统的评估维度，换句话说就是绩效评估以什么为导向。目前，信息资源共享系统绩效评估主要存在三种导向：以资源为导向的绩效评估、以"成本—效益"为导向的绩效评估和以用户为导向的评估[②]。明确的评估定位为评估的顺利开展和获得预期的绩效信息奠定了基础。

信息资源共享系统绩效评估需要通过相互关联的多个环节和步骤按照一定的程序和规范实现。在评估程序方面主要是建立规范的评估操作规程，一是要规范系统对绩效评估流程的支持，即安排和配置评估活动所需的资源、人员、培训计划和设备等，保证评估活动的顺利实施；二是要明确实施细则和操作流程，避免绩效评估细则不明而出现的纰漏和误解，使评估参与者都

[①] 孙强：服务型政府电子政务绩效评估探讨［EB/OL］．［2011-06-12］．http：//www.4oa.com/office/748/933/200902/253913.html.

[②] 肖希明、郭以正：《用户导向的信息资源共享系统绩效评估探讨》，《国家图书馆学刊》2010年第3期，第18—22页。

能知晓如何处理各自的评估环节，以提高绩效评估的实施效率；三是责权明晰，即赋予专人或专门机构（评估负责单位）的责任和权利，以责成和督促绩效评估工作的顺利实施。

评估模型包括评估方法和评估标准的选择、评估指标及其权重的确定、评估数据的采集，它是信息资源共享系统绩效评估的核心。在评估方法方面可以针对不同的评估需要，选择决策导向型评价法、标杆分析法、平衡计分卡方法、绩效参考模型法等较为成熟的绩效评估方法[1]，或根据共享系统的特点对这些方法进行适应性改造。评估标准是绩效评估的参照系，指的是在各个指标上分别应该达到什么样的水平，解决的是评估对象做得怎样、完成多少的问题，也就是在各个指标上所应达到的具体的绩效要求。评估指标是对绩效信息的科学建构，反映绩效的产生和形成机理。评估指标的来源、设计和筛选是多渠道、多方面的，但所确定的指标需要符合具体明确、可测量、可实现、相关性及时间性等要求。不同的评估指标对评估对象所起的作用不同，需要确定各自的权重。指标权重的调整和平衡功能，使作为"指挥棒"的评估指标的导向作用得以实现。绩效评估是一个绩效评估数据收集、处理、沟通、使用和反馈的过程。评估数据是否充分、准确、客观，是决定评估有效性的关键因素。评估数据来源包括自我报告、评估主体收集、第三方提供等[2]。

评估结果使用是绩效评估的最后环节和促进信息资源共享系统绩效不断改进的重要手段。这个环节主要是对评估数据和统计结果进行深入分析，挖掘各个评估指标中的隐含信息和揭示评估结果的内在关联，发现系统在运作过程中存在的问题，并针对当前绩效状况提出针对性的绩效提高策略，将其向相关部门予以提交和反馈，促成相应的调整和更新，以确保"提高策略"的落实。评估结果也是信息资源共享系统制定战略决策，实施下一步绩效评估的重要参考。

上述评估体系是根据当前信息资源共享系统和绩效评估理论与实践的发展现状设计的。由于信息资源共享系统随着信息技术的进步和信息服务方式

---

[1] 卢娅、李卓卓：《关于信息资源共享系统绩效评估方法适用性的探讨》，《图书情报工作》2009年第19期，第18—21、111页。

[2] 吴建南：《公共部门绩效评估：理论与实践》，《中国科学基金》2009年第3期，第149—154页。

的变革，处于不断的发展变化之中，绩效评估的理论与方法也在逐步走向成熟和完善，所以，今后信息资源共享系统绩效评估体系也必然要随之进行调整和改进。

三、信息资源共享系统绩效评估的意义

对于信息资源共享系统绩效的考察，其背后有着强大的追求效益的动力。首先，从经济学角度来讲，效益原则是各行各业都要遵循的基本法则。任何一个社会系统，如果只有物质、能量和信息的输入而不考虑其社会输出，它就不可能发展壮大，而只能逐渐走向衰亡。信息资源共享系统作为一个动态的有机体，必须遵循经济学的基本法则，追求投入与产出的最大效益，通过绩效评估，不断提升向社会输出的服务效益。其次，从管理学角度来讲，信息资源共享系统是由人、设备、信息资源等组成，系统运营所产生的效果，取决于人、财、物的合理使用和各子系统的有机结合。绩效评估就是从系统输出端——效益着眼，通过确定衡量标准和指标，全面测评投入与产出中系统各要素的基本情况，检验管理者的计划、决策与执行情况，使系统的功能大于各成员的简单相加之和，以达到低耗、优质、高效的目标[1]。

绩效是通过激发信息资源共享系统的功能而释放出来的。随着科学技术以及信息资源共享系统自身的快速发展，系统的功能已从简单的馆藏互借与文献传递发展为信息资源协调采集、参考咨询服务协作、数字资源建设、人员培训与业务辅导等多项功能。尽管如此，不管它的功能如何被无限放大，其最根本是要解决两个问题，一是降低图书馆的运行成本，二是要最大限度地满足用户的信息需求。换言之，信息资源共享系统的绩效应该是满足用户信息需求与控制信息成本的一种平衡状态。用户信息需求的满足体现为社会效益，信息资源共享系统成本优化体现为经济效益。

近年来，国家对于信息资源共享系统的投入逐年加大，与此同时，各级信息资源共享系统运行的效果和效率、系统建设和维护的投入产出、系统提供的服务所产生的经济效益和社会效益、用户获取和利用信息资源的满意度

---

[1] 潘寅生：《图书馆绩效评估简论》，《图书馆论坛》2006年第6期，第31—36页。

等信息资源共享系统绩效评估问题成为业界关注的问题。毫无疑问，开展信息资源共享系统绩效评估，对促进信息资源共享系统的健康、协调发展，避免信息资源共享系统的重复建设和盲目投入，构建科学合理的信息资源配置机制，建立以用户需求和服务为导向的信息资源保障体系，提高信息服务质量和效率，进而推进国家信息化发展战略目标的实现，具有重要的意义。

  国外不少专家和学者对信息资源共享系统的绩效评估进行了深入研究，认为绩效评估对信息资源共享系统服务的改进乃至全方位的完善有着重要的作用。Nuut 探讨了在图书馆合作基础上的图书馆绩效评估问题，概括了现有的图书馆标准，结合 Estonia 图书馆发展的实际，分析了将已有图书馆标准应用到信息资源共享中的图书馆绩效评价的可行性，认为绩效评估能提高信息资源共享系统的运作效率[1]，促进国家信息资源共享系统可持续发展，也是学者们所理解的绩效评估的重要作用之一。2007 年，Malviya 和 Kumar 在对图书馆网络和联盟管理技术的探讨中特别指出，利用统一的评估标准体系能有效地提高成员参与图书馆网络和联盟活动的效果，从而可提高整个信息资源共享系统的绩效，这也是信息资源共享系统成功的重要影响因素[2]。Ching 等结合台湾电子图书馆网（TEBNET）的实践，利用所设计的 PATOP 模型（Philosophy，Assumptions，Theory of Organising 和 Practices），即信息资源共享系统的价值取向、任务、战略、结构、体系、过程和结果，以判断系统的核心价值和实践效果，并利用绩效评估引导系统的战略转变，对管理、组织架构和人力资源等方面进行协调，最终实现信息资源共享系统运行效果的提高[3]。Bertot 又将信息资源共享系统绩效评估的重点放在对系统的产出评价上，认为利用投入产出的评估方法能支持信息资源共享系统制定提高资源和服务效果的策略。芬兰高等教育评估委员会 FINHEEC 对芬兰电子图书馆（FinELib）成立以来的绩效进行的内外评价，是以系统自身为对象，由

---

[1] Nuut, A. Library Statistics and Standardisation: Performance Measurement and Possibilities for Applying New Methods on Performance Measurement and Benchmarking in Estonia [EB/OL]. [2011 – 06 – 10]. http://www.lboro.ac.uk/departments/ls/lisu/downloads/statsinpractice – pdfs/nuutposter.pdf.

[2] Malviya, R N, Kumar, A. "Networking and Consortia Management Techniques". *DESIDOC Bulletin of Information Technology*, 2007 (3): 21 – 30.

[3] Ching, S H, Paul W T, Huang, K L. "Managing the Effectiveness of the Library Consortium: A Core Values Perspective on Taiwan e – book Net". *The Journal of Academic Librarianship*, 2003 (5): 304 – 315.

专家小组对涉及联盟的历史、目标、策略、客户、对成员馆提供的服务、联盟的组织结构、所开展的活动、资源及经费分配方式、与成员馆的关系等指标进行综合评价，并成为2008年IFLA年会上各国开展信息资源共享调研和绩效评估的范例[1]。这种案例研究进一步证明了绩效评估不仅能达成系统与成员对战略的共识，成为系统战略实施的重要支持，而且还能有效促进系统和成员的进一步合作。建立规范的绩效评估机制是定期开展绩效评估实践的必然要求。

本课题研究认为，信息资源共享系统绩效评估的作用主要体现在以下几个方面：

（一）有助于为信息资源共享系统组织与管理机制调整和变革提供依据，提高系统绩效管理水平

以绩效测度为基础作为组织管理的依据，源于图书馆界认识到绩效评价对组织战略计划及组织管理的重要作用。信息资源共享系统在未来很长时间内是信息机构节约成本、提供优质信息服务的重要组织形式。以绩效评估为基础探索未来影响信息资源共享系统发展的各种变化因素，确定有效适应变化的战略及战略行动，制定作为标杆基准的系统发展模式，是系统发展的必然要求。换言之，变革阶段的信息资源共享系统，更需要依据组织的绩效状况打破现有的组织和管理机制，对其中不符合未来发展的成分予以变革和重组，直至新的组织管理机制形成。

如OCLC成员委员会由成员机构的代表组成，能以敏锐的反应迅速在非营利的公司和网络合作之间找到平衡点，在很大程度上满足成员馆和最终用户的信息需求。它深入用户之中，根据市场需要，不断调整自身的结构和功能。OCLC最初确立的服务目标是建立区域性高校图书馆联合体，实现区域性的馆际互借服务。但随着市场需求的扩大，OCLC开始逐步向满足全球信息需求的方向发展。通过设置专门的用户和网络服务部以及可用性实验室，对用户信息和产品信息进行管理，以确保产品推出后符合用户的需要[2]。

---

[1] Laitinen, M. Towards open, multidimensional measurement of library services – case：Finland [EB/OL]. [2011-06-10]. http：//www. ifla. org/IV/ifla74/index. htm.

[2] 柳春阳、刘兹恒：《OCLC对我国信息资源共享的启示——纪念OCLC40周年》，《图书馆》2007年第5期，第20—23、28页。

（二）有助于客观准确掌握信息资源共享系统运行的绩效状况，制定优化的绩效提高策略

评估是管理程序的一项重要内容，主要用来衡量某一个组织或机构达到该机构或组织目标进展的程度。通过评估可以获得信息资源共享系统整体及各环节运行的客观、准确的数据，将系统本身在不同阶段绩效的纵向对比、现实绩效与目标水平的对比、各项评估内容以及各系统横向之间的对比分析，可以整体、客观、科学地审视信息资源共享系统运行的绩效，明确系统的差距和优势，发现所存在的潜力及薄弱环节，以达到发挥优势、克服薄弱环节、充分挖掘潜力，最终制定最优化的绩效提高策略并进一步提高绩效的目的。

以中国高等教育文献保障系统（China Academic Library & Information System，简称 CALIS）的文献传递效率为例，CALIS 系统的用户共享的时间成本和费用成本偏高。从馆际互借所需的时间来看，CALIS 馆际互借的平均首次响应时间是 2.22 天，完成时间为 2.63 天。与国内外其他共享系统相比，CALIS 的文献传递效率显得不够理想，而 NSTL 的文献传递对全国用户在 24 小时以内完成。国际图书馆联盟的典范 OhioLINK 利用商业物流传递，馆与馆之间的馆际互借实现 48 小时传递，在现代网络技术与物流网络发达的环境下，完全能实现电子文献 24 小时送达，印本文献 48 小时送到用户手中。在费用上，由于 CALIS 是由国家投资建设的，因此应免费或收少量成本费，但 CALIS 制定复制费每页 1 元的标准远远超出了成本费。国内维普的收费标准每页在 0.45 元左右，CNKI 的收费标准每页在 0.25 元—0.5 元之间。由此可以看出，CALIS 的文献传递成本偏高[1]。

此外，我国信息资源共享系统的某些共享功能缺失，也影响了信息资源的深度共享与利用，直接造成资源利用率不高。ICOLC（国际图书馆联盟联合体）做了一项关于图书馆联盟应提供的共享功能调查（如表 1-1），调查列出 10 个方面的共享功能。即使我国 CALIS、CASHL、NSTL 三大系统的共享功能自启动以来不断发展完善，但像数字资源长期保存、贮存图书馆的功能仍缺失。

---

[1] 龙丽：《我国信息资源共享系统效率调查与分析》，《图书馆论坛》2011 年第 2 期，第 80—83 页。

表 1-1　ICOLC 联盟成员开展的共享活动情况①

活动项目	联盟数量	百分比（%）
电子资源许可	142	83.53
馆际互借/文献传递	105	61.76
培训	105	61.76
联合目录/联机目录	94	55.29
共享馆藏	88	51.76
其他	66	38.82
电子资源组织/揭示	62	36.47
编目服务	42	24.71
数字资源保存	41	24.12
贮存图书馆	21	12.35

通过不同的方式和角度对信息资源共享系统进行评估，我们可以及时了解到系统的绩效运行状况并采取相应措施予以改进。如 CALIS 有必要从用户获取文献传递服务的经费和时间成本上入手，采取优化措施，尽量使用户能以低廉的价格和少量的时间获取所需文献信息。而其数字资源保存以及贮存图书馆功能，则有待于进一步规划，以展开合作并拓展功能。

另以江苏省高校文献信息保障系统（JALIS）的电子资源——维普期刊库使用为例，通过对资源的服务模式、价格机制、共享受益面、使用效益等的评估，评估者发现 JALIS 对维普期刊库的引进获得了极大的成功。首先表现在服务模式上，采用地区集团买断数据库使用权、分布镜像服务模式，实质性地推动了江苏省高校文献信息资源共享；其次在价格上，采用 JALIS 补贴和成员馆单位自筹相结合的方式，最大限度地扩展了参与集团采购的成员馆覆盖面；在共享成员受益方面，从 2002 年的 64 家成员馆增加到 2009 年的 91 家，成员馆覆盖面大大提高；从使用效益来看，自 2002 年引进该库以来，其使用量不断增加，使成本不断降低，单篇文献的下载成本由 2002 年

---

①　高凡：《网络环境下的资源共享：图书馆联盟实现机制与策略研究》，四川人民出版社 2006 年版，第 163 页。

0.12 元降至 2007 年的 0.04 元[①]。JALIS 对电子资源引进和使用的整套评估使得管理部门能对系统的社会效益、经济效益和服务效能进行科学判定，提升了绩效管理水平和服务质量，是重视绩效评估结果使用的表率。

（三）有助于系统成员了解系统运行绩效，调动其参与共享活动的积极性，为系统的未来运作与合作利益的分配提供客观依据

任何参与信息资源共享系统的成员，都会十分关注其所参与的资源共建共享活动能否取得预期的收益，是否降低了信息资源建设的成本，在多大程度上丰富了本机构的信息资源，在多大程度上提高了满足用户信息需求的能力，为本馆带来了多少直接和间接的经济效益和社会效益等。Bundy 和 Amey 研究认为，利用成功关键因素对信息资源共享系统进行绩效评估，采用持续的自我评估和周期性的外部评估相结合的系统评估措施，将会降低成员的抵制，强化成员之间的协作。通过绩效评估，成员单位也可以获得这些问题的科学、量化的数据，从而做出正确的决策[②]。

为了了解各成员馆及其他用户对 CALIS 引进资源集团采购工作的意见和建议，CALIS 建立"引进数据库子项目"，其中包括自 2005 年起每年举办"国外引进数据库培训周"活动，在此期间，对 CALIS 引进数据库用户满意度进行调查。以 2012 年 CALIS 管理中心的"引进数据为用户满意度调查总结报告（第十届发布版）"为例，在"成员馆及其他用户对 CALIS 集团采购的满意度报告"中，包括对 CALIS 集团采购熟悉程度的总体评价、集团采购数据库的使用情况和成本、集团采购对成员馆工作上的帮助程度、成员馆对 CALIS 提供各项相关服务（采购的资源、培训活动、资源评估、咨询服务、资金补贴、宣传活动和门户网站）的满意度、成员馆对 CALIS 组团、付款和访问方式的倾向性选择以及对 CALIS 总体的满意度（如表 1-2 和图 1-3）等几个方面的调查[③]。

---

① 赵乃瑄、金洁琴：《区域性集团采购电子资源的评估机制研究——以江苏省高等教育文献保障系统（JALIS）为例》，《图书馆建设》2009 年第 6 期，第 12—17 页。

② Bundy A, Amey L. "Libraries like no others: evaluating the performance and progress of joint use libraries". *Library Trend*, 2006, 54 (4): 501–518.

③ 高校图书馆数字资源采购联盟 [EB/OL]. (2012-11-11). http://www.libconsortia.edu.cn/Spage/view.action?pagecode=dcbg_1.

表 1-2　成员馆对 CALIS 提供服务的总体满意度

满意度	12年统计结果	12年	11年	10年	09年	08年	07年	06年	05年
非常满意	37	7.1%	7.7%	6.8%	6.3%	5.3%	7.7%	4.1%	3.2%
满意	232	44.5%	39.7%	48.1%	47.8%	44.6%	46.9%	41.1%	31.7%
比较满意	247	47.4%	48.4%	41.9%	43.9%	45.5%	44.0%	51.9%	54.3%
比较不满意	5	1.0%	3.6%	3.1%	1.6%	3.4%	1.4%	1.8%	5.9%
不满意	0	0.0%	0.6%	0.0%	0.4%	0.0%	0.0%	1.2%	0.5%
非常不满意	0	0.0%	0.0%	0.0%	0.0%	0.0%	0.0%	0.0%	0.0%
未选择	0	0.0%	0.0%	0.0%	1.2%	0.0%	0.0%	0.0%	4.8%

图表来源：http://www.libconsortia.edu.cn/Spage/view.action?pagecode=dcbg_1 [EB/OL]. (2012-11-11)

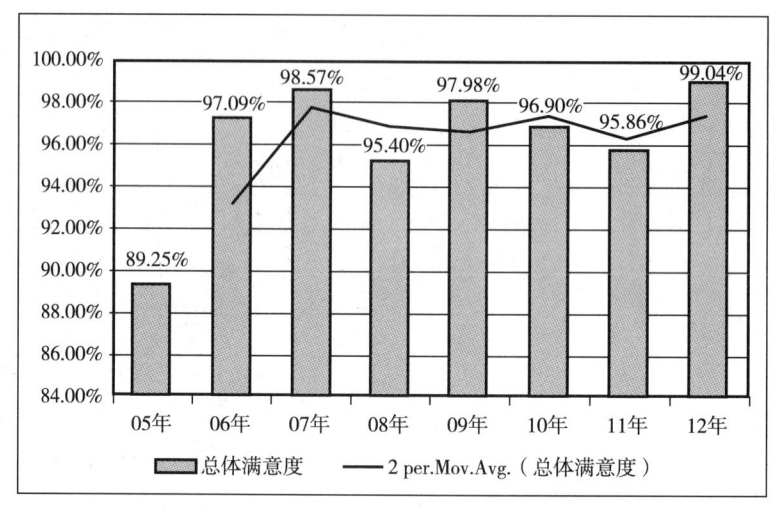

图 1-3　2005—2012 年集团采购对成员馆帮助程度的满意度对比

图表来源：根据 http://www.libconsortia.edu.cn/Spage/view.action?pagecode=dcbg_1 [EB/OL] (2012-11-11) 数据绘制

从调查结果来看，成员馆对 CALIS 相关服务的满意度是逐年上升的，对其集团采购也保持了较高的总体满意度。CALIS 通过集团采购电子资源的方式，已为成员馆节省了大量的资金，也带来了很好的社会和经济效益，对推动我国高等教育的发展和科研水平的提高起到了很大的促进作用。而通过此次绩效评估，公布调查结果，使得成员馆更好地了解了 CALIS 运行绩效，更好地调动了他们参与资源共建共享的积极性。同时在调查中，成员馆对 CALIS 集团采购工作、组团引进资源等提出了相关意见和建议 220 条，既对 CALIS 集团采购工作表示了充分的肯定和赞扬，又促使 CALIS 不断改善服务，不断提高成员馆及其用户的满意度。

（四）有助于国家和社会了解信息资源共享系统运行状况，增加对系统建设的投入

信息资源共享系统建设有赖于国家和社会的投入。一方面，作为资金的投入主体，国家和社会必然关注信息资源共享系统的经济效益和社会效益，从而决定是继续增加投入，还是减少乃至停止投入。另一方面，信息资源共享系统的可持续发展也要求系统具备完善的效益评估、揭示机制，以证明自身的价值，由此才能获取稳定的资金、政策以及人力资源的支持，吸引更多的图书馆加盟，逐步扩大自己的效应。通过绩效评估，国家和社会可以更加清楚和准确地了解信息资源共享带来的显著效益，从而增加对信息资源共享系统建设的投入，同时也会使投资决策更具有科学性。

天津市高校数字化图书馆是天津市教育信息化"十五"投资的重要项目之一。该项目从 2001 年开始立项，主要在联合图书馆自动化管理系统运行、电子文献资源数据库购置、中文图书版本库、读者服务体系、图书馆工作人员联合培训等 5 个方面进行联合建设，取得了很大的成绩。从电子文献资源联合建设效益来分析，天津市高校数字化图书馆成立公共数据中心，将天津地区 19 所高校组团与电子出版商直接谈判，以地区买断的方式采购学科覆盖面广、面向所有高校服务的、能保障教学和一般科研需要的数据库。其他的数据库则由部分高校图书馆馆长组成电子资源采购工作组，负责对需要采购的电子资源按学科进行调研、评估，提出具体意见，以竞争性方式进行数据库采购。这样一来，光从数据库购买的经费来看，五年下来节约几千万元的投入。与此同时，重点学科核心期刊保障率已经从单校的 10% 上升到了 40%，整体达到 69%。服务能力也大大增强。"统一规划，建立联盟，投入一万元，获益三万元，五年累计节约资金过亿元。"这是天津市教委、市财政局组织的专家论证会得出的结论。专家组肯定了天津市高校数字化图

书馆建设项目前期取得的突出成绩,并确定了下一期7000万元的投资方案[①]。

OhioLINK从成立初就在任务目标中强调合作采购,并确立了讲求成本效益的资源利用以及合作融资支持系统运行的绩效提高思路。在经费预算上,不仅严格把关经费的分配和使用,而且通过融资与合作扩大信息资源的存取。其一,设立图书馆咨询委员会,其主要任务为审议和批准所属常设委员会提出的实施OhioLINK项目的建议及主要的经费评估,参与联盟的战略规划。其二,OhioLINK在年度报告中,明确列出年度经费的用途、各项服务的增长率以及相应经费投入的增长率等各项详细指标,使人们清楚地看到,对OhioLINK的投入有巨大的产出,这最大限度地争取了政府对联盟的经费支持。英国联合信息系统委员会(Joint Information Systems Committee,简称JISC)也通过披露绩效评估的数据,如"JISC在提供电子资源方面每1英镑的花费,可得到成员机构在资料搜集上至少节省价值18英镑时间的回报"等获得来自各方面的经费资助[②]。

从以上案例我们可以看出,绩效评估既是国家衡量信息资源共享系统效益的重要标准,也是信息资源共享系统获得持续资金支持的有效证明。

(五) 有助于改善系统运行状况,提高信息资源利用效率和服务质量

绩效评估实际上是对信息资源共享系统运行的每一个环节进行检测,通过检测可以发现系统在资源建设和服务的各个环节上存在的问题,从而可以有针对性地提出改进的措施与方法,提高信息资源共享系统的保障能力、利用效率和信息服务质量。

以中国高校人文社会科学文献中心(China Academic Social Science and Humanities Library CASHL)为例。CASHL是2004年教育部根据高校人文社会科学发展和文献资源建设的需要而设立的馆际合作项目,主要提供高校人文社科外文期刊目次数据库查询、高校人文社科外文图书联合查询目录、高校人文社科核心期刊总览、国外人文社科重点期刊订购推荐、文献传递以及

---

① 联盟效益倍增,资金节约过亿——天津"高校数字化图书馆"的加减法值得推广。[EB/OL](2011-6-11). http://www.nlc.gov.cn/yjfw/2010/0301/article_1542.htm.
② 李晓东、肖珑:《国外信息资源共建共享可持续发展的比较研究》,《图书情报工作》2008年第5期,第6—10、94页。

专家咨询等服务。其中，文献传递服务是在业界颇有影响的服务。为了促进CASHL文献传递服务的发展，调整CASHL文献传递经费的使用，提高服务效益，CASHL对其各中心馆文献传递服务工作进行评估，对CASHL的服务质量进行综合性、整体性评价。包括服务基础设施评估、服务能力评估、服务质量评估、服务效果评估等。最终，通过评估，表彰了CASHL各中心馆的工作成绩，促进了服务。同时，各馆也发现了本馆的问题所在，积极核对期刊馆藏，配备人员，改善服务。现在CASHL的文献传递已经取得了较大的成果，促进了各馆文献传递服务的整体发展，提高了各个馆的资源整合度，加强了文献信息资源的共享。同时，也弥补了各高校因学科建设重点不同、经费不足等原因造成的人文社会科学馆藏缺口等，显示出文献资源共建共享的优越性。CASHL各个区域中心还利用其优惠活动了解用户最迫切的信息需求，有针对性地增补急需馆藏，及时调整文献服务政策，根据本地用户的实际需求组织订购文献，提高CASHL服务质量，使有限的经费发挥最大的效益[①]。

总之，绩效评估对于信息资源共享系统的持续发展有着不可或缺的作用，我们应重视绩效评估并进一步完善评估的各个环节，使共享系统在未来以更强劲的发展势头和更优质的信息服务成为用户最信赖的信息中心。

四、信息资源共享系统绩效评估理论与实践研究进展

进入21世纪以来，随着信息技术的迅速发展和社会信息化进程的加快，信息资源共享在全球越来越广泛深入地开展。在国外，以OCLC、OhioLINK、RLIN等为代表的信息资源共享系统卓有成效；在国内，信息资源共享近年来也取得了实质性的进展，CALIS、CSDL、NSTL等国家级的信息资源共享系统成功启动并运行。各国对信息资源共享系统建设都十分重视，投入不断增加。而与此同时，信息资源共享系统运行的效率、系统建设和维护的投入产出、系统提供的服务所产生的经济效益和社会效益、用户获

---

① 刘彦丽、梁南燕：《服务绩效评估促进信息资源共建共享的可持续发展》，《图书情报工作》2008年第5期，第20—23页。

取和利用信息资源的满意度等信息资源共享系统绩效评估问题也成为业界关注的问题。近年来，国内外信息资源共享系统绩效评估理论与实践研究在以下一些领域取得了重要的进展。

（一）关于信息资源共享系统绩效评估作用的研究

绩效评估由效力与效率评价、资源使用评价、服务质量评价整合发展而来[1]，是"运用数理统计、运筹学原理和特定指标体系，对照统一的标准，按照一定的程序，通过定量定性对比分析，对项目在一定经营期间的经营效益和经营者业绩做出客观、公正和准确的综合评判。"[2] 信息资源共享系统绩效评估则是"根据信息资源共享系统绩效评价指标体系，以事实和数据为依据，通过定量定性对比分析，对信息资源共享系统的有效性和运作效率是否达到预期目标做出客观、公正与准确的评判及分析。"[3]

作为信息资源共享系统发展的重要环节，绩效评估是政府科学决策、财政投资绩效管理和对社会公共投资项目加强公众监督的需要[4]。其目的是实现系统目标，使信息资源共享系统实现规范化管理和良性循环，实现以评促建、以评促改、以评促优，提高系统满足用户需求的能力，推动信息资源共享的进一步发展[5]。

绩效评估可以在连续、快速和剧烈的变化环境中支持策略制定和策略调整，如果成功实施，便能以经济的方式促进共享系统连续不断地提供以客户为中心的高质量的服务，因而是证明信息资源共享系统服务价值和实现系统目标的手段[6]。Anu Nuut 具体分析了绩效评估的作用：（1）评价——评价信

---

[1] Anu Nuut. "Evaluation of library performance: current developments in Estonia". *Performance Measurement and Metrics*, 2006, 7 (3): 63-172.

[2] 索传军：《电子资源服务绩效评估的含义及影响因素分析》，《图书情报知识》2005 年第 6 期，第 66—69 页。

[3] 肖希明、文甜：《信息资源共享系统绩效评估的理论意义与实践原则》，《图书情报工作》2009 年第 19 期，第 10—13、79 页。

[4] 陈洁、章昌平、周力青等：《试论文献信息资源共建共享绩效评估体系的设计》，《科技信息》2009 年第 13 期，第 397—398 页。

[5] 刘磊、王启云、穆丽娜等：《网络环境下基于需求的地区信息资源共享系统评估研究》，《图书馆理论与实践》2007 年第 2 期，第 1—3 页。

[6] Jane Barton. "Digital directions measurement, management and the digital library". *Library Review*, 2004, 53 (3): 138-141.

息资源共享系统运作效率;(2)确定基准线——测试、确定信息资源共享系统存在差距的环节和高风险区,加强问责制;(3)管理——改进系统决策,减少风险,解决系统中存在的问题,评估系统用户需求;(4)比较——通过磋商,产出与投入比较,对信息资源共享系统各要素进行统筹规划、防止重复;(5)制定战略——制定系统预算,规划项目,设定目标,确保共享系统成效[①]。

(二) 信息资源共享系统绩效评估要素研究

要素是指构成事物必不可少的因素,每一个要素都是组成系统的基本单元。从不同的角度来看,信息资源共享系统绩效评估要素的构成是不同的。

图书馆联盟是信息资源共享系统的典型形式。王鑫认为,图书馆联盟绩效评估的目标应定位在评估联盟运行过程的有效性和各联盟馆对联盟运行过程的满意程度,以及评估联盟对实现各联盟馆目标的贡献和联盟目标的实现程度。以该目标定位为基础,图书馆联盟绩效评估的评估要素应是财务、用户、内部业务流程、学习与成长四个方面。相应地,该文借鉴平衡记分卡的方法,来评估图书馆联盟给各成员馆这四个方面带来的变化[②]。

杨梁彬等对CALIS评估在宏观和微观上进行了探讨。从宏观上,CALIS绩效评估应该包括各个子项目建设情况、成员馆的资源建设情况、成员馆提供的服务情况等;而从微观上,则包括门户网站、资源保障率的评估等[③]。肖珑、李浩凌等则从CALIS数字资源评估的角度,在确定评估要素时强调资源的联合建设与共享评估,包括:(1)通过集团采购或者各馆单独采购引进的国内外文献数据库;(2)通过馆际合作或者各馆单独加工建设的数字资源;(3)资源的共享体系和共享能力;与之相对应,作者认为,其评估的具体内容包括a)数量和规模评估;b)内容与质量评估;c)体系与结构优化评估(包括学科结构、类型结构、级别结构、文种结构、媒介结构、来源结构);d)数字资源获取与信息组织能力评估;e)可持续发展能力评

[①] Anu Nuut. "Evaluation of library performance: current developments in Estonia". *Performance Measurement and Metrics*, 2006, 7 (3): 163-172.

[②] 王鑫:《图书馆联盟绩效评估研究》,天津工业大学学位论文,2007年,第21页。

[③] 杨梁彬、姚晓霞等:《CALIS评估指标体系构架初探》,《大学图书馆学报》2006年第4期,第42—47页。

估（具体包括资源发展战略评估、永久使用评估、存档）；f）效益评估（包括资源的经费投入、资源的使用情况、资源的成本核算、资源的文献保障率）；g）资源共享能力评估（包括资源共享评估、服务共享评估）[①]。

史永强和齐玉强结合天津高校数字化图书馆建设实践，从建设项目投资效益的角度分析，认为图书馆联盟的绩效评估应包括联合图书馆自动化系统（Unicorn Consortia）建设效益分析（包括软件购置经费、设备费用、管理费用、使用效益）、电子文献资源联合建设效益分析、中文图书版本库建设效益分析、读者服务体系建设效益分析、图书馆工作人员联合培训效益分析和投入产出分析等[②]。

在国内，有的研究者对信息资源共享系统绩效评估的要素进行了深入的分析。李卓卓认为，从不同的视角出发，信息资源共享系统绩效评估的要素也各不相同。第一，从系统论的视角来看，McClure 率先提出信息资源共享系统有六大绩效评估要素：（1）用户——利用信息资源共享系统网络的用户数量、类型和频次；（2）成本——花费到信息资源共享系统实际运作的财政资本的数量和类型；（3）系统网络传输——整个信息资源共享系统传输的数量和类型；（4）利用——支撑信息资源共享系统运作的利用数量和类型；（5）服务——信息资源共享系统所提供的服务和实际的利用；（6）支持——信息资源共享系统管理者为用户利用所提供帮助的类型。也有学者将图书馆联盟的绩效评估要素确定为读者满意度、服务效果、信息获取、联盟敏捷性、盟员合作能力、联盟效益六个要素，其中前三个为定性指标，后三个为定量指标。系统观的信息资源共享系统要素确立的关键是要将评估的要素覆盖到信息资源共享系统的各个方面，用静态的要素反映绩效动态的变化以及如何确立要素之间的关系来反映和体现评估的目标。第二，从信息资源共享系统资源体系的视角出发，有的学者将资源的可知晓性（Accessible）、可获取性（Acquirable）、和获取便利性（Attainable）作为考量信息资源服务共享水平的关键（简称"3A 要素"）。资源观强调的是信息资源共享系统理想状态下

---

① 肖珑、李浩凌、徐成：《CALIS 数字资源评估指标体系及其应用指南》，《大学图书馆学报》2008 年第 3 期，第 2—8 页。
② 史永强、齐玉强：《天津高校数字化图书馆联盟投资效益分析的几个问题》，《图书情报工作》2005 年第 12 期，第 43—47 页。

的静态"能力",而弱化了系统的实际动态变化"绩效"。第三,从功能观的视角出发,相关学者认为信息资源共享系统绩效评估要素应包括:(1)藏书协调和合作资源建设;(2)馆际互借和文献传递;(3)电子资源集团采购;(4)联机合作编目;(5)联合参考咨询;(6)系统资源共享;(7)联盟管理和交流。功能观是关于信息资源共享系统绩效来源的绩效评估,能有效反映系统具体共享活动的绩效,不过在某种程度上,它分割了系统整体的功能。这三种视角虽然侧重点不同,却为信息资源共享系统绩效评估要素的确定提供了丰富的思路[①]。

在国外,对信息资源共享系统的绩效评估更多的是对数字图书馆的评估。数字图书馆是网络时代信息资源共享的产物,因而对数字图书馆的评估可以认为是对信息资源共享系统的绩效评估。Norbert Fuhr 等认为数字图书馆绩效评估包括三个方面的内容:(1)可用性(即用户与系统之间交互程度),它可以帮助用户熟练有效地操作系统,以其喜好的方式使用系统所有可用的功能。(2)有用性(即用户与内容构成的关系)。内容的可用性与用户需求的相关性是一个数字图书馆是否有用的主要原因,这种相关性转化为实际意义上的相关性,称为资源类型和标准的相关性以及检索任务的相关性。(3)功能(即内容与系统的关系),系统功能的发挥与内容的设计、结构和表现形式息息相关[②]。

Alireza 等与 Norbert Fuhr 等人的观点有异曲同工之妙,他们认为,数字图书馆评估包括四个方面的内容:可用性(Usability)、功能(Functionality)、可获取性(Accessibility)以及质量(Quality)评估[③]。

首先,他们指出,数字图书馆评估的重点主要在可用性研究上。可用性是多维度的。在"因特网组织标准"中,规定有用性的定义为"一种产品被特殊用户,在特殊的环境中使用并有效、高效达到其特殊的目的"。据 Dalrymple and Zweizig(1992)和 Hert(2001)的观点,对于有用性评估,其

---

① 李卓卓:《信息资源共享系统绩效评估要素的分析与确定》,《图书情报工作》2009 年第 19 期,第 14—17 页。
② Norbert Fuhr · Giannis Tsakonas · Trond Aalberg · Maristella Agosti · Preben Hansen · Sarantos Kapidakis · Claus – Peter Klas · László Kovács · Monica Landoni · András Micsik · Christos Papatheodorou · Carol Peters · Ingeborg Sølvberg. "Evaluation of digital libraries". Int J Digit Libr, 2007,(8):21 – 38.
③ Alireza Isfandyari – Moghaddam, Behrooz Bayat. "Digital libraries in the mirror of the literature:issues and considerations". The Electronic Library,2008,26(6):844 – 862.

目的在于评估用户对项目有何种反映,允许用户对资源表达个人看法,如满意度、可用性、价值、帮助性、利益、困难、效率。在已完成的有关可用性研究中,像 Van House et al. (1996), Bishop et al. (2000) 和 Kassim and Kochtanek (2003) 等,运用观察法和调查法,试图去了解用户的需求,找出问题和特征所在,以评价所有用户的满意度。

其次,Alireza 等还非常重视功能评估。功能是指数字图书馆完成信息服务和提供其设计预期服务内容的程度。Bertot (2006) 认为,功能测试从整体上或部分决定数字图书馆能够完成预期活动的程度。对功能评估的理论和实践研究最多的学者有 Hill (2000), Wallace (2001), Moen and Murray (2002), Bertot (2002), Bertot (2003), Hartson (2004) and Clark (2004)。此外,DLs, Zabihi (2006) 在最近的研究工作中,将用户需求和用户可以从数字图书馆所获取的信息联合在一起,进行了一项以用户为导向的研究,可以决定用户对于数字图书馆功能的需求。结论表明,用户的期望如下:数字图书馆的书和文章中的内容应该能够搜寻并获取;数字图书馆应与其他图书馆进行链接;图书馆应该展示所有可获取信息项目的细节;用户应该可以保存他们之前的搜索记录,还可以浏览其他用户对于数字图书馆项目的反馈消息;数字搜索引擎应该直接带领用户找到其实际搜索的内容;数字图书馆应该对其资源进行主题分类,以及种类分类,比如,期刊和书籍;当预订的资料可用时,数字图书馆应该及时发送电子邮件或 SMS 告知用户;所有由实体图书馆提供的服务,数字图书馆也应该提供;在相关的信息搜索阶段,数字图书馆应该嵌插帮助内容,以指导用户顺利进行信息搜索活动。

信息的可获取性是数字图书馆绩效评估的第三项内容。有用性和可获取性是不同的。可获取性意味着使数字信息内容可以获取并能被弱势群体所利用 (Nadler and Furman, 2001)。做到这一点,数字图书馆必须以一种接纳所有用户(包括残疾人)的方式来提供其部分甚至所有信息和服务,包括视觉、听觉、知觉和其他方面。Bawden 和 Vilar (2006) 认为,可获取性是指使所有服务被大范围内的用户立即使用和获取。

最后,质量评估也是研究者们非常关注的一个问题。他们重视一些特征如响应时间(效率),迁移成本(保护性),服务失效的次数(信息获取的可靠性)的评估。

应该指出的是，数字图书馆虽然以信息资源共享为目的，但是，数字图书馆绩效评估更多关注的是数字图书馆本身的资源、功能与服务。这种绩效评估与若干图书馆通过开展合作与协调，形成信息资源共享系统，从而带来的资源与服务效益，以及给参与成员带来的减负效益的评估还是有区别的。

（三）信息资源共享系统绩效评估的方法研究

信息资源共享系统绩效较之一般组织绩效的评估具有更大的复杂性和难度，目前，信息资源共享绩效评估方法较有代表性的有：多指标综合评价方法、层次分析法、德尔菲法、抽样调查法、主成分法、因子分析法、DEA法（数据包络分析）等[①]。

对于某一信息资源共享系统的绩效评估而言，如何从众多的评估方法中选择出合适的方法加以运用，得到客观合理的评估结果呢？杨梁彬等从各种评估方法和特点出发，对其适应领域进行总结，如表1-3。如果希望找到一种最优的评估方法，可以采用等级相关系数法对于不同评估方法所得的评估排序结果计算两两之间等级相关系数，如果某方法的结果与其他方法结果之间的等级相关系数都较大，则认为这一方法最优，也就是用该方法评估结果作为最终的评估结果。

表1-3 评估方法适用情况汇总表

评估方法	适用情况
多指标综合评价法	评价对象在不同时（空）间的整体性比较和排序
层次分析法	系统效能评估
德尔菲法	对评估对象的主观评价
抽样调查法	抽到一部分具有代表性的样本进行调查研究
主成分法	将多个指标约化为少数几个综合指标进行分析
因子分析法	探索影响排名次序的因素
DEA法	对公共服务部门的评估分析

对于信息资源共享系统绩效评估方法的适用性问题，卢娅等在介绍CIPP（即背景评估、输入评估、过程评估、成果评估的缩写）、标杆分析

[①] 杨梁彬、姚晓霞、冯英等：《CALIS评估指标体系构架初探》，《大学图书馆学报》2006年第4期，第42—47页。

法、平衡记分卡、绩效参考模型法等四种评估方法的基础上，提出了以下观点：CIPP 有利于决策制定，适用于信息资源共享系统尝试进行绩效评估的阶段以及开展常规性的绩效评估活动；标杆分析法是以最好的信息资源共享系统为参照体进行的评估方法，有利于信息资源共享系统的持续改进，适用于系统阶段性的绩效改进；平衡记分卡是一种基于战略管理的方法，适用于在某一阶段内系统和成员围绕特定战略的绩效评估；而绩效参考模型法较为全面，适用于系统进行全流程的绩效评估[1]。

王芬林等依据不同标准对全国文化信息资源共享工程（以下简称"共享工程"）绩效考评进行了分类。（1）比较法：通过对绩效目标与绩效结果、历史情况和考评期情况、不同单位和地区同类支出等指标的比较，综合分析考评绩效目标完成情况。（2）因素分析法：通过分析影响共享工程目标、结果及成本等内外因素，综合分析考评共享工程的绩效目标完成情况。（3）公众评价法：通过专家评估、公众问卷及抽样调查，对各项绩效考评内容完成情况进行打分，并根据分值考评绩效目标完成情况。（4）成本效益分析法：将共享工程在一定时间段的支出与效益进行对比分析，考评绩效目标的完成情况[2]。

王鑫认为图书馆联盟绩效评估方法较有代表性的有客观评估法、主观评估法、主客观综合评估法以及基于平衡记分卡的评估方法。（1）客观评估法。主要采用如生存、终止、持续期、财务等客观容易计量的指标来衡量联盟的绩效，这种方法主要采用如馆藏、读者人数、费用支出、服务站点等客观容易计量的指标来衡量图书馆联盟的绩效。不过，图书馆联盟绩效评价指标体系中也有不少难以量化的指标如用户满意度、服务控制能力等非客观性指标，这些指标的评估在客观评估法中无法体现出来。（2）主观评估法。主要是通过被调查人对联盟的满意度、联盟目标的实现程度、联盟对盟员能力的提高程度、联盟对盟员风险的降低程度、联盟对盟员各项经营指标的改进程度等衡量指标进行打分来评估联盟绩效。在图书馆联盟领域，主观评估

---

[1] 卢娅、李卓卓：《关于信息资源共享系统绩效评估方法适用性的探讨》，《图书情报工作》2009 年第 19 期，第 18—21 页。

[2] 王芬林：《全国文化信息资源共享工程绩效考评体系设计构想》，《图书馆建设》2008 年第 2 期，第 38—41 页。

法也被广泛应用，比如美国著名的地区性图书馆联盟 ohioLink 采用 LIBQULA 的评估方法对 OhioLink 的成员馆的用户进行了调查，从信息的存取、服务的效果、图书馆场所、自我控制能力四个方面评估图书馆联盟的服务质量。这种主观评估方法解决了评估联盟绩效时许多非客观性指标难以衡量的难题，但是，该评估方法的结果会直接受到被调查者的知识结构及偏好的影响，被调查者不同，得出的结果可能差别也很大。（3）主客观综合评估法。在联盟绩效评估的实践中，越来越多的学者都使用主客观综合评法，如在评价图书馆联盟时把营运成本与读者满意度等主客观指标结合在一起，对图书馆联盟进行绩效评价。图书馆联盟绩效评估从单一指标向多指标转变，主观评价和客观评价的结合，代表了图书馆联盟绩效评估方法的发展趋势。（4）基于平衡记分卡（BSC，Balanced Score Card）的评估方法。在对战略联盟绩效的研究资料中，很多都是采取基于平衡记分卡的评估方法。"平衡记分卡提供了一种全面的评估体系，它分别从财务、客户，内部业务流程、学习与成长四个视角向组织内各层次的人员传递组织的以及每一步骤中他们各自的使命，最终帮助组织达成其目标"[1]。

事实上，以上各位研究者的绩效评估方法体系取决于不同的分类标准。对不同信息共享系统来说，其方法的适用程度也是参差不一的。因此，应该针对多样化的信息资源共享系统采取不同的评估方法，才能达到预期的效果。

（四）信息资源共享系统绩效评估指标体系研究

信息资源共享系统绩效评估指标是指反映绩效评估对象某一特征的概念及其数量表现，绩效评估指标体系则是根据评估目的的需要，能够全面系统地反映信息资源共享系统的评估对象的较为完整的、相互联系的评估指标的集合[2]。信息资源共享系统一般具有庞大的系统结构，包含了人员、设备、技术、信息资源等多种因素，构建绩效评估指标体系是一项浩繁的工程，是目前信息资源共享系统绩效评估研究的焦点，国内外都对此进行了一系列的研究。

1. 国内研究。绩效评估指标又称投资效益评估指标。信息资源共建共

---

[1] 王鑫：《图书馆联盟绩效评估研究》，天津工业大学学位论文，2007年，第18—20页。
[2] 刘磊、王启云、穆丽娜等：《网络环境下基于需求的地区信息资源共享系统评估研究》，《图书馆理论与实践》2007年第2期，第1—3页。

享投资的领域很多，范围很广，不同的投资领域（项目）都会产生经济效益、生态效益和社会效益。有的学者从上述三方面构建信息资源共建共享投资效益评估指标体系[①]（见表1-4）。从指标内容看，既有定量指标又有定性指标，既有直接效益的评估指标又有间接效益的评估指标。这套指标体系将信息资源共享系统的投资效益划分为经济效益、生态效益和社会效益三方面，并分别设计下级指标的做法为信息资源共享系统绩效评估提供了一种有益的思路和方法。

表1-4 信息资源共建共享投资效益评估指标体系

一级指标	二级指标
社会效益评价指标	公民信息素质提高率指标
	知识价值的贡献率指标
	用户满意度指标
	信息机构形象提升指标
	信息化建设指标
	其他外部效应
经济效益评价指标	信息资源供给总量指标
	单个信息机构收入水平变化指标
	信息资源共建共享投资项目回收期
	信息机构信息资源购置成本变化指标
	信息机构人员开支变化指标
生态效益评价指标	信息污染变化指标
	信息资源利用率变化指标
	信息环境改善指标

张璇、肖希明构建的评估信息资源共享系统绩效的指标体系包括三个层次。第一层由资源建设和资源利用效率、直接服务效益和延伸服务效益、减

---

① 陈兰杰、侯鹏娟：《信息资源共建共享投资效益评估指标体系研究》，《情报杂志》2008年第11期，第18—19、23页。

负效益和社会效益6个一级指标组成,第二层由18个二级指标组成,第三层由40个三级指标组成。通过对NSTL进行实证分析,对评估指标体系的科学性和可行性进行了验证[①]。该指标体系遵循评估指标选择的原则选取有意义的绩效评估要素,整体性、综合性较强,并且符合数字环境下信息资源共享规律、切实可行。

图书馆联盟是信息资源共享系统一种重要的组织形式,因而对图书馆联盟绩效评估指标体系的研究实际上就是对信息资源共享系统绩效评估指标的研究。常红将反映图书馆联盟绩效的各类信息与资料进行归类与整理,提出了包括读者满意度、服务效果信息获取、联盟敏捷性、盟员合作能力和联盟效益6个一级指标和20个二级指标的指标体系[②]。王鑫借鉴基于平衡记分卡的战略联盟绩效评估框架,在平衡记分卡财务、用户、内部业务流程、学习与成长四个方面的基础上,增加了联盟成员层面,把联盟成员因素作为修正因素来评估图书馆联盟绩效,并在此基础上设计了相关的二级指标[③]。这一指标体系是对传统绩效评估方法的一种突破,但是也存在一些缺点,如指标间的因果关系很难做到真实、明确,部分指标的量化工作难以落实,实施成本大等。

徐晓林在层次分析方法的基础上,建立了图书馆联盟绩效的多层次评价指标体系。该指标体系在目前的信息资源共享系统绩效评估指标体系构建研究中具有一定的代表性,并且指标层次清晰,涉及的内容也比较全面,包括了图书馆联盟战略整合能力、组织协调能力、服务控制能力、敏捷性、用户满意度5个一级指标,21个二级指标,35个三级指标[④]。王芬林以设计依据、遵循原则、组织实施为立足点,根据考评内容,从业务考评和财务考评两个方面设计构建了全国文化信息资源共享工程绩效考评指标体系,并且以共享工程国家中心为例构建了绩效评估指标体系[⑤]。该指标体系共有四级,

---

[①] 张璐、肖希明:《信息资源共享系统绩效评估指标体系的构建》,《图书情报工作》2009年第19期,第22—26页。
[②] 常红:《图书馆联盟绩效评价体系构建》,《图书馆学研究》2006年第3期,第39—41页。
[③] 王鑫:《图书馆联盟绩效评估研究》,天津工业大学学位论文,2007年,第24—27页。
[④] 徐晓林:《图书馆联盟运作绩效评价研究》,《图书馆建设》2006年第2期,第99—101页。
[⑤] 王芬林:《全国文化信息资源共享工程绩效考评体系设计构想》,《图书馆建设》2008年第2期,第38—41、48页。

其中二级指标就有立项目标完成程度、立项目标的合理性、项目验收的有效性、项目组织管理水平、项目的社会效益、项目可持续性影响、资金落实情况、实际支出情况、财务信息质量、财务管理状况 10 项，而且规定了各级指标的分值。该指标体系为信息资源共享系统具体项目的绩效评估提供了一个很好的典范。

有的学者根据国外已有相关研究总结出 22 个可用于数字图书馆绩效评估的指标，并将这些指标分为六大类：用户可获取的资源类、电子资源和服务的使用类、电子资源和相关基础设施的费用类、用户培训类、专门从事电子和网络资源服务的图书馆员类、用户满意度类。并以"211 工程"高校数字图书馆为研究对象，以问卷调查为主要研究方法，对这些指标在我国的适用性进行了调查和分析。调查结果发现"22 个指标中的大多数指标已经或正在被较为普遍地使用，在尚未开展评估的图书馆中，大多数指标也都得到了较为广泛的认可"[①]。该研究是目前国内较少的实证性研究之一，为信息资源共享系统绩效评估指标体系的构建提供了一种切实可行的思路，即通过问卷调查等方式筛选出适合于信息资源共享系统绩效评估的指标，进而构建指标体系，有助于保证指标的科学性与指标数据的可获取性。

刘磊等研究者通过对北京、上海、广州、南京等地区高校图书馆信息资源共享系统进行用户调查，并结合专家和主管部门的意见，构建了以定量评估为主、定性评估为辅且动态发展的地区信息资源共享系统评估指标体系，包括资源共享、服务共享、共享技术、科学管理 4 个一级指标，文献保障、资源整合、资源共知、数据库服务、馆际互借、文献传递、信息咨询、网络互联、互操作、共享范围、易用程度、宣传培训、用户互动 13 个二级指标。该指标体系适用于"单个高校图书馆资源共享系统综合评估；单个或多个高校图书馆资源共享系统某一专项指标评估，如资源、服务、网络技术、管理等各方面的评估。"[②] 该研究的可贵之处在于综合采用了用户调查和专家调查，并且选择具有代表性的图书馆实体、高校图书馆资源共享系统进行模

---

① 刘文梅，唐淑娟：《我国"211 工程"高校数字图书馆绩效评估研究——已有研究提出的指标在我国的适用性》，《大学图书馆学报》2005 年第 5 期，第 13—18 页。

② 刘磊、朱锁玲、李晓红：《网络环境下基于需求的高校图书馆地区资源共享系统评估指标研究》，《图书馆理论与实践》2009 年第 2 期，第 1—6 页。

拟评估与分析，深化认识，完善指标体系。

刘彦丽和梁南燕则通过对中国高等教育文献保障系统（CALIS）、中国高校人文社会科学文献中心（CASHL）和江苏省高等教育文献保障系统（JALIS）三个信息资源共享系统服务绩效评估案例的分析，综合三者绩效评估指标体系的共性，归纳出以下指标：读者满意度，包括对共享体系运作的满意程度、跨馆需求被满足程度、对共享体系成果的满意程度3项二级指标；共建共享体系敏捷度，包括采购速度、文献传递时间、馆际互借满足率3个二级指标；共建共享体系服务效果，具体包括服务范围、服务态度、服务效果；信息共建共享的效益，具体包括采购成本降低率和营运成本降低率[①]。

2. 国外研究。国外方面，艾伯特公共图书馆电子网络（APLEN）经过测试提出了一套绩效评估指标体系并被实际采用。这一指标体系由核心指标和选择性指标构成。核心指标包括用户对电子图书馆服务及资源的满意度、每个互联网工作站服务人数、电子参考咨询占所有参考咨询的比例、图书馆网站与图书馆目录的虚拟访问量、公共技术用户培训会议的数量、用户主导的数据库会议的数量等；选择性指标有图书馆网页访问量、员工培训、图书馆用户使用因特网的原因等。此外 Bruce T. Fraser 等认为 APLEN 应该根据需要增加附加的绩效指标[②]，体现了国外信息资源共享系统绩效评估指标体系强调可操作性的特点，很值得国内研究借鉴。

由英国电子图书馆项目资助，中兰开夏大学图书馆与信息管理中心的 Peter Brophy 等主持的 MIEL2 项目电子图书馆的管理信息系统和绩效评估，制定了电子资源服务评估指标体系，包括5个方面：整体、服务质量/用户满意度、传递、效率、经济。该项目是世界范围内较早进行信息资源共享系统绩效评估的研究项目，项目制定的电子资源服务评估指标体系为共享系统服务绩效评估提供了一个框架，具有很重要的参考价值。

欧盟图书馆信息通讯计划中的图书馆绩效评价质量管理系统 EQUINOX 项目设计的数字图书馆绩效评价体系包含14个指标，分别反映了电子资源

[①] 刘彦丽、梁南燕：《服务绩效评估促进信息资源共建共享的可持续发展》，《图书情报工作》2008年第5期，第20—23页。

[②] Performance Measures & Strategies for the Alberta Public Library Electronic Network（APLEN）[EB/OL]．[2009 - 10 - 13]．http：//www. ii. fsu. edu/content/view/full/6466．

的使用、费用、配套设施、用户培训、用户满意度等,现已被英国的高校数字图书馆和复合图书馆广泛采用①②。EQUINOX 项目致力于推进信息资源共享系统绩效评估指标的国际通用化,设计绩效评估指标体系并被广泛采用,初步实现了其初衷。

信息资源共享系统绩效具有多因性、多维性和动态性三重特征,只有从发展变化的角度去研究和考察信息资源共享系统绩效的各种影响因素,制定能够揭示其错综复杂的关系及其影响方向和影响后果的指标,才能客观地反映实际情况③。同时,信息资源共享系统绩效评估指标体系有着很强的导向性,它将在很大程度上决定评估的客观性和可靠性。在构建信息资源共享系统绩效评估指标体系时要做到以国家信息化指标体系为指导和依据,根据国内信息资源共享系统的现状和特点,参照国外的相关成果和工具,确定符合中国国情的绩效评价指标体系的设立准则,研究绩效评价指标的类型、内容、层级结构和测算模型。在建立评价指标体系时,宏观上应涉及与系统活动紧密关联的目标任务、管理模式、组织结构、资源和资金配置、投资收益以及反映系统综合能力和过程控制状况等的相关内容;微观上应对系统各项功能和活动,如资源发展、虚拟参考咨询、人员培训、用户满意度等方面均设立定性或定量的专门评价指标及方法④。通过层次分析法、德尔菲法、因子分析法、主成分法等筛选和简化指标,选取有代表性的信息资源共享系统进行模拟评估与分析,增强研究的可操作性,完善指标体系。

(五)信息资源共享系统绩效评估的实证研究

在过去几年的时间里,国外在绩效评估领域取得一些实质性进展。ARL 统计和评估项目(2003)已成为绩效评估和指标的国际性标准。EQUINOX 项目(2002)已在英国产生对数字图书馆和复合图书馆的学术图书馆服务层面的评估指标。COUNTER(2003)项目处理电子期刊和其使用时遇到的困难。

---

① 王益兵:《EQUINOX 数字图书馆服务绩效指标的特征与应用》,《图书馆理论与实践》2005 年第 4 期,第 89—90 页。

② 王咏梅:《从研究走向实践的国外数字图书馆绩效评估》,《新世纪图书馆》2005 年第 1 期,第 75—77 页。

③ 肖希明:《数字信息资源建设与服务研究》,武汉大学出版社 2008 年版。

④ 谢春枝、燕今伟:《图书馆联盟绩效评价的研究实践及思考》,《图书情报知识》2007 年第 2 期,第 96—99 页。

HyLiFe 项目（The Hybrid Library of the Future project）由英国 JISC（联合信息系统委员会）资助，是数字图书馆项目第三期工程[①]。该项目为用户群开发了一系列以用户为导向的电子图书馆界面，用户群包括全日制学生、研究者、分布式环境中的用户以及各种类型的项目组。项目 HyLiFe 历经三年时间，有七家学术机构参与了该项目。其满足用户需求程度的界面有效性包括三个层面：界面的设计、其提供的服务、信息技术基础设施。评估的最终结果是学生和老师等对该界面持满意态度。

Maureen 指出，我们应该非常乐观地认为，"虽然还没有达到理想的效果，但绩效评估已展示其数据收集、分析及其在管理中的应用。通过绩效评估我们还意识到许多问题，我们不仅需要有效理解和使用数据的技巧，还需要懂得其组织结构以便于应用于实践当中。"[②]

国内信息资源共享系统绩效评估的实证研究相对薄弱。从已有的文献来看，部分研究者对影响力较大的信息共享系统如 CALIS、NSTL、天津高校数字图书馆联盟等进行了绩效评估的实证研究。

肖珑等对其设计的指标体系的应用层面及应用方法进行了系统的研究，包括：对单种资源进行评估，如 CALIS 文理中心 2006 年完成的对 "EBSCO 公司 ASP、BSP 库数词库评估报告"；对单个图书馆的数字资源作整体性评估；对图书馆自建的数字资源进行评估；对 CALIS 联合共建的数字资源进行评估；对数字资源共享性进行评估，如 CALIS 集团采购工作组曾三次进行 "CALIS 引进数据库用户满意度调查"，其中最重要的调查有两项：一是调查成员馆用户对 CALIS 集团采购库的满意度，二是调查成员馆用户对 CALIS 引进和各个资源的满意度，包括数据库内容与质量、数据库的使用情况、检索系统与功能，等等[③]。

史永强等重点分析天津高校在应用联合图书馆系统、电子资源建设、中文图书库本建设、服务体系建设及工作人员能力培养五方面的投资效益，探

[①] Maureen Jackson. "A user – centred approach to the evaluation of a hybrid library project". *Performance Measurement and Metrics*, 2001, 8 (2): 97–107.

[②] Jane Barton. "Measurement, management and the digital library". *Library Review* 2004, 53. pp. 138–141.

[③] 肖珑、李浩凌、徐成：《CALIS 数字资源评估指标体系及其应用指南》，《大学图书馆学报》2008 年第 3 期，第 2—8 页。

讨电子资源的投入产出，提出在电子资源拥有量、使用率和论文出产率之间存在着正相关系。结果表明，天津高校数字化图书馆在设备费用、管理费用和使用效益上，大大节约了人力物力，并保证了检索效率的大幅度提高；在电子资源联合建设方面，联合建立数据库镜像站，在资金投入、管理人员的投入上大大节约了成本，并扩大了高校用户的访问率；中文图书版本库提供中文图书编目数据并在联合图书馆自动化管理系统上运行，供全市读者查询使用，同时为高校读者提供现场阅览、复印、扫描服务，为高校图书馆提供现场采购图书服务，并与书商进行全面合作，每年投入200万即可保证中文图书采全率达到95%以上，使天津市高校中文图书保障率显著提高；在图书馆工作人员培训方面，有计划、分层次地组织图书馆长、技术骨干和一般工作人员培训，在3年时间内，使各高校图书馆工作人员的服务能力和服务水平得到很大提高，基本适应数字化图书馆建设的需要[①]。

NSTL外文科技文献资源评价指标体系的总体结构分为三个部分：（1）文献利用部分；（2）学术评价部分；（3）在联合共建共享中缺藏的薄弱学科文献，即NSTL外文科技文献资源建设中的薄弱学科的文献[②]。潘淑春等对NSTL资源评价指标体系测试的对象数据进行了遴选，选择了综合农业科学期刊62种，畜牧、兽医60种，生物科学161种，食品科学43种，对期刊利用评价、学术水平和收藏评价等指标进行了评价与分析。结果表明，各期刊品种在其学术性、权威性、实用性和共享性方面都得到基本的认定，期刊评价指标基本合理，对满足学术指标较多和利用率较高的期刊基本都位列前端，评价结果符合期刊实际水平和利用效果，达到了预期的测试目标。

（六）信息资源共享系统绩效评估实践进展

20世纪90年代中期以后，各国和国际组织开展了一系列有关信息资源共享系统绩效评估的研究项目，召开了一些国际会议，制订了相关的标准和指南，取得了一定的阶段性成果。

1. 评估项目。美国研究图书馆协会（ARL）的E-METRICS项目

[①] 史永强、齐玉强：《天津高校数字化图书馆联盟投资效益分析的几个问题》，《图书情报工作》2005年第12期，第43—47页。

[②] 潘淑春、潘薇、李黎黎：《NSTL外文科技文献资源评价指标体系研究》，《农业网络信息》2007年第3期，第47—51页。

（2000—2003），其总目标是为 ARL 成员馆制定描述电子信息资源和电子信息服务的统计标准和绩效评估指标。该项目分为三个阶段：第一阶段（2000 年 5—10 月）：了解 ARL 成员馆对网络化资源和服务的统计、测度的过程和当前的活动状况；第二阶段（2000 年 11 月—2001 年 6 月）：基于第一阶段的研究成果和实地测试，提出一系列适用于网络资源和服务的统计标准和绩效指标；第三阶段（2001 年 7—12 月）编订了一个网络统计和绩效测度数据收集手册[①]。E - METRICS 通过对数据收集技术、统计和性能测量方法的实地测试，经过反复修订，确定了一个包括 20 项评价指标的指标体系，划分为用户可获取的信息资源、网络资源和相关基础设施的使用、网络和相关基础设施的成本支出、图书馆数字化活动和性能测度 5 大类[②]。现在已有 49 所 ARL 成员馆采用 E - METRICS 统计标准。E - METRICS 项目的研究过程充分体现了成立项目组进行信息资源共享系统绩效评估研究的优势：雄厚的资金支持、专业的研究团队、缜密的研究规划、权威实用的研究成果。

由英国联合信息系统委员会投资的 JUBILEE 项目（2000—2002），侧重于研究通过对用户行为的调查来评估电子信息服务质量。JUBILEE 的用户调查主要通过网络问卷调查、面对面直接用户调查、电话调查、电子邮件调查以及特定用户调查等几种方式。经过三年的用户调查、数据分析及评估方法的改进，2002 年 JUBILEE 项目集中了 11 个英国高等教育院校，6 个学科的数据，研发出建立在用户特性基础上的包含标杆基准工具的工具包[③]。JUBILEE 项目最主要的特点就是以用户为调查对象和数据来源，实施方法简单易行，并且研发出了工具包，为信息资源共享系统绩效评估提供了一种有效的工具。

网络电子资源在线使用统计项目 COUNTER 项目，启动于 2002 年 3 月，目的在于通过简化在线使用统计的记录和交换过程，为图书馆员、出版商和中间商服务。项目最初把电子期刊和数据库作为重点，因此主要适用于研究图书馆。2002 年 12 月，COUNTER 发布了行动章程之一，对需要测度的数

---

① 刘文梅：《国外数字图书馆绩效评估研究述评》，《津图学刊》2003 年第 6 期，第 37—43 页。
② 肖希明：《数字信息资源建设与服务研究》，武汉大学出版社 2008 年版。
③ 王咏梅：《从研究走向实践的国外数字图书馆绩效评估》，《新世纪图书馆》2005 年第 1 期，第 75—77 页。

据元素及其定义、数据报告内容和形式以及数据处理进行了描述。2004年及以后的主要目标则是提高该章程对于其他类型图书馆的适用性[①]。

受英国高等教育资助委员会（HEFCE）资助，由中央英格兰大学信息研究中心（CIRT）承担的EVALUED项目（2001—2004），其目标是为电子图书馆评估生成一个通用模型并提供电子图书馆评估的培训和推广。该项目的最终成果是一个在线工具包，包括了评价过程的很多方面，突出了电子信息服务[②]。信息资源共享系统绩效评估项目研究成果的一种重要形式便是绩效评估模型，并且多以在线工具包的形式出现，屏蔽了复杂的评估原理和程序设计，方便其他共享系统进行使用，凸显了研究成果的实用价值。

信息资源共享系统绩效评估研究的最主要的一种形式就是课题项目，这种形式可获取持续稳定的基金资助，吸引专业的研究团队，并且研究成果具有很强的针对性与实用性，上述研究项目在评估体系、使用统计、数据收集和评估方法上都取得了一定的突破。

2. 学术会议。国际会议是信息资源共享系统绩效评估研究的另一重要平台。国际会议一方面可以集思广益，另一方面其研究成果一般具有国际通用性或者为世界范围内的信息资源共享系统绩效评估提供标准规范。

Northumbria绩效评估国际研讨会和IFLA馆际互借与文献传递（ILDS）国际会议等都十分关注信息资源共享系统的绩效评估问题。Northumbria绩效评估国际会议主要讨论图书馆和信息服务的绩效评估问题，如2005年8月22—25日在达勒姆召开的第六届会议的议题为图书馆与信息服务的影响与成效：变化的信息环境中的绩效评估[③]；2009年8月17—20日在佛罗伦萨召开的第八届会议，议题包括图书馆与信息服务的成效与价值，数字图书馆评估，绩效评估评价等[④]。第五届馆际互借与文献传递国际会议的会议录收录了Mary E Jackson提交的论文"ARL馆际互借/文献传递绩效评估研

---

① 刘文梅：《国外数字图书馆绩效评估研究述评》，《津图学刊》2003年第6期，第37—43页。

② Thebridge, S&Hartland - Fox, R. "Evaluating in the electronic world". *Library + Information Update*, 2003, 2（3）：48-49.

③ 8th Performance Measurement Conference. [EB/OL]. [2009-10-13]. http://www.northumbria.ac.uk/sd/academic/ceis/re/isrc/conf/pm6/? view = Standard.

④ 8th Performance Measurement Conference. [EB/OL]. [2009-10-13]. http://www.northumbria.ac.uk/sd/academic/ceis/re/isrc/conf/pm8/? view = Standard.

究"。2003年英国拉夫堡大学图书馆和信息统计小组（LISU）主办了以"统计实践——量度及管理"为主题的绩效管理实践研讨会。美国国家图书馆和信息学委员会（NCLIS）一直从事在线数据库使用统计和报告机制的标准化方面的工作，该组织到目前已经召开了四次研讨会讨论网络绩效评估问题[①]。

  总的说来，在网络信息时代，随着信息资源共享程度的提高，信息资源共享系统的绩效评估手段、方法、指标体系建设也将随之更为完善。然而，一方面，国内的实证和实践研究还有待加强；另一方面，在实践中，缺乏统一的标准将是科学绩效评估前进路上的一大障碍。因此，信息资源共享系统绩效评估指标体系的标准化将是未来的研究中亟须解决的问题。

---

  ① 刘文梅、唐淑娟：《我国"211工程"高校数字图书馆绩效评估研究——已有研究提出的指标在我国的适用性》，《大学图书馆学报》2005年第5期，第13—18页。

第 二 章
信息资源共享系统绩效评估的理论基础与方法选择

一、信息资源共享系统绩效评估的支撑理论

信息资源共享系统绩效评估是一项实践性很强的社会工程，然而它也需要有理论的指导。针对信息资源共享系统这一特殊而又复杂的评估对象，以下的理论能为建设合理而科学的信息资源共享系统绩效评估体系提供理论支撑。

（一）系统论及其相关理论

信息资源共享系统是一个由相互联系、相互依赖的成员结合而成并具有特定功能的信息资源共享有机体，与社会环境进行物质、能量和信息的交换。它的基本特征是：由若干要素和子系统按一定的方式组合而成，以信息资源相关的部门如图书馆、档案馆、博物馆、信息机构等要素构成；各子系统或成员之间相互依存、互相制约，以共建共享维系着子系统和成员之间的关系，各成员具有联机编目、联合采购、合作虚拟参考咨询等特性和功能。

运用系统论的理论和方法可以解决信息资源共享系统发展中的问题进而指导其科学发展。

在信息资源共享系统的绩效评估中，系统论的思想提供了绩效评估的原则：

1. 整体性原则是信息资源共享系统绩效评估的立足点。信息资源共享系统绩效评估的最终目标是要通过评估的手段提升信息资源共享系统的整体绩效，因此，整体性原则是信息资源共享系统绩效评估的立足点。在对信息资源共享系统绩效评估时，要分析信息资源共享系统所面对的用户及其所需要的资源和服务；对信息资源共享系统的资源保障体系进行评估，衡量其整体的保障能力和资源流通利用效率；对信息资源共享系统搭建的服务集成平台进行评估，和对不同成员进行协作的服务项目分别进行评价，以测评服务体系的综合效益和为成员带来的实际收益；在对信息资源共享系统组织进行评估时，要对系统整体的组织架构和管理模式进行评估，考察其协调各级、各类系统成员的统筹兼顾、分工协调、优势互补的能力，以及对资源保障体系和服务集成平台进行投入和产出分析；对信息资源共享系统的环境进行测评，以考核系统整体在信息产业链中发挥的效用，以及获取相关支持、塑造行业服务品牌等综合能力。

2. 联系性原则是调整信息资源共享系统成员绩效关系的依据。信息资源共享系统的绩效与其成员的绩效息息相关，同时各成员的绩效之间也相互关联。在信息资源共享系统绩效评估时，协调系统整体和成员个体绩效的关系尤为重要。系统整体的绩效是通过各成员绩效显现出来的，而单个成员绩效的提高并不一定能够带来系统整体绩效的提高。例如，在处理共建和共享的关系方面，各成员都会从自身的利益出发，希望承担最少的义务获得最大的权利；在进行文献资源数字化中，只有通过各成员馆共同的分工协作，才能解决制约文献资源共享的瓶颈问题等。因此，仅仅注重个别成员绩效并不能达到系统整体绩效提高的目标，而信息资源共享系统绩效评估需要在考虑成员之间的绩效连动关系和可能发生的利益冲突、系统与成员的绩效关联前提下，如何通过共识、政策和合作活动，协调和均衡成员各方利益，使得成员在绩效提高的同时最大程度地促进系统整体绩效的提升。

3. 有序性原则是制定信息资源共享系统绩效评估标准的指导。影响信息资源共享系统绩效的各个要素之间相互联系和制约的关系是有一定逻辑的、有序的。信息资源共享系统中的合作活动是从信息资源的开发、建设、组织和服务出发，是一个完整的、相互影响的信息资源共享活动的体系，如信息资源共建的规模和效果会直接影响到对体系中信息资源分类、加工和整序，进而间接影响到用户对信息资源的检索效率。因此，在对信息资源共享系统的绩效评估中，不能仅仅对信息资源共享系统的运行结果进行绩效分析，还要对信息资源共享系统不同阶段的共享活动制定相应的标准进行测评，以对信息资源共享系统实施有效的控制。信息资源共享系统绩效评估标准只有遵循有序性原则，才能确保绩效结果的"有章可循"，以便于发现影响信息资源共享系统绩效的关键问题。

4. 动态性原则是信息资源共享系统绩效评估适应性的保障。信息资源共享系统绩效评估应该在两个方面遵循动态性原则以确保其适应性并发挥评估的作用。首先，由于信息资源共享系统要在成员之间、成员和系统之间、系统与环境之间发生"交换"活动，因此信息资源共享系统绩效评估的模型和体系不是一成不变的，而是需要反映环境、系统和成员战略变化的要求，不断推陈出新，应用新的方法更新评估模型和评估体系，使绩效评估能适应不断发展变化的信息资源共享系统；其次，信息资源共享系统具体的绩效评估实践中，要根据信息资源共享系统的实际状况进行调整，面向信息资源共享系统中存在的实际问题，因地制宜开展评估活动。

（二）资源保障理论

信息资源保障率是从数量角度来评价信息资源共享系统资源体系的一种指标，但又是信息资源体系质量评价的基点[1]。如果一个信息资源共享系统没有达到基本数量的资源规模，质量也就无从谈起；而如果资源重复率较高，则表明资源建设具有过分的完备性，易造成信息资源的浪费。因此，信息资源保障率不仅是确定信息资源共享系统资源规模的一项重要指标，而且关系到信息资源共享系统对资源的投入能否发挥最大的效用，在资源数量和资源重复率上取得平衡。基于资源保障理论，有些学者提出了资源的"可获知能力（accessibility）"和"可获得能力（availablity）"的概念。从信息资源共享系统绩效的角度看，可获知能力与可获得能力的提出与信息资源保障并不矛盾。信息资源保障是基础和前提，没有"保障率"，"获知"就没有意义，"获得"也就成了无源之水[2]。三者在信息资源共享系统绩效中都

---

[1] 吴慰慈、刘兹恒：《图书馆藏书》，书目文献出版社1991年版，第218页。

[2] 肖希明、袁琳：《中国图书馆藏书发展政策研究》，南京大学出版社2002年版，第249页。

发挥着举足轻重的作用。"获知"是在资源保障体系的基础上,多角度、不同层次地充分揭示资源才能让更多用户得到可利用的资源信息,建立更多的需求和资源关联渠道;"获得"则强调在用户得知有他们需要的信息后,信息资源共享系统应提供便捷、畅通和多样化的信息资源流通方式,用户才能真正获得需求上的满足。显而易见,三者是提高信息资源利用满意度和满足度的根本,缺一不可。

信息资源保障理论对信息资源共享系统绩效的指导作用主要体现在:

1. 资源的覆盖状况。资源保障的基础是考察适应目标用户需求的重要信息资源是否纳入到信息资源共享系统的资源体系中。对纸质文献资源,通常的方法是通过书目对比分析的方法,即通过与标准书目、核心书目来对信息资源共享系统中的书刊资源进行比较,衡量已有资源在多大程度上覆盖了书目所列出的文献,例如对中文期刊可参照《中文核心期刊要目总览》,外文期刊可参考美国《科学引文索引》(SCI)、《社会科学引文索引》(SSCI)等著名索引系统,以及德国 Springer Group、荷兰 Kluwer Academic Publisher、Elsevier Science 等著名科技出版社确认其来源期刊是否收藏,计算期刊收录交叉率[①]。对数字信息资源的覆盖状况考察就相对复杂,除了要考虑其所涵盖的电子图书和电子期刊的书目外,还要考察覆盖的时间跨度、语种等。在强调资源的可获取方面,还需考察哪些资源既可用数字形式获取又有纸本收藏。然而,对数字信息资源总量无法精确计算,特别是网络资源,数量的指数增长和内容的不稳定使得无法对其进行有效地生产和流通控制,难以衡量信息资源共享系统覆盖的网络资源状况。因此,可通过与其他信息资源共享系统资源进行比较、计算相对覆盖率以估计对某种类型信息资源的拥有状况。

2. 资源的满足状况。资源的覆盖状况反映了资源内容和形式在数量上的保障状况,而资源实际的保障状况则应考察信息资源共享系统对成员和用户的利用满足状况。首先是资源的利用率——通过计算资源的使用次数和资源总数的比值,计算资源的利用频率,资源利用率越高则资源的质量也就越

[①] 张秀梅、曹勇刚:《国家科技图书文献中心的西文期刊馆藏与国外著名索引系统的收录交叉分析》,《大学图书馆学报》2008 年第 3 期,第 12—17 页。

高。文献信息资源通常用外借或阅览次数与书刊总数的比值计算,而数字资源直接可以通过网络日志得到单位时间资源的利用率。其次是资源的拒用率——文献资源主要是资源的拒借率,指一定时间内,在用户提出的合理借阅要求中,未借到书刊的数量占用户所要借的书刊总数的百分比;单从藏书的角度看,拒借率越高,表明藏书的完备性不够或复本量不足,需要进一步补充[1]。而对数字信息资源,特别是数据库资源,可以从出版商的利用统计中得到用户成功访问次数、下载次数和提问次数的比值,以计算资源保障状况。在建立资源整合平台的基础上,信息资源共享系统可建立更为完备的用户利用率统计,采用用户满意度网上随机调查的方式,获取用户对资源保障状况的体验和感受,则更为直接和准确。

3. 资源结构的合理性。资源结构的合理性也是资源保障的重要方面,它关注的是资源的构成,包括内容主题、学科构成、语言文种、载体形式、深浅程度等,从多个方面对资源体系进行考察,均衡资源结构各种比例关系是否合理恰当。从信息资源共享系统的职能出发,建立有主有从、有专有博、互相配合的信息资源保障体系。确定信息资源共享系统的资源优势和不足、特色资源和稀缺资源,便于形成不同的服务策略满足不同的需求。特别是在文献资源和数字资源并存的当前,如何协调二者的建设,合理分配建设经费,以建立信息资源共享系统最有效的资源保障。例如,有些电子期刊是与纸质期刊绑定购买的,对于这样的购买方式,需要开展分别针对电子期刊和纸质期刊的相关服务,以利于提高信息资源的利用率。

信息资源共享系统绩效除了要关注资源本身所产生的绩效,更要关注合作共享资源建设所形成的绩效,发挥信息资源共享系统的协同作用。所谓协同作用就是使系统结构具有有序性、稳定性,这样各元素之间就会相互促进、相互增益,共同为加强系统的整体功能而努力。建立信息资源共享系统的协同保障,是指一个国家、地区的多个图书情报机构联合起来,开展信息资源建设、供给文献资料、满足文献情报需求,以支持经济建设、社会发展和科学研究的活动[2]。早在1957年,北欧四国丹麦、挪威、芬兰和瑞典就制

---

[1] 吴慰慈、刘兹恒:《图书馆藏书》,书目文献出版社1991年版,第219页。
[2] 杨沛超、毛昨非:《论马克思主义理论研究和建设工程的文献信息资源协同保障》,《情报资料工作》2007年第4期,第48—51页。

定了"斯堪的那维亚计划",联合建立了共建共享的资源保障体系。

(三) 资源配置理论

从经济学的角度来看,信息资源共享实质上就是要通过一定的调控手段,协调信息资源在时间、空间、部门、数量上的分布关系,来实现全社会信息资源的合理配置,以取得最大的经济、社会效益[①]。信息资源配置是以人们的信息资源需求为依据,以信息资源利用的效率和效果为指针,调整社会的信息资源分布和分配预期的信息资源宏观管理过程。特定的国家或地区信息资源配置的决定因素主要包括三个方面:一是该国家或地区人们的信息需求,这是信息资源配置的社会参数;二是信息资源配置的效率,这是当前信息资源配置的经济参数;三是信息资源配置的效果,这是信息资源配置的政治参数[②]。显而易见,信息资源配置直接关系到信息资源分布和利用能否满足国家或地区的信息需求,能否达到投入最少产出最大,能否在兼顾公平的同时讲求效益的增值。信息资源分布是信息资源配置的表现形式,是已形成的信息资源空间结构形式和已实现的信息资源配置,即以往各个阶段信息资源配置计划或规划实行的结果,是动态调整信息资源配置的依据和出发点[③]。

信息资源共享系统绩效与信息资源配置及分布状态是密切相关的。在信息资源共享系统中,相对于系统的成员和终端用户的需求,投入和资源始终是有限而稀缺的。信息资源在时间、空间、数量、类型等分布,只有通过信息资源共享系统整体的政策杠杆和技术手段,对有限的投入进行合理地分配使其获得利用上的增值,对有限的资源开发多种形式的服务,避免资源的短缺和闲置,增加资源的可获取性使其满足不同层次的需求。从成员的角度来看,成员的参与出于成员终端用户的需求和成员资源的稀缺,通过参与共享活动,能使成员在相同投入下获取最多的资源以最大限度地满足用户的需求,而成员可不必以突破资源数量上和种类上的稀缺限制来满足最大数量用户的需求,成员的效益一样可以得到提升。从系统的角度看,由于不同地域

[①] 肖希明:《文献资源共享理论与实践研究》,广西教育出版社1997年版,第82页。
[②] 黄长著、周文骏、袁名敦:《中国图书情报网络化研究》,北京图书馆出版社2002年版,第145页。
[③] 黄长著、周文骏、袁名敦:《中国图书情报网络化研究》,北京图书馆出版社2002年版,第143页。

的政治、经济、文化、教育等发展上的不平衡，各学科资源在生产、流通、利用上的多样性，使得资源在分布和利用上的不均成为信息资源共享系统在资源建设上不可避免的问题，也成为影响信息资源共享系统经济社会效益提升的因素。

信息资源共享系统通过共享的方式旨在实现资源的互通和流动进而优化资源的配置，表现为：（1）针对增量配置，协调建设资源。通过资源协调开发和联合采购，针对各地区、各学科、各类型的资源保障体系资源利用上的差距，对不同的资源差异根据先后和缓急，有侧重、有倾斜、有计划地补充资源不足和余缺，最大限度地避免资源重复而带来的经费浪费，以确保不同需求的可满足率；（2）针对存量配置，建立资源的流通渠道。根据不同的资源，以合理、便捷的方式建立资源的流通流程、规则和平台，使资源能得到有序的传递；馆际互借、文献传递可满足用户获取全文的需求，而编制目次和导航，则可让不同地区的用户能同时浏览和查询资源；（3）针对易用性和时效性，建立适合的信息资源配置和共享的策略。配置和共享的出发点是用户的需求，而落脚点则是信息资源量的增减和流动变迁。因此，信息资源共享系统从用户对资源需求和利用的规律出发，建立层层递进式的资源服务策略，不能片面强调资源数量上的增加而忽视用户对资源获取的便利性和时效性，而是需要具有管理资源配置和共享的职能，以适应动态环境和需求的变化，预测、协调、监督资源的共享和配置。

信息资源配置的合理性直接影响了信息资源共享系统绩效的发挥，而合理配置始终都是一个相对的状态，和绩效的提升一样，信息资源共享系统对资源配置因环境、资源和需求的变化而不断地变化，都需要进行长期调整。

（四）拥有存取理论

早在1975年美国《图书馆杂志》和《图书馆趋势》等学术期刊上就开始关于"拥有（ownership）与获取（accessibility）关系"的讨论，在当时仅限于对"获取"理论上的设想和探讨，直到20世纪90年代之后，出版物数量的急剧增加和价格的不断上涨，加剧了图书馆经费短缺和馆藏滞后，图书馆依赖自给自足的馆藏满足用户不断提升的资源需求变得捉襟见肘。与此同时，通信和网络技术、文献资源的数字化和互联网的普及使得信息资源的传递和利用突破了时空的限制，也使得图书馆能够十分便捷地通过各种方式获取本馆以外的信息资源①。这种获取资源的方式，节约了图书馆的经费，提高了图书馆的成本效益，对于利用率低的资源可以通过"存取"这种比"拥有"更为经济的方式满足用户的需求。在用户需求的主导下，摒弃以往强调本身拥有馆藏并据以服务的观念，而将图书馆获取资源的能力和范围作为用户需求满足的基础，馆藏也因此而重新被定义——实体馆藏和虚拟存取共同决定了馆藏状况。在图书馆经费限制下，如何最大限度地扩大图书馆的馆藏，这就需要在"存取"上做文章。印本资源为核心的传统图书馆的运转，以自给自足和自治为特征。而与此相对照的是，强调"存取"能力的提升则是在数字环境下的开放图书馆依靠合作来实现的。自治性使传统图书馆的整个体系被分解为一系列缺乏内在联系和外在协调的孤立的馆藏、机构和服务，而数字环境下的图书馆建立的基本上是合作性的共享资源体系，其发展需要信息交流链中的每个方面的积极参与、密切配合、相互理解和支持，图书馆的实体更像信息网络中的一个节点②。

对于信息资源共享系统而言，"拥有"和"存取"对其绩效具有重要的指导意义。强调"拥有"是在信息资源共享系统各成员共享的前提下，整个系统所拥有的信息资源体系能提供各成员利用的保障。信息资源共享系统是各成员信息资源的仓库。"拥有"的效率体现在贮存和利用资源的最大化，追求"随手可得（just - in - case）"的资源保障环境。因而，如何协调各成员"拥有"的馆藏，是整个系统"拥有"最大化的关键问题。特别是在国家信息化战略的实施中，国家级的信息资源共享系统强调的是信息资源的实际拥有比提供成员长期稳定的利用更为重要，它不仅关系到信息资源共享系统可持续发展战略的实施，而且是成员所服务的终端用户需求的有力保障。强调"存取"是在信息资源共享系统保持开放性的基础上，能充分开发和挖掘互联网免费的开放存取和有利用价值的信息资源，或尽可能多地得到资源的使用权，并将这些资源分类、揭示和组织，使之形成系统，有效地补充系统所拥有的资源体系，扩充用户可获取的资源数量和范围，提高用户需求的满足率。信息资源共享系统可看作是各成员的网关，"存取"的效率

---

① 程焕文、潘燕桃：《信息资源共享》，高等教育出版社2004年版，第71页。
② 汪冰：《电子图书馆理论与实践研究》，北京图书馆出版社1997年，第166页。

体现在最大限度地利用和存取网络化的资源。如何让各成员形成协作开发和利用资源，形成快捷、高效的"即时提供（just–in–time）"信息资源网络，并让用户的需求能提供信息和存取能力，这是提升信息资源共享系统绩效的关键所在。单从成本效益上讲，对于图书馆来说，拥有的成本效益较低，则获取的成本效益就较高；对于图书馆用户而言，拥有的成本效益较高，则获取的成本效益就较低[①]。

信息资源的"拥有"和"存取"实质都是一种基于信息资源共享的信息保障或信息服务方式。"存取"的前提是他馆拥有，反过来说，一个馆的拥有可提供许多馆"存取"[②]。"存取"和"拥有"是信息资源建设中相互依存、互为表里的方式，也是图书馆信息资源共享中两种浑然一体、不可偏废的必然结果。同单个图书馆一样，信息资源共享系统对"存取"和"拥有"的选择应置于资源共建共享的大背景中考虑，除了对不同类型的资源采取不同的方针之外，不同职能的信息资源共享系统也需要采用不同的策略，以提高信息资源共享的绩效。对于国家级的信息资源共享系统而言，强调其在国家信息化战略中的资源保障作用和突发状况应急保障能力，是整个国家信息资源利用的基础。强调长期保存或"拥有"不仅必要而且重要，是各子系统发挥其绩效的保证，同时"存取"应集中建立在长期稳定的信息资源国际交流与合作，积极应对和解决资源获取所涉及的相关法律和行业问题，提供子系统方便的信息资源共享和流通环境。对于地区级的信息资源共享系统，应强调区域性特色信息资源的"拥有"和开发，为本地区用户提供直接而有效的资源获取方式，也为其他地区的利用提供"存取"的条件；而在"存取"方面，应集中优势力量积极拓展特色化的、服务于本区域经济文化发展的信息资源多样化获取方式，打破行政和行业约束，建立国家级和其他区域之间的信息资源共享协议，铺设便捷、畅通的资源流通渠道，以最少的花费为本地区用户提供最为丰富的资源。

（五）文献老化理论

数字环境下，资源获取和利用的便利性大大加速了科学之间的交流，使

[①] 程焕文、潘燕桃：《信息资源共享》，高等教育出版社2004年版，第73页。
[②] 肖希明、袁琳：《中国图书馆藏书发展政策研究》，南京大学出版社2002年版，第140页。

资源内容的新陈代谢速率加快。针对文献老化，主要有两种含义：一是指文献在产生或出版以后，随着其"年龄"的增长以及各种因素的影响，导致其价值和利用率的降低；二是指文献在产生或出版以后，载体的物质形态逐渐退化变质的现象[①]。对文献老化状况的度量指标常用的有半衰期、普赖斯指数和剩余有益性指标等。

数字资源内容的更新速率大大超过了文献资源。在信息资源共享系统绩效评估中要特别关注资源的更新速率，资源更新不及时，便加速了资源老化的速度，进而影响资源的利用效果和应用价值。因此，资源能否发挥其效能的关键是能否及时地提供用户利用，这就要求资源揭示和组织要实现自动化和智能化，特别是对网络信息资源的开发，时效性是保证用户利用资源价值的关键。对信息资源共享系统的绩效而言，资源老化意味着系统不能保证有效地资源传递和资源保存。

文献资源的流通和存贮对空间和时间的要求较高，相对于有限的图书馆书库空间，如果不进行有效的贮存和剔除，极易造成书库"书满为患"的危机，不仅书库告急，而且还会影响整体馆藏质量。针对这种现象，信息资源共享系统可在成员共建共享的基础上，建立贮存图书馆，专门用于保存老化或利用率低的文献，以节约成员的书库空间，活化成员的馆藏体系和馆藏布局，通过集中管理降低资源保存和利用的成本。多个图书馆共有共用的贮存图书馆可集中对老化资源进行分类、整理和组织，提供浏览、借阅和传递等服务，提高它们的利用率。对文献资源载体老化的另一种应对措施，就是当前信息资源共享系统普遍进行的文献资源数字化。将文献资源数字化后，将其内容迁移到数字信息载体上，这不仅能提供数字内容利用，还能大大节省存储的空间，提供利用的便利。

就数字资源而言，其资源老化的速率快主要表现为两个方面：一是网络资源修改和更新速度快，不断刷新和升级版本；二是没有专门用于保存网络资源的机构，许多有价值的资源往往是"昙花一现"。在对网络信息资源的开发中，如果不实施资源的长期保存，那么资源的利用就得不到保证。信息资源共享系统需要依托成员的力量，有效地组织资源并长期妥善保存，避免

[①] 程焕文、潘燕桃：《信息资源共享》，高等教育出版社2004年版，第61页。

因资源老化而出现资源的缺失，以致影响资源的长期利用。

（六）共享粒度理论

共享粒度的概念来源于计算机科学领域，原指系统内存扩展增量的最小值，后来"共享粒度（sharing granularity）"的概念在计算机实现分布式服务和资源共享中得以发展，最初用于确定资源和服务动态的访问授权。

在信息资源共享系统中，为实现资源和服务共享，一个重要问题就要在异构访问控制模型之间建立分布式的访问控制机制[1]，对信息资源共享系统兼顾效率与公平，建立共建与共享对等和利益均衡机制有着重要的指导意义。共享粒度保证了信息共享系统各成员在协同共建和共享任务中内部资源的完整性以及进行不同编辑和加工等操作。在系统中，共享粒度的实现与各种对象的定义有着紧密的联系，在不同层次的对象（工程、页面及媒体元素）中都有一部分数据结构专用于共享粒度。同时，在信息资源共享系统中，共享粒度和访问权限是紧密结合在一起的。访问权限模拟了社会关系和层级体系在信息资源共享系统中的实现，而共享粒度则保证了在访问权限的基础上能访问和处理的资源。简言之，访问权限是对协同参与成员权限的一种划分，而共享粒度实际上是对协同共建共享中各种资源的一种划分[2]。

在基于网格资源共享的研究中，特别是 e-Learning 资源管理中，共享粒度的理论得到了更为广泛的应用。共享粒度强调提高资源的使用效率和再利用机制，以资源对象粒度为实现方式关注资源的共享，即通过以独立对象为单位进行资源的重组、重用和互操作。资源对象的特征可用"6S"概括，即 Site、Structure、Skin、Service、Space Plan、Stuff[3]。这与面向对象程度设计方法中的对象概念有着相似的一面。对象用以抽象现实模型，可以封装、继承，保证了其内部数据的完整性并实现对各种数据的访问。这些独立的对象可以单独使用或动态重组以提供"足够"（just enough）和"及时"（just

---

[1] 梁策、肖田元、张林铤：《分布式服务共享的访问控制技术》，《计算机集成制造系统》2007 年第 3 期，第 527—532 页。

[2] 王邦、朱光喜：《多媒体协同编辑中共享粒度的研究与实现》，《计算机工程与应用》2000 年第 12 期，第 100—101、127 页。

[3] Wiley, Gibbons, Recker. A reformulation of the issue of learning object granularity and its implications for the design of learning objects [EB/OL]. [2009 - 02 - 18]. http：//www. reusability. org/granularity. pdf.

in time）的利用，以提高资源体系、信息资源共享系统服务的使用效率[1]。这就影响了信息资源共享系统共享模式的转变，即从对共享途径的关注转移到对共享粒度的关注，关注资源的共享程度与再利用、互操作及各种模式的交互等，以最终实现资源的有效聚合，按需共享并跨组织协作应用。

从共享粒度出发，信息资源共享系统实现资源互操作和资源对象管理的前提条件是实现资源揭示和组织的标准化，建立规范的资源之间的关联。对象的关联体系直接决定了共享粒度的大小，因此内容和关联是资源对象的构成，而资源体系应由无数个相互关联的资源对象构成。从共享粒度的角度是提高信息资源共享系统共享绩效的关键，除了资源对象的形成外，还应包括对象的存储和调用、揭示和编辑、内容的转换（conversion）和装配、内容的个性化支持、适应性配送、资源整合和服务集成。这也是信息资源共享系统实现 P2P 资源共享模式的必要条件，即在共同的共享环境中，每个成员或个体都要扮演内容提供者和内容消费者的双重角色：内容提供者不会失去对其拥有的资源对象的控制，而内容消费者能够通过网络存取广泛可用的资源对象[2]。因此，信息资源共享系统能提高成员参与共建和共享的积极性，并能成为真正开放和自由的共享空间。

（七）经济管理相关理论

值得关注的是，学者们利用不同的经济管理学理论对信息资源共享系统绩效进行了分析：[3]

从基于资源的观点看，成员相当于它所拥有的一系列资源的集合体，当某个图书馆所需的某种特殊资源被其他馆所占有，资源的可获得性较差，这往往就会要求与拥有这一资源的其他成员建立合作关系，借助互惠互利的组织和环境获取所需的资源。因此，信息资源共享系统就是成员之间资源整合的结果，也是一种战略资源需求和社会资源机会驱动的结果。信息资源共享系统的绩效体现为：建立各成员馆中资源的获取网络，在各成员节点上建立

---

[1] 许骏等：《网格计算与 e – Learning Grid——体系结构·关键技术·示范应用》，科学出版社 2005 年版，第 59 页。

[2] 许骏等：《网格计算与 e – Learning Grid——体系结构·关键技术·示范应用》，科学出版社 2005 年版，第 60 页。

[3] 高凡：《对美国大学图书馆联盟的思考》，《四川图书馆学报》2005 年第 2 期，第 72—76 页。

有价值的资源，推进各成员集合和利用有价值的资源，最大化地创造价值，使资源的边界得以优化。

交易成本经济学的解释是，信息资源共享系统通过半结合的组织优势和半市场的市场机制，可在保持较低生产费用的情况下，较大限度地降低交易费用，最终达到总费用的降低，并且具有稳定的交易关系和便于监督的特点。总之，信息资源共享系统的绩效应体现在成员以信任和协作为基础的资源及服务的共建共享环境，并能进行指导、管理和监督，使之有序而高效地运行。

价值链理论的观点是，不同的成员只能在具有比较优势的环节上发展自己的核心能力，并在各自的优势环节上展开合作，以促使彼此的核心专长得到互补，达到协同的"双赢"效果，以求得整体利益最大化，而信息资源共享系统的绩效则体现为成员实际利用和价值实现上。

战略管理理论强调的是，成员内部分工与协作的细分可以提高产品和服务的差别化程度，进而促进需求的增长，同时使信息资源共享系统成员在标准化、新技术应用、新产品开发和新服务推广等方面，可借助资源共享优势效应，获取速度上的优势，而信息资源共享系统的绩效则围绕着战略目标，侧重体现为成员能力的提升和可持续发展。

二、绩效评估方法及其在信息资源共享系统中的应用

信息资源共享系统绩效评价的主题要素，为经济测评、效率测评和效益测评三个方面。其中，经济测评主要涉及信息资源共享系统的投入成本；效率测评主要关注信息资源共享系统的投入与产出的比率关系；而效益测评则主要在于信息资源共享系统目标的实现，即信息资源共享系统是否为系统本身、成员、终端用户等带来最大效益，它可从产出评价、效用评价、服务质量和用户满意度评价等方面展开[1]。

在对信息资源共享系统绩效评估方法的探讨中，应用于信息资源利用绩效评估和图书馆业绩评估中的"输入—输出"模式的评估已向其服务领域的深度

---

[1] 卓越：《公共部门绩效评估》，中国人民大学出版社 2004 年版，第 7 页。

和广度延伸。虽然,由于产出评价、绩效评估、服务质量评估和效果评价在评估中的侧重点各有不同,但都得到了广泛的应用。所以对信息资源共享系统绩效评估的惯性思路,就是通过综合运用多种评估理论和方法,及时地反映信息资源共享系统的绩效状态。这就由此形成了目前国外较为认可的信息资源共享系统的评估模型——面向结果的信息资源共享系统综合评估方案。

(一) 面向结果的信息资源共享系统绩效评估方法

Bertot 和 Snead 在 2004 年提出的多维信息资源共享系统评估概念模型 (如图 2-1) 就是最具有代表性的信息资源共享系统综合评估方案之一[①]。这种评估方案能较好地兼顾用户中心和图书馆中心的评估视角。具体说,图书馆中心的评估方法,侧重于表达资源和服务,强调的是效率和效能;用户中心的评估方法,则侧重于表达资源服务的质量和图书馆之间的资源和服务的获取。

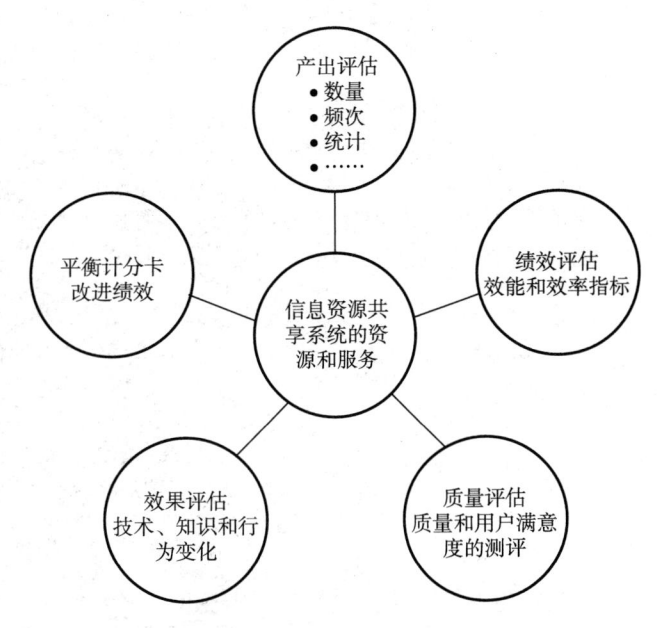

图 2-1 多维信息资源共享系统评估概念模型

---

① Bertot J C, Snead J T. "Selecting Evaluation Approaches for a Networked Environment" [M] // Bertot J C, Davis D M. *Planning and evaluating library networked services and resources*. Westport: Library Unlimited, 2004: 45.

在图 2-1 中不难发现，Bertot 和 Davis 将信息资源共享系统绩效评估进行了狭义的范畴界定，即评估对象是系统的效能和效率。而广义绩效评估，包括的是效果评估、产出评估和质量评估。面向结果的信息资源共享系统的绩效评估主要方法如表 2-1：

表 2-1　面向结果的信息资源共享系统绩效评估方法

方法	评估侧重点描述
产出评估	①识别成员参与的信息资源共享系统的活动以及如何利用信息资源共享系统的资源和服务 ②服务的深度和范围 ③测评资源和服务利用的效能和效率
效果评价	①信息资源共享系统的资源和服务对成员资源、服务和终端用户的影响和作用 ②通过信息资源共享系统开展的成员之间的合作，成员具体获得了哪些好处，如资源体系优化、服务项目拓展、开支减少等
质量评估	①参与到信息资源共享系统中的成员期望满足的程度以及他们对信息资源共享系统所开展的活动、配置的资源、开展的服务项目的满意度 ②信息资源共享系统提供的资源和服务质量是否符合国际（国家）相关通用的质量标准，是否达到每个成员资源和服务质量的要求
平衡计分卡 （面向过程和面向结果）	①综合利用产出评估、效果评价和质量评估多个评估途径全方位测评信息资源共享系统财政、用户、内部管理、变革与学习等维度 ②已经在图书馆绩效评估和信息资源共享系统绩效评估研究中得以初步尝试，具有易理解、多种评估整合的优势及应用潜力

面向结果的信息资源共享系统绩效评估综合模型，是建立在对信息资源共享系统运行结果的量化表达基础上的，因此，它不仅推动了成员资源和服务利用的标准化和规范化建设，而且还进一步推动了 COUNTER、E-metrics 等国际认可和通用的标准在信息资源共享系统绩效评估上的应用。如 COUNTER 已于 2008 年 8 月发布了最新的"Release 3 of the COUNTER Code of Practice for Journals and Databases"，对提交给信息资源共享系统（图书馆

联盟）的利用报告专门进行了说明，要求其接受 COUNTER 标准的数据库出版商除了向购买数据库的成员提交他们的利用报告外，还需要专门向联合采购管理部门提交单独的包括所有购买数据库成员的利用报告[①]；E-metrics 也发布了信息资源共享系统绩效评估的统计指标（如表 2-2）。就是说，这种图书馆通用统计标准上的"拿来主义"，一能大大降低信息资源共享系统绩效评估数据收集的成本；二能提高采集数据的质量和规范性；三能促使绩效评估逐步成为信息资源共享系统常规化、制度化的管理模式。在此基础上，信息资源共享系统绩效评估设计还将采用标准化的评估指标和绩效评估机制兼而有之的策略。

表 2-2　E-Metrics 在信息资源共享系统绩效评估中的应用设计

E-Metrics	采集数据层面	采集过程
平台和结构 Workstations/Infrastructure（W/I）		
Public-Access Workstations	成员层面	确定一个时间点，每年一次
Public-Access Workstation Users	成员层面	以单周为样本，估算全年的数量
Rejected Sessions	系统层面/资源提供方	以月为单位，加和计算全年的数量
利用 Usage（U）		
Commercial Services Sessions	系统层面/资源提供方	以月为单位，加和计算全年的数量
OPAC Sessions	系统层面/资源提供方	以月为单位，加和计算全年的数量
Commercial Services Searches（queries）	系统层面/资源提供方	以月为单位，加和计算全年的数量
Commercial Collection Searches（queries）	系统层面	以月为单位，加和计算全年的数量

---

① The COUNTER Code of Practice Journals and Databases：Release 3 [EB/OL]. [2009-01-17]. http://www.projectcounter.org/r3/Release3D9.pdf.

续表

E-Metrics	采集数据层面	采集过程
OPAC Searches	系统层面/资源提供方	以月为单位,加和计算全年的数量
Library Collection Full-Content Units Examined	系统层面	以月为单位,加和计算全年的数量
Library Services Full-Content Units Examined	系统层面/资源提供方	以月为单位,加和计算全年的数量
Library Collection Description Records Examined	系统层面	以月为单位,加和计算全年的数量
Library Services Description Records Examined	系统层面/资源提供方	以月为单位,加和计算全年的数量
OPAC Description Records Examined	系统层面/资源提供方	以月为单位,加和计算全年的数量
服务 Services (SV)		
Virtual Reference Transactions	成员或系统层面	以单周为样本
Virtual Visits	系统层面	以月为单位,加和计算全年的数量
指导 Instruction (I)		
Formal User Information Technology Instruction	成员层面	整月的统计,加和得出全年的数量
Point-of-Use Information Technology Instruction	成员层面	以单周为样本,估算全年的数量

图表来源:John Carlo Bertot. E-metrics and Performance Indicators:Availability and Use. and Denise M. Davis [M] //Bertot, J. C., Denise M. Davis. Planning and evaluating library networked services and resources. Westport:Library Unlimited, 2004:117-120.

(二)面向结果的信息资源共享系统绩效评估方法的缺陷

1. 关于信息资源共享系统绩效来源问题。面向结果的信息资源共享系统绩效评估尽管有诸多优势，且广泛应用，然而，它也有其"与生俱来"的缺陷：虽然它直观和具有较强的可比性和参照性，且用量化指标进行绩效评估内容的表达，但由于只关注结果，在指标量化的过程中，摒弃了很多不可量化却很重要的绩效指标，因此很难设计出全面和系统的绩效评估指标体系——更为合理的绩效评估应是定量和定性相结合的指标体系。由是可见，运用通用的图书馆统计标准，虽然在一定程度上提高了绩效评估的标准化水平，但是这种评估项目和指标是静态的，而系统绩效评估需要的是一种既能反映实际问题的动态指标体系，还可依据不同的绩效评估目的灵活组合和变更。显然，面向结果的定量统计既然能准确反映某个时间点上信息资源共享系统的绩效状态，但却难以揭示系统的绩效从哪里来，如何在变化的信息市场中发挥效益，绩效反映了系统运行的哪些问题，如何解决提高系统的绩效等诸多问题。因此，面向结果的绩效评估策略除了不能将信息资源共享系统的绩效评估服务于组织不断转移的战略目标，还容易使绩效评估流于形式，进而忽略了系统绩效评估的最终目的是提高系统绩效——系统需要的是既面向结果又面向过程的绩效评估。

鉴于此，相关的研究对上述信息资源共享系统绩效评估的概念模型进行了修正，加入了信息资源共享系统运作过程的分析，力图使之形成周期性的绩效评估（如图2-2所示）[1]。从图2-2可看出，信息资源共享系统绩效评估生命周期的提出者Conger，已开始关注到了绩效评估的目标是实现成员价值和实现成员的任务，将绩效评估的目标清晰化，并使绩效评估能作用于系统整体的绩效提升。笔者认为，成员价值实现和成员任务的达成恰好构成了信息资源共享系统的目标。这个绩效评估生命周期是一种针对信息资源共享系统战略模型的雏形，它在某种程度上优于以往面向结果的信息资源共享系统绩效评估，但从根本上并未跳出效果评价、产出评估的框架，即使在评估周期中加入了过程的分析，其本质上并未改变模型面向结果的属性。因此，实现面向过程和面向结果并重的信息资源共享绩效评估，必须有赖于绩效评估方法上的创新，跳出以往信息资源共享系统绩效评估的固定模式，建立全新的信息资源共享系统绩效评估模型。

---

[1] Joan E C. *Collaborative Electronic Resource Management* [M]. Westport：Libraries Unlimited，2004：61.

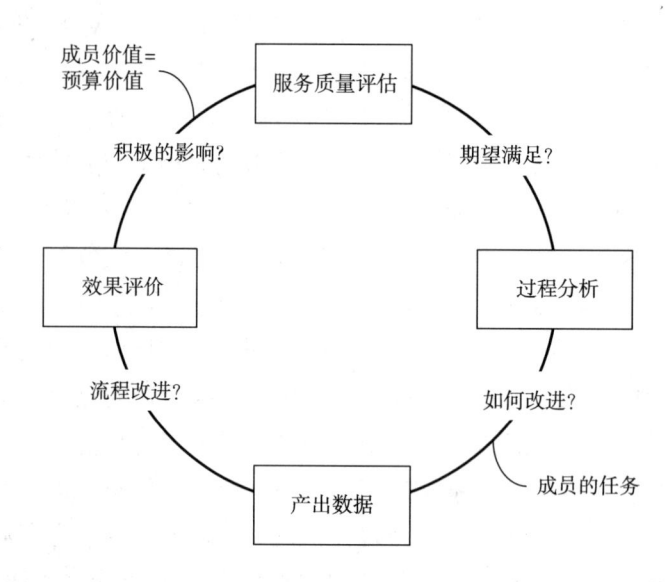

图2-2　信息资源共享系统绩效评估生命周期

2. 信息资源共享系统"投入"和"产出"的时差问题。在对信息资源共享系统绩效评估的方法研究中发现，信息资源共享系统的评估不同于以往的图书馆绩效评估，具有相当的复杂性。运用经典的绩效评估方法如投入—产出评估、效果评估等，都难以直接而准确地衡量信息资源共享系统绩效状况。信息资源共享系统绩效评估最大的难题是投入和产出的时差。具体到信息资源共享系统的实际运作中，其表现为：当年"投入"的建设项目往往要经过相当长的时间才能有所"产出"，或者说，当年的信息资源共享系统的效益不是当年投入的结果。信息资源共享系统任何一个项目从立项到验收都需要经历一个建设过程，而且因项目的难度、复杂度和效率不同，时间段的长短也不同。当建设完成验收、正式提供给成员使用时，无论是成员还是终端用户都存在着接受的过程；伴随着服务项目的逐渐完善和成员或终端用户的普遍认可和利用，项目的效益才逐渐显现出来。所以，Patton 提出，一个具有逻辑性的连续统一体的评估往往应该包括：输入、行为和过程、输出、直接结果和长期影响①。而通常建设一个项目进行验收评估时，都是对其建设绩效进行的评估，即建设产生怎样的项目成果，比如涵盖了多少资源、资源种类和数量等，但是这些项目的利用效果和实际效益的状况只能进行估计和预测，且只有在长期的利用中才能显现出来。如何优化信息资源共享系统绩效评估，并使得评估能客观真实地反映实际的系统绩效状况，这就要求对信息资源共享系统的绩效评估不仅要关注其投入和产出的分析，而且还要关注信息资源共享系统如何运作和产生绩效。

三、信息资源共享系统绩效评估的方法选择

（一）检验信息资源共享系统绩效评估方法适用性的标准

1. 评估方法要立足于从整体上评价系统绩效。信息资源共享系统是一个由相互联系、相互依赖的成员结合而成并具有特定功能的信息资源共享有机体，各子系统或成员之间相互依存、互相制约，以共建共享维系着系统的发展。因而整体性是信息资源共享系统绩效评估的立足点。信息资源共享系统的整体绩效是各个子系统共享协作的结果，其整体绩效应大于各个子系统共享绩效的总和，绩效评估的最终目标是提高系统整体绩效。因此，信息资源共享系统绩效评估不是对某一项共享功能的绩效评估，也不是对这些活动的结果的评估，而是从系统自身出发对涉及的整个信息资源共享系统的组织架构、运行流程和综合产出进行衡量。这就要求任何评估方法都要立足于并有助于从整体上对信息资源共享系统绩效进行评估。

2. 评估方法要能够准确衡量系统的共享绩效。不同于一般组织或系统的绩效评估，信息资源共享系统绩效评估的关键是评价系统的共享绩效。共享是各个子系统相互关联并与系统整体发生绩效连动的关键，是系统绩效大于成员绩效之和的来源。共享的绩效不仅体现为信息资源共享系统运行的绩效结果，而且体现在各个子系统即各个成员、各种功能是如何有机地联系到一起，即需要注重共享的过程。在信息资源共享系统的运作中，共享绩效产

---

① Patton M Q. *Qualitative research and evaluation methods* [M]. Thousand Oaks, CA: Sage Publications, 2002: 162.

生于系统内部对其成员的有效组织运作、合理配置系统内的优势资源、深度挖掘和多样化重组和整合信息资源、最大限度地提升系统内资源的利用效率和效果;在系统外部则产生于通过行业联盟,使整个系统的每个成员以最低的代价尽可能地获取最多的资源,谋求系统利益的最大化,解决单个成员无法应对的行业难题,如技术攻关、知识产权、数字资源长期保存等问题。共享绩效的衡量是信息资源共享系统绩效评估的关键,也是检验信息资源共享系统绩效评估方法适用性的核心标准。

(二) 常用绩效评估方法的适用性探讨

CIPP、标杆分析法、平衡计分卡和 PRM 等绩效评估方法虽在不同的领域得到了一定的应用和检验,但是由于评估原理的差异,在信息资源共享系统中的应用特点和适用情况也各不相同。针对不同的评估需要,选择相应最适合的评估方法才是方法研究的关键所在。

1. 决策制定——CIPP 法。CIPP 是背景评估(Context Evaluation)、输入评估(Input Evaluation)、过程评估(Process Evaluation)、成果评估(Product Evaluation) 的缩写,又称决策导向型评价法。通过四方面的评估,可以实现对信息资源共享系统从目标的选定、发展计划的修正、方案的实施以及对结果进行分析等不同环节进行绩效考核,使得评估活动能覆盖整个系统每一项组织和服务,从而达到对系统发展的全面监控,为管理决策者提供有力的决策支持。

在 1973 年,美国伊利诺伊州图书馆就应用 CIPP 方法开展大规模的地区内图书馆绩效评估,实施 18 个图书馆的五年规划的制定和评估。通过 CIPP 绩效评估,6 所图书馆直接根据评估的结果制订了本馆的长期规划,其他的 12 所图书馆则通过 CIPP 对五年规划的背景进行了全面的认识[①]。CIPP 实践证明背景评估对决策的支持作用最大,但同时也是最为耗时的评估项目。CIPP 方法应用于信息资源共享系统,较为适用于没有或尚不明确既定目标的系统,能通过评估对系统所处的背景有全面的认识,进而制定系统的规划和决策。

---

① 祝碧衡、周玉红:《公共图书馆绩效评估理论及英国案例介绍》,《图书馆杂志》2005 年第 8 期,第 60—63、57 页。

应用 CIPP 方法进行评估的目的是提供信息资源共享系统的决策支持，可以根据前期的评估回馈，掌握系统运行的各细节是否按预期计划进行，是否达成了系统既定的目标[①]。作为决策辅助参考而对信息资源共享系统运行的绩效状况进行掌握和监控，由于评估指标易于定量描述并且较为固定，CIPP 方法可以借助于专门的统计智能软件作为系统常规的绩效评估方法加以应用，其评估的结果可以直接生成信息资源共享系统定期的运行报表或报告。针对信息资源共享系统这一特定评估对象，CIPP 绩效评估方法通过背景评估能实现系统和成员绩效评估的协同，使得信息资源共享系统绩效评估更能兼顾成员绩效提高的要求，据此制定的决策将更具系统性和科学性。

2. 持续改进——标杆分析法。标杆分析法（Benchmarking）是以同业内的领先者或成效卓著者在产品、服务或活动流程方面的绩效及实践为标杆，树立学习和追赶的目标，通过资料收集、比照分析、跟踪学习、再造设计以及付诸实施等一系列规范化的程序，分析它们达到优秀绩效水平的原因，并在此基础上制定实施改进本系统绩效的最佳竞争策略，因此也被看作一种评量和改善工作流程的全面质量管理（TQM）工具[②]。

该方法是一种集比较与评估于一体的评估方法，通过比较为系统进一步发展设定一个明确的目标，以解决以前进行绩效改进时的目标模糊性困扰；另外，通过对共享状况比照分析，从中针对共享绩效找出系统之间存在的差距，帮助系统找到影响绩效的症结，促使系统参照标杆的学习过程可循环反复，可促进系统绩效的不断提升。

国外图书馆绩效评估实证研究发现应用标杆分析法进行绩效评估存在着限制，主要体现在以下三个方面[③]：首先，作为衡量组织绩效的工具，标杆分析法需要以系统实现全面质量管理为基础，适用于分析发展成熟的信息资源共享系统；其次，由于信息资源共享系统的复杂性，不同系统在性质、目

---

① Michael M E. Planning and Evaluating Library System Services in Illinois Using the CIPP Model. [2009 – 09 – 16] http：//www. eric. ed. gov/ERICWebPortal/.
② 王谦：《政府绩效评估方法研究》，西安交通大学学位论文，2006 年，第 38 页。
③ Wilson F. "Benchmarking and library quality maturity". *Performance Measurement and Metrics*. 2006 (2)：75 – 82.

标以及服务对象上存在差异，寻求适合的"标杆"具有一定的难度，特别体现在设置不同等级的指标，使其具有通用性和规范性以适用于不同的信息资源共享系统绩效评估；最后，设计出完备标杆评估体系耗时耗力，如果只进行一次评估将造成巨大的浪费。因此，标杆分析法主要适合于开展长期和周期性的信息资源共享系统绩效评估，以持续改进信息资源共享系统。

通过标杆分析法在信息资源共享系统之间进行比照与超越，能在发现自身优势、不断克服发展障碍的同时，帮助系统把握整个行业竞争与合作的关系，实现信息资源建设和利用环境的优化。笔者认为，由于在信息资源共享系统之间开展专门的标杆分析，沟通成本和数据获得成本较高，兼顾评估体系的系统性和可操作性较为困难，易导致可靠性和时效性的下降。因此，标杆分析法可以作为一种辅助的信息资源共享系统绩效评估方法，在促进信息资源共享系统之间开放的、公开的行业规范基础上，通过对年度报告的公开数据进行比对和分析是较为经济和可靠的应用途径。

3. 战略实施——平衡计分卡。平衡计分卡（Balanced Score Card，简称BSC）是一种基于战略管理思想的绩效评估方法，已经在包括非营利公共部门得到广泛应用。其核心理念是：组织通过创新与学习，持续改善内部的运作流程，从而发挥资源的最大效用并获得最高的客户满意度，最终完成提高社会效益的使命，并再次进入组织成长发展的良性循环。

平衡计分卡方法为信息资源共享系统绩效评估提供了思路。首先，平衡计分卡能围绕着信息资源共享系统发展战略这一核心，灵活设计绩效评估的维度，这就使得评估能兼顾战略导向性和灵活性；其次，平衡计分卡能实现信息资源共享系统财务与非财务指标的平衡，这可以在某种程度上避免单纯财务指标所造成的盲目的"数字崇拜"，从而将系统绩效评估的侧重点从绩效结果转为绩效产生过程上，使得信息资源共享系统能处在战略导向的良性循环上，并获得整体实力的提升；第三，信息资源共享系统作为一个开放的、动态的系统，利用平衡计分卡进行绩效评估，能有效地兼顾系统内部和外部利益的平衡，通过有效的资源配置和利用，实现外部需求和系统内部流程的沟通和协调，为实现系统内外双赢提供依据。

作为一种基于战略管理的绩效评估方法，平衡记分卡法最大的优势在于能将系统战略与绩效评估有机结合，使得绩效评估模型的设计不会脱离系统当前的战略要求和运行状况，绩效评估指标体系更具有系统性，指标之间的关系更为清晰，能够兼顾信息资源共享系统的目标性和可操作性。在应用平衡计分卡实施绩效评估时，还会遇到一些技术上的障碍，如评估维度只能限定在相关联的四个维度中、非财务指标难以量化以及如何理解各个指标数据之间的关联，只能通过各指标之间的相关关系，采用逆推的方式对绩效影响因素进行分析，具有一定的局限性。

Kettunen 在 2007 年就曾开创性地应用平衡记分卡方法设计信息资源共享系统绩效评估模型，以信息资源共享系统的数字图书馆战略为出发点，设计了成员、财务、内部流程和学习相互关联的四个维度的信息资源共享系统平衡记分卡绩效评估模型[1]。通过模型的推导和构建，他指出，利用平衡计分卡实施信息资源共享系统能够使各个成员明确各自共享的收益，系统能获得成员对系统整体战略实施的支持，即通过绩效评估提高了成员对系统共建和共享战略的共识和参与程度。由于绩效评估指标体系由模型推导而来，能实现定量指标和定性指标的结合，因此该方法适宜对信息资源共享系统开展全面而系统的绩效评估。例如 CALIS 可根据每五年的发展战略进行绩效评估，能对 CALIS 战略目标的实现提供客观的评估，而且能为下一个五年战略制定提供依据。

4. 价值提升——PRM 方法。绩效参考模型法（Performance Reference Model，简称 PRM）是一个新兴的绩效评估标准框架。它由美国政府管理暨预算办公室（OMB）于 2003 年推出，是一个关于电子政务绩效评估的参考模型。它主要由六大评估领域构成，包括：对任务和业务结果的评估、对用户结果的评估、对业务流程及活动的评估、对人力资本的评估、对技术的评估以及其他固定资本的评估等[2]。PRM 运用价值链的思想，遵循"投入（包括人力资本、技术或其他资金、政策支持）→业务流程和共享活动→战略结果"的评估过程，明确了组织各项投入的资金流和资源流，可以知道组织价值的形成过程，为整个组织的运作提供预测和指导（如图 2-3）[3]。

---

[1] Kettunen J. "The strategic evaluation of academic libraries" [J]. *Library Hi Tech*, 2007 (3)：409-421.
[2] 易小国：《美国电子政务绩效评估介绍和评析》，《电子政务》2005 年第 24 期，第 54—59 页。
[3] The performance reference model version 1.0：A Standardized Approach to IT Performance. [2009-05-03] http：//www.doi.gov/ocio/cp/PRM%20Draft%20I.pdf.

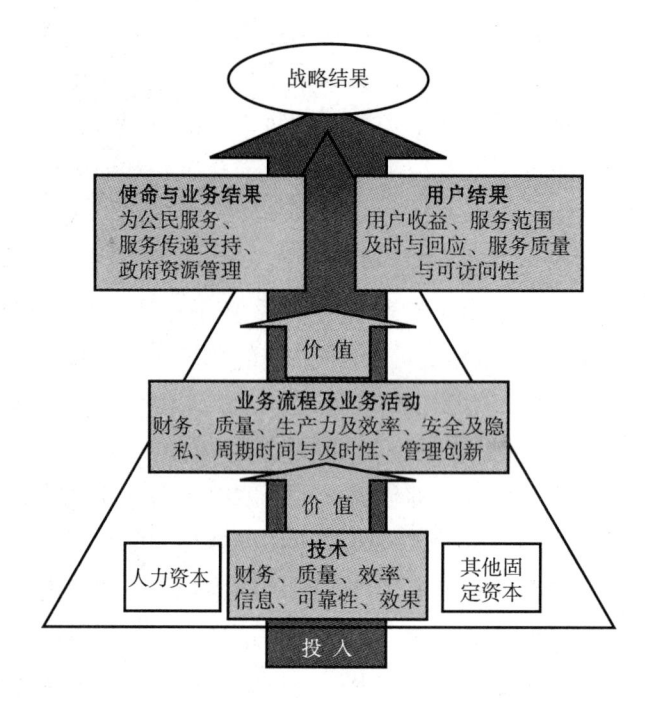

图2-3 PRM模型

PRM应用于信息资源共享系统将是创新性的尝试。该方法以价值链为核心,注重分析绩效的产生缘由、过程和表现形式,因而是一种通过价值跟踪进行系统全流程绩效评估方法。针对共享绩效的专门评价是前三种方法所不具备的优势,特别是应用在由多成员构成的信息资源共享系统,能分析出成员是如何进行共享活动的,这些活动如何产生出整个系统的价值,能够明晰系统和成员绩效与价值的关联,实现系统和成员战略发展的协同。该方法将信息资源共享系统绩效提高的动力来源作为信息资源共享系统绩效评估的重点,使得绩效评估从后置式的绩效状态描述转变为前置式的系统全流程重组和质量控制。

应用这种方法最大的难度在于将绩效评估的模型用完整而准确的绩效评估指标予以表达,流程评估中牵涉到的诸多变量和评估对象(系统以及不同成员),评估的可操作性和可执行性的难度较大。但是,PRM可以作为信息资源共享系统绩效评估时分析共享绩效的专用方法,利用模型分析共享绩效的影响因素以及相互关系，将对促进系统内共享活动的开展，建立成员利益均衡机制提供重要参考。

（三）面向结果和面向过程相结合的信息资源共享系统绩效评估方法

尽管国内外学者在图书馆业绩评估和数字资源利用绩效评估的方法研究中已有大量成果问世，但关注点却集中在图书馆绩效评估常用方法的应用上，如平衡计分卡、CIPP法、逻辑分析法、标杆分析法和象限分析法等，这些都已在图书馆数字信息资源利用绩效评估上得以广泛的应用[①]。McClure将专门用于信息资源共享系统绩效定量评估的方法概括为：标杆分析法、关键指标分析法、用户利用日志统计、网站计数统计法、观察法、象限分析法等[②]。然而，这些方法却偏向于对信息资源共享系统绩效结果的评估，因而很难对信息资源共享系统进行既面向结果又面向过程的绩效评估。笔者以为，这些绩效评估方法都无法建立综合的面向过程和结果的信息资源共享系统绩效评估模型。基于此要点，选择适当的评估方法需要针对三个关键性的问题。

1. 面向结果和过程——信息资源共享系统绩效如何，具体表现在哪些方面？绩效的结果最直接地体现为对信息资源共享系统战略的支持和战略目标的实现。为此，采用广泛通用的平衡计分卡方法，以战略管理思想的绩效评估方法来设计信息资源共享系统平衡计分卡模型。平衡计分卡的优势：一是能克服以往绩效评估只重视绩效结果的弊端；二是能围绕信息资源共享系统的战略目标，分析战略实施中绩效在信息资源共享系统各个方面的体现及其关系，使信息资源共享系统绩效产生的各个环节互为因果、相互关联；三是能全面考评绩效在战略目标实现中所发挥的作用，而不至于忽视任何一个关系到信息资源共享系统绩效的环节。平衡计分卡作为绩效评估工具的发展和相对成熟的应用，它直接能体现组织战略的特征，并能使绩效评估指标直观和系统，促使组织绩效在提升组织能力、实现组织战略目标方面所发挥的作用显而易见。平衡计分卡模型的动态性，还体现在它能够根据信息资源共

---

① 邹瑾：《数字资源利用与服务绩效评估研究》，武汉大学学位论文，2007年，第114—119页。
② McClure, Charles R., Lopata, Cynthia L. Assessing the academic networked environment: strategies and options. Coalition for Networked Information [EB/OL]. [2008-07-16]. http://www.arl.org/bm~doc/assess-4.pdf.

享系统战略目标的变化和进阶，及时调整评估的视角和评估的内容，维系战略目标实施中的"均衡"。更能说明问题的是，在对信息资源共享系统的绩效评估中，已有相关学者使用了平衡计分卡，验证了其应用的科学性、可行性和实效性。

2. 面向过程——信息资源共享系统的绩效从哪里来，如何提高信息资源共享系统的绩效？绩效的来源是与整个信息资源共享系统流程密不可分的。美国绩效参考模型（PRM）已在美国电子政务绩效评估中得到了应用[①]。PRM方法是价值链导向的绩效评估方法，它应用于信息资源共享系统能将绩效评估关注的焦点转向信息资源共享系统价值是如何产生的。借用这种方法分析整个信息资源共享系统中从输入到输出中价值提升的关键环节，并针对信息资源共享系统价值的提高关键点实施有效的措施，最终实现整个系统绩效的提升。简言之，基于PRM的信息资源共享系统模型，它的直接目标是对信息资源共享系统实施有效的绩效管理。

3. 面向结果和过程——信息资源共享系统的绩效到哪里去，如何使这些绩效产生综合效益？绩效如何发挥作用，在什么样的背景下发挥作用，怎样将系统内部的绩效转化为信息市场中最大的经济效益和社会效益。这些问题都需要将系统置于动态竞合的信息资源和服务市场中，从系统开放性、自适应性的特征着手，研究信息资源共享系统的结构、行为以及信息资源共享系统绩效之间的关联。系统及其成员可根据社会和市场需求的变化迅速完成必要的自我调整，及时主动与合作者结成新的合作关系。这种动态的有自适应能力的随机组合组织，具有动态业务流程重组和组织结构重组的能力。信息资源共享实际上维系了具有不同需要的多种组织形式的共存。这种多样的、共存的、高柔性的组织结构，提高了组织对不同需要、不同层次、不同单位的适应能力。开放性和自适应性的信息资源共享系统特征还体现在各成员在资源上存在着差异性和不对称性，其分布状况随着时间的发展而不断地变化，并由此形成了各成员独特的资源优势。建立在资源的优化组合、合理配置基础之上的信息资源共享系统，为每个参与系统的成员提供了资源和服

---

① The Federal Enterprise Architecture Program Management Office. The Performance Reference Model Version 1.0: A Standardized Approach to IT Performance [R/OL]. [2008-10-10]. http://www.doi.gov/ocio/cp/PRM%20Draft%20I.pdf.

务双向或多向流动的组织和环境，使得资源和服务产生某种质和量的放大效应，进而使其获得一种自身扩张的效果。就信息资源共享系统整体而言，由于集合了成员的优势资源，系统在运行中产生的整体效应便能优于个体效应的总和，因而产生信息资源共享系统的绩效。这是一个从市场结构（Structure）到市场行为（Conduct）再到市场绩效（Performance）的过程，所以，笔者利用 SCP 范式分析信息资源共享系统绩效是适合和必要的。

四、面向过程和结果的信息资源共享系统绩效评估模型

（一）信息资源共享系统平衡计分卡模型

基于信息资源共享系统的战略地图，笔者以平衡计分卡模型为参照，构建了信息资源共享系统的平衡计分卡修正模型。该模型以信息资源共享系统战略和使命为核心，以学习和创新、内部流程和管理、成员发展以及系统成果效益四个角度作为衡量信息资源共享系统绩效的平衡计分卡维度。每个维度又分为视角、维度目标两个层次。

平衡计分卡不仅提供了一套衡量信息资源共享系统绩效的思路，而且还可以依照绩效评估建立相应的绩效管理体系并为系统战略的实施提供依据。在这里，战略和使命始终是信息资源共享系统平衡计分卡的核心，围绕着这个核心，该模型提供了实现战略目标的路径，同样建立了不同维度的绩效评估内容的逻辑和关联，实现信息资源共享系统绩效评估和战略管理的结合。通过信息资源共享系统的绩效评估有效地促进信息资源共享系统的战略管理和实施，兼顾整体效益和成员利益、系统外部产出和内部提升，因而强调了信息资源共享系统绩效的均衡提升。在信息资源共享系统向数字图书馆基础框架的战略转移中，这种"均衡"的绩效评估和绩效提升具体体现在：

维度一：学习与创新

信息资源共享系统的学习与创新发挥着绩效基础支撑作用。从当前信息资源共享系统的战略出发，强调人力资本和智力资本是系统可持续发展的重要保证。在资源共建方面，能增强系统资源规范化的揭示、组织和整合能力，提升系统整体的资源建设效率和质量；敏锐捕捉本馆用户的需求特征，在数字图书馆基础框架之上，设计和推出针对性的特色服务项目；在资源共

享方面，能有效利用系统提供的资源和技术，综合自身的智力资源，将资源和服务的利用嵌入到用户实际的知识创造过程中。与此同时，提高用户信息素养、指导他们更有效地利用资源和服务，进而提升系统的经济效益和社会效益。因此，评价的重点应放在系统和成员业务水平和能力的考察上，间接考察系统整体的学习和创新能力。

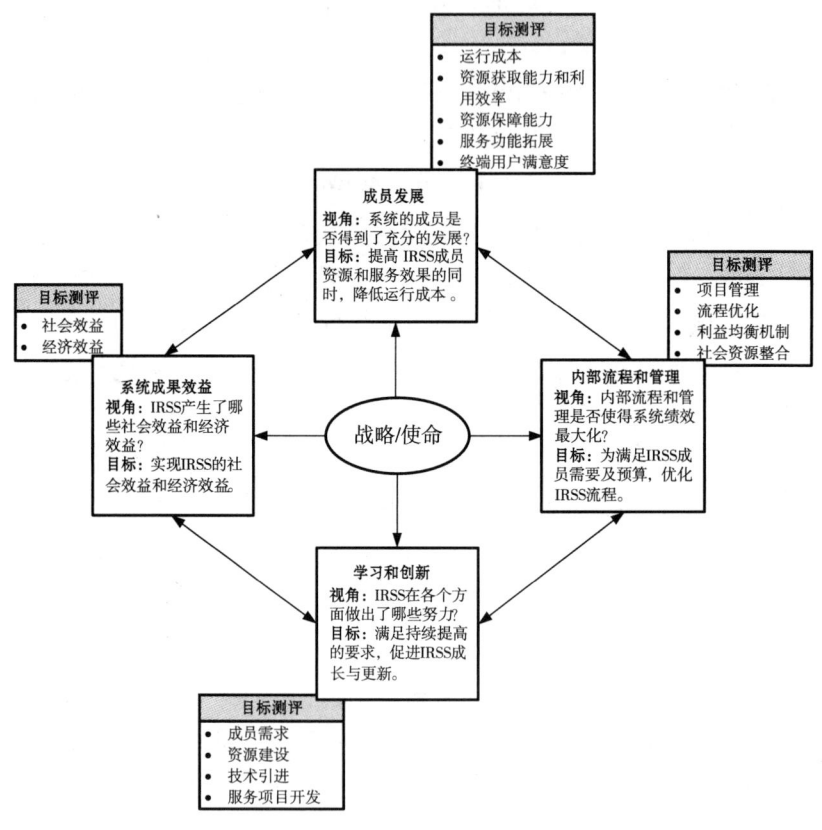

图 2-4 信息资源共享系统平衡计分卡模型

图表来源：笔者绘制

维度二：内部流程和管理

信息资源共享系统的内部流程和管理维度主要评价系统运行效率和管理能力，着眼于系统的管理组织、模式以及运行机制，以及在系统能力、资源建设、服务模式和技术引进发生新变化的情况下，系统内部流程的进一步调整、优化和拓展。在数字图书馆的实际应用中，软件、设备和其他工具能支持成员的网络服务。系统提供资源和服务平台为终端用户或成员提供资源和技术支持，这种平台的背后是成员整体的资源和服务整合体系。为成员或终端用户的服务流程在数字图书馆框架下走向正规化和透明化，通过对利用效率（如响应时间、任务完成时间、利用频次等）和利用效益（传递的文献量、提交的书目记录等）的变化间接地反映出内部流程的优化程度，这使得内部流程和管理模式将兼具"后台操作"和"前台显示"，借鉴电子商务网站，可以进一步将各项流程即时反馈给终端用户。在馆际互借中，提交需求的用户可以随时查询其提交请求处理状态，业务流程的状况将以更为直观和量化的形式表现。因此，这一维度围绕的绩效评估关键问题是系统的功能及其发挥程度，主要涉及系统的各项功能是否得到了充分的发挥，成员如何参与到系统的项目中来，以及各个项目的运作状况，系统如何整合资源并建立成员之间的利益均衡机制等。在内部流程和管理中需要凸显出成员之间如何合作，因合作而产生的成本最优化和利益最大化。

维度三：成员发展

信息资源共享系统成员遵从"资源共享、优势互补、互惠互利和自愿参加"的原则，系统成员加入系统并参与到系统的运作中，需要相应的投入，换句话说，就是在享有权利的同时也要分担一定的义务，成员参与的最终的目的是获得系统中自身所不具备的功能和效用。这包含一个投入产出的分析，每个成员需考虑系统运作所带来的收益与对共建共享的投入相比是否值得，即参与合作是否为自身产生了一定的价值。成员满意度就是对成员的感知进行的测评。通过合作节约的成本是最为直观的经济效益的考察方式，而系统为成员所提供的资源和服务的价值只有在终端用户的利用中才能得以体现。

维度四：系统成果和效益

信息资源共享系统不同于商业组织，由于它的非营利性质，其最终的目的不是财务收益而体现为社会效益和经济效益的双赢。从系统论的视角出发，系统的效益大于各部分的效益之和。这个维度从系统总体收益的视角出发，全面衡量系统的经济效益和社会效益，即"公共价值"和"社会认同"，以争取更多的成员加入和参与，扩大系统所能发挥效益的范围，进一步得到社会的认可，追加对信息资源共享系统运作的肯定并给予资金投入和政策支持，发挥图书馆的核心价值，为公民的信息获取提供保障，进一步达到公众的期望和实现系统的战略目标。

以信息资源共享系统的战略为核心，学习与创新、内部流程和管理、成员发展、系统成果和效益四个维度互为因果。其中，学习与创新是系统发展的基础，有了系统在资源建设、服务创新的需求和努力，才能优化信息资源共享系统的流程和管理，使得成员参与系统共享活动更为有效，并从中获得更大的效益，从而使成员满意，最终实现系统的进一步扩大，提升公共价值。

（二）PRM 模型在信息资源共享系统绩效评估中的应用

设计基于 PRM 的信息资源共享系统绩效评估模型（如图 2-5 所示）的关键是确定信息资源共享系统两次价值提升的驱动及其结果，其特征具体表现在以下几个方面：

1. 成员用户导向。信息资源共享系统的产生和发展自始至终都是成员需求驱动的，每个成员作为子系统参与到整个系统的组织和运作，以此丰富资源体系、优化服务。信息资源共享系统的"用户"是构成信息资源共享系统的各个成员。"用户导向"的信息资源共享系统确定了投入的主体（成员用户）的投入，整个信息资源共享系统绩效评估的核心是衡量成员参与度和使用度，成员的参与度不仅直接决定了信息资源共享系统的结构和范围，而且体现了成员参与到信息资源共享系统中的支持程度，这将决定每个成员在系统运作中所获得的效益。此外，成员资源和服务利用统计、软件和硬件支持以及成员资源和服务平台的兼容性则影响着成员参与信息资源共享系统绩效评估的条件。

2. 资本投入。信息资源共享系统投入的资本包括软资本及资金、技术等其他资本。所谓软资本通常指智力资本，它包括人力资本、结构性资本、客户资本等[1]。人力资本指信息资源共享系统及其成员为支持共享活动投入的人员，以及具有的各种知识和技能的综合。结构性资本指信息资源共享系

---

① 优化企业软资本，增强企业竞争力. [2008-10-18] http：//www.amteam.org/k/HR/2008-2/609257.html.

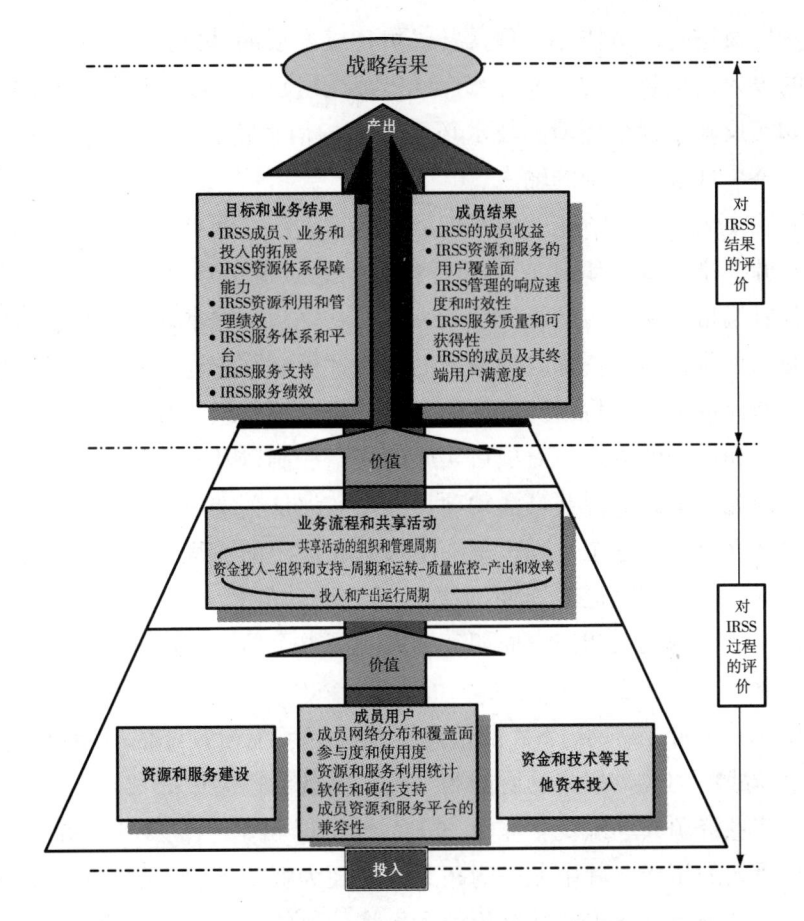

图 2-5　基于 PRM 的信息资源共享系统（IRSS）绩效评估模型

图表来源：作者根据绩效参考模型（PRM）1.0 版设计

统的组织结构、管理运行机制、组织文化以及从信息资源共享系统组织管理的角度提供全方位的系统发展依托。客户资本又称市场资本，它涉及信息资源共享系统作为信息资源市场中的独立组织，是信息资源生产和信息资源利用者之间的重要关联，参与到信息生产、信息流通、信息利用和信息保存的各个环节中，具体包括运营体系、资源和服务品牌、社会认知、政府支持等。这种软资本的投入是任何一个成员独立参与到信息资源市场中所无法获得的，它的投入也使得信息资源共享系统进行自我管理、明确自身目标和任务职责以及进行成员协作管理具备了可持续发展的基础。资金和技术等其他资本的投入是信息资源共享系统管理运营及投入建设资源和服务的物质保障，如实反映了社会环境和技术环境驱动的信息资源共享系统发展的要求，表现为整个环境对系统的输入。

3. 并行流程。业务流程和共享活动是信息资源共享系统运作的过程。信息资源共享系统组织其成员进行各种信息资源共享活动，如集团资源采购、联机编目、文献传递等，这些不同的共享活动通常表现为信息资源共享系统的子项目，信息资源共享系统的绩效评价必须关注这些共享项目的绩效评估，即评估每个项目参与成员的资金分配、项目组织和政策支持、项目运转的机制和运行的周期、对项目实施的质量控制以及每个项目的产出效益和效率。因此，信息资源共享活动项目的绩效评估关键是对共享活动的组织和管理周期性评估。这个过程也是一个投入和产出的流程，以每个共享活动为单位，其运行效率和运转周期则决定了该活动的投入和产出周期，由此得出，各项活动的投入和产出周期直接影响了整个信息资源共享系统活动的效率和效果。

4. 双向结果。基于 PRM 的信息资源共享系统绩效评估模型可以反映出系统整体战略和成员战略的协同和一致，体现为模型中的"双向结果"。

从信息资源共享系统整体出发，系统目标和业务结果包括系统的成员、业务和投入的拓展，其中业务的拓展则表现为资源和服务的丰富和健全；而投入的拓展则是其产出的社会价值和经济价值的回报。由于信息资源共享系统的绩效发挥主要体现为成员的收益，通过成员直接的服务使得最终用户——社会公众需求得到满足、价值得以实现，例如，资源保障能力的提升表现为用户可获得的资源质量高、范围广而成本低，难以直接衡量其社会价值和经济价值，只能通过成员馆参与度和使用度的增强以及政府等追加投入间接体现。除此以外，信息资源共享系统目标和业务结果的评估还应包括资源方面——资源建设绩效和资源利用绩效、服务方面——服务体系和服务平台、服务支持和服务绩效，服务支持主要包括为向成员提供服务而进行的技术采纳、配套培训、标准制定和政策扶持等。

成员结果是指信息资源共享系统成员产出测评，它涵盖系统成员的收益包括成本节省状况、服务和资源拓展状况等；系统资源和服务在成员资源和服务中的覆盖面，计算共享活动在成员业务中所占的比重；信息资源共享系统成员提交请求的响应速度和系统管理及处理的时效性；各项服务的质量和服务的可获得性，包括信息资源共享系统成员的体验及终端用户满意度。

5. 两次价值提升。经历了两次价值的提升，信息资源共享系统的价值得以发挥。第一次价值提升体现为成员集成共享资源的过程，经过信息资源共享系统重组和配置后，完成单个成员无法实现的业务流程。因此，第一次价值的提升源泉是成员资源的整合，而产出是信息资源共享系统基于成员合作而进行的业务流程重组。第二次价值提升出现在成员分享业务流程重组运作后分享系统整体资源的过程中。在这个共享的环节中，又要经过一次信息资源共享系统的重新分配和均衡成员的利益，此次价值提升解决的关键问题是如何实现信息资源共享系统和各个成员的双赢，即协调信息资源共享系统与各个成员的关系以及成员之间的关系，以期实现系统和成员的利益最大化。一方面，信息资源共享系统实现了自身战略发展的目标并完成了相关的业务，在资源体系、服务方式和发展规模上得到了进一步发展，并发挥了社会效益和经济效益。另一方面，成员也实现了面向最终用户的资源和服务的升级，并在自身发展战略的实施上获得了更多的支持，节省了运行的成本，创造了最大的价值。

6. 面向过程和面向结果。从模型图上可清楚看到，按照通常对图书馆业绩评估方法，我们对信息资源共享系统绩效评估关注点在模型的上半区，即重点考察信息资源共享系统获得了怎样的绩效，各个成员获得了多少收益。这种面向结果的绩效评估分析出信息资源共享系统及其成员在一个特定阶段的运行和管理状况，但这些绩效从哪里产生，哪些才是关键绩效增长点，如何根据绩效评估的结果进行绩效管理？这些问题无疑是面向结果的绩效评估难以解决的。而基于PRM的信息资源共享系统绩效评估模型则按照价值链思想，综合了面向结果和面向过程的信息资源共享系统绩效评估，并阐明了二者的关系，分析了绩效从哪里来、到哪里去，价值如何被提升、怎样被提升，进而知晓下一步提高绩效应如何去做，其关键的要素又是什么；这就避免了面向结果的绩效评估滞后的管理，进而能实现对下一步信息资源共享系统的运作实施前瞻性的预测和调整，同时对下一个阶段系统绩效提升预期绩效目标作出合理估计。这种面向过程的信息资源共享系统绩效评估的目标直接指向绩效管理，通过评估活动发现信息资源共享系统运作流程中的问题，根据价值链的思想，分析各项投入的走向——资金流、资源流等，将信息资源共享系统价值的形成过程纳入到了绩效评估的对象中，使绩效评估更为系统和全面。

基于 PRM 的信息资源共享系统绩效评估模型最大的特色，就在于它利用价值链的思想，能回答是什么促进信息资源共享系统绩效的提高和怎样促进绩效提高这个问题。作为一个独立的系统，任何一个信息资源共享系统都在时刻与外界进行着交换。贯穿着信息资源共享系统的有两条主线，一是实体主线，即对系统输入了什么、输出了什么以及产生了什么样的效果；二是价值主线，即考察价值如何经过对系统的投入和参与，以及业务流程和共享活动如何得到提升，价值如何用成员结果及系统的目标和业务结果来体现，进而最终达到支持系统战略实施，制定系统制度层面的策略。

（三）SCP 范式在信息资源共享系统绩效评估中的应用

1. 评价信息资源共享系统的市场结构。通常来说，市场结构是对市场内竞争程度及价格形成等产生战略性影响的市场组织，它是由市场中各种要素之间的内在联系及其特征形成的，并由产业结构、市场集中度、资源和服务差异程度、进入系统障碍、规模经济等构成。对信息资源共享系统而言，市场结构与市场绩效相关联的包括需求结构、内部成员结构和产业结构。

首先，需求结构直接决定了信息资源共享系统的服务市场规模和市场的集中度。当成员对共享的需求强烈时，其表现为：信息资源共享系统成员规模的扩大，系统开展共建共享活动的扩展和延伸，成员之间的合作更为紧密。这就意味着，信息资源共享系统在资源与服务市场中发挥的作用和影响力将进一步增强。市场集中度是 SCP 范式中衡量市场结构的一个关键性指标，通常市场集中度越高，产业的垄断性就越强；反之，市场集中度越低，产业的竞争性就越弱。通过参与共建和共享，成员的资源和服务优势将得到集中；当信息资源共享系统为成员带来的收益越多，就会有越多的成员加入进来，其集中度将会得到进一步的提高。信息资源共享系统的需求结构可由成员的规模和结构的变化状况来体现，因此，对需求结构的评估的侧重点应放在对成员规模和结构的测评上。

其次，成员结构表现为成员有组织地参与到信息资源共享系统的各项合作活动中，形成其成员网络的分布状态，具体表现为成员在地域、资源、服务和用户分布上的特点。地域分布决定了区域内资源的保障能力和公众的信息可获取能力，它直接影响着人口素质和劳动力质量；资源分布决定了系统在市场中的资源比重，它间接影响着产业结构、产业协作和产业优势的发挥；服务分布直接影响着信息资源和知识的生产速度、效率及系统社会经济效益的发挥；用户分布则体现为系统资源和服务的利用效率以及资源生产和消费能力，最终影响到系统的协调发展。根据单个成员自身的特征和在信息资源共享系统中参与度和使用度的差异，成员还具有不同的业务特征和分工状态。

信息资源共享系统的主要活动——信息的生产、供应、采集、组织、整合、传递、保存和开发利用等信息流通的各个环节，相互关联，协调运作，构成了一个完整的信息资源共享系统的产业结构。在以全球化、网络化、知识化为特征的新经济时代，竞争开始超越单位组织的竞争形式，并逐渐出现因价值链分解引发的价值链与价值链之间的竞争，以及在模块化整合基础上形成的价值网与价值网之间的竞争。对信息资源共享系统产业结构评价将逐渐让位于对信息资源共享系统整合外部优势资源、形成自身竞争优势的能力，即侧重衡量信息资源共享系统的竞争位势（Competitive Location）[①]。

2. 分析信息资源共享系统市场行为。市场行为是企业在既定的市场结构具体形态下为赢得更高的市场占有率和更大利润而采取的行为。企业的市场行为受市场结构的状况和特点所制约。需求结构、成员结构和产业结构决定了信息资源共享系统所能与所需开展的合作活动，换句话说，市场结构决定了信息资源共享系统的市场行为，形成了不断完善的信息资源共享系统的服务功能体系。当前，信息资源共享系统的功能主要包括八大方面：（1）联合采购、联机编目和书目控制；（2）馆际互借、文献传递和馆际互阅；（3）馆藏资源数字化、网络资源开发和数字资源整合；（4）网络资源组织和合作虚拟咨询；（5）主题门户建设和服务平台开发；（6）开放存取和合作长期保存；（7）资源利用统计和用户管理；（8）技术研发和技能培训等。伴随着数字图书馆建设的推进，信息资源共享系统将以市场需求为导

[①] 胡晓鹏：《模块时代的产业结构：基于 SCP 范式的研究》，《中国工业经济》2007 年第 4 期，第 63—70 页。

向实现其系统在功能上的不断完善和拓展。系统的市场行为不仅表现为上述功能的实现，还包括对功能的管理，以实现各个功能产出效益的优化，其主要有成本管理、标准和质量控制、流程控制、技术升级和功能创新、品牌营销（如图2-6所示）。

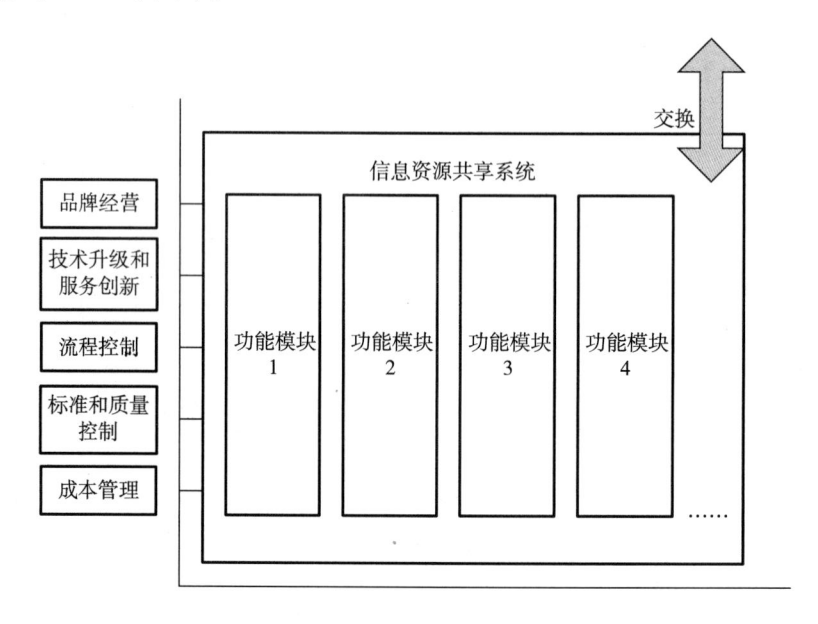

图2-6 信息资源共享系统的市场行为
图表来源：笔者绘制

信息资源共享系统能否对各个功能模块实现科学的管理将直接影响到各个功能模块绩效的发挥，这就有赖于信息资源共享系统尽快建立起完善的管理机制。信息资源共享系统的市场行为还包括将各个功能模块予以整合，实现从外界环境中获得信息资源共享系统发展的有利资源，这主要包括：（1）获得经费和资助；（2）需求研究；（3）解决行业问题；（4）公众支持和树立品牌形象。

3. 测评信息资源共享系统市场绩效。SCP 范式不同于平衡计分卡和 PRM 方法，它提供了从整个信息市场环境中分析信息资源共享系统绩效的视角，即将信息资源共享系统置于开放的和动态的信息市场环境中，并将信息资源共享系统绩效评估与信息资源共享系统自我发展的经营模式结合起来，通过利用 SCP 建立市场结构、市场行为和市场绩效的关联，打破信息资源共享系统绩效评估的局限性，而将信息资源共享系统市场结构、市场行为纳入到评估的范畴中，以更为全面和系统的竞争优势、市场潜力和整体效益三个方面考察发展中的信息资源共享系统。SCP 范式的特点在于，通过评估能对信息资源共享系统的产业结构、发展环境和市场变化有清晰的认识，建立通过绩效评估实现绩效管理的逆推思路，进而可实现信息资源共享系统绩效评估与自我发展的动态平衡（如图 2-7 所示）。

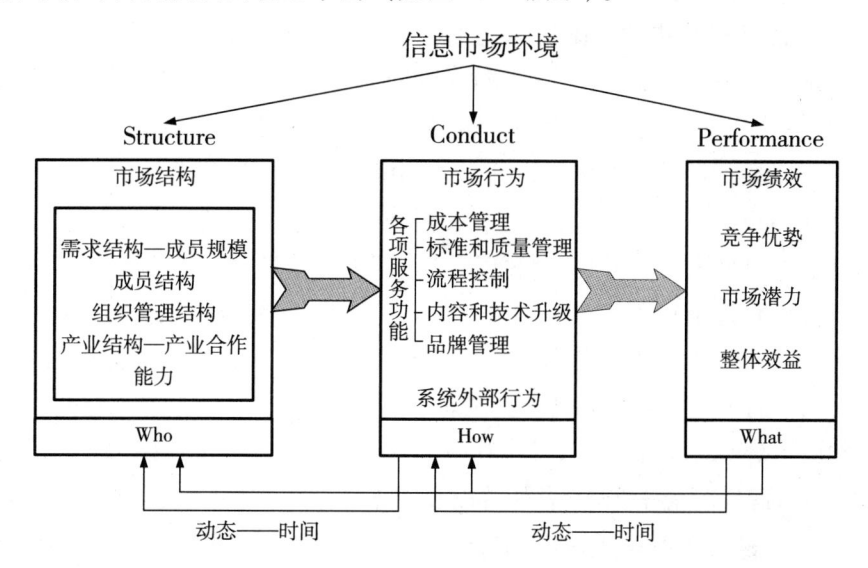

图 2-7 信息资源共享系统绩效评估 SCP 范式分析框架
图表来源： 笔者绘制

（1）信息资源共享系统的竞争优势。信息资源共享系统实现产业环境中自主发展的经营模式，有赖于其竞争优势的形成。由于竞争优势作为信息资源共享系统的市场绩效难以直接衡量，因此可通过对市场行为和市场结构的间接测度实施评估。市场行为中，信息资源共享系统具有特定的资源优势和共建共享服务的特殊性，这就决定了竞争优势可让位于对各项服务功能效益的评估。这些系统功能的实现是依托于有组织的成员合作。信息资源共享系统通过调整资源和服务的分布和配给，实施成员基于价值链的重组和适应性的行业微观结构调整，其体现在支持和提高条件好基础好的成员的自主创新能力上，整合成员的优势资源以促进系统在行业的竞争优势。通过结盟和合作形成行业整体，既能打破价值链分割的产业结构，又能避免合作的"短期行为"而提升为长期的战略同盟，形成多市场供应资源和合作开发的协同态势，在整个信息服务产业的价值网不同节点上发挥控制协调作用和关系管理作用，这就能将系统的整合外部资源的能力也打造成为竞争优势中不可忽略的重要力量。因此得出，服务效益评估、成员参与度评估和合作能力评估可以组成对信息资源共享系统竞争优势的评估。

（2）信息资源共享系统的市场潜力。对信息资源共享系统市场潜力的评估则须在对整个产业环境进行识别的基础上，关注整个信息资源和服务产业的变化状况和发展趋势。当前，网络教育、C2C 的快速发展带动了个人和家庭网络服务市场的快速增长；新兴的网络服务内容和形式不断涌现，门户网络与非门户网络走向整合，软件产品及服务向着更高端、更方便于用户使用和体验的方向发展，其趋势将使得越来越多的信息产品供应商和解决方案的提供商都将逐渐转型到互联网服务，软件产品和服务的融合将通过互联网得到紧密结合并进一步提升[①]。在此基础上，明确信息资源共享系统在资源和服务市场中的定位，不但能测算资源总量和总体成员的比例、资源的利用率、资源的增长率和成员增长率及速度比例、现实用户和潜在用户比例、用户利用的频率等，而且还能对战略合作伙伴以及所开展的合作活动有更加清晰的认识。

（3）信息资源共享系统整体效益。信息资源共享系统整体效益体现为两个方面：一方面是通过系统对内协同体现整体效益，在共享活动的开展和系统的运行中始终维持"大系统、小成员"的同质性，使得系统的各项共享活动直接渗入到成员资源建设、服务提供等各个方面，并通过成员合作和资源配置，建立终端用户需求和服务为导向的信息资源保障体系，引导用户有效开发和利用信息资源，从而提高信息服务质量和效率，最大限度减少利用障碍、缩小数字鸿沟，最终实现公众整体的公共获取权利。这种整体效益是从系统收益出发，在研发和共享活动的各个环节与不同类型及不同性质的组织或政府间进行合作，使信息资源共享系统获得更多的经费和政策支持、树立良好的品牌形象以及获得更有利于整个行业发展的条件，如图书馆应对开放存取涉及知识产权问题等。因此，可以通过对系统在外部环境获取的有

---

① 中国信息年鉴编辑委员会：《中国信息年鉴》，中国信息年鉴期刊社 2006 年版，第 320 页。

利条件衡量信息资源共享系统的整体绩效。另一方面，信息资源共享系统的资源保障能力、服务覆盖及利用率等，将直接影响到信息资源和服务的需求满足状况和利用效果，而这种行业整体效益是渗入到各个产业、各个层次及各个环节中的，它体现在教育、科研、经济、文化等国民生产生活各个领域的成果产出。国外一些图书情报机构正是根据图书馆和信息服务机构的成果评价所表现的不同形态，开展了诸多成果评价相关的项目，如 SAILS（Standardized Assessment of Information Literacy Skills）、项目网络电子服务影响测度——MINES（Measuring the Impact of Networked Electronic Services）项目和科研成果评价等[①]。

（四）面向过程和结果的信息资源共享系统绩效评估综合模型

平衡计分卡、PRM 方法和 SCP 范式，是分别从信息资源共享系统战略执行、价值提升和自主经营三个视角出发而设计的信息资源共享系统绩效评估模型。这三种评估方法都不单是对某一阶段或某一时间点的信息资源共享系统绩效进行评价，而是面向整个信息资源共享系统的流程及结果，归结到既面向结果又面向过程，既对系统内进行评估同时又囊括了系统外环境的评估。评估内容中，既涉及定量数据又包括方案和规划；评估的范围则包括了信息资源共享系统的投入评估、过程评估与效果评估。因此，三种评估方法的应用，既能对信息资源共享系统实施全面的绩效评估，又能兼顾系统内外的发展变化，将系统绩效变化与信息市场变化相关联，综合考虑系统整体和成员的战略协作，并以发挥系统整体效益、提升系统价值为重点，对信息资源共享系统进行面向过程与面向结果相结合的绩效评估，从而有效控制信息资源共享系统的实施，促进绩效评估的发展。

笔者从构建的信息资源共享系统绩效评估的方法体系（如图 2-8 所示）中得出，在以往的信息资源共享系统绩效评估中，评估的侧重点通常都在图中的下半区，即面向信息资源共享系统的结果。而侧重于对反映绩效结果的相关指标进行评估，是对信息资源共享系统运行的结果、产出、效益和成员满意度在信息资源系统资源、服务、成员上的具体反映，因而容易忽略信息资源共享系统的组织管理流程。而现在通过应用信息资源共享系统绩

[①] 邹瑾：《数字资源利用与服务绩效评估研究》，武汉大学学位论文，2007 年，第 109—114 页。

84　信息资源共享系统绩效评估研究

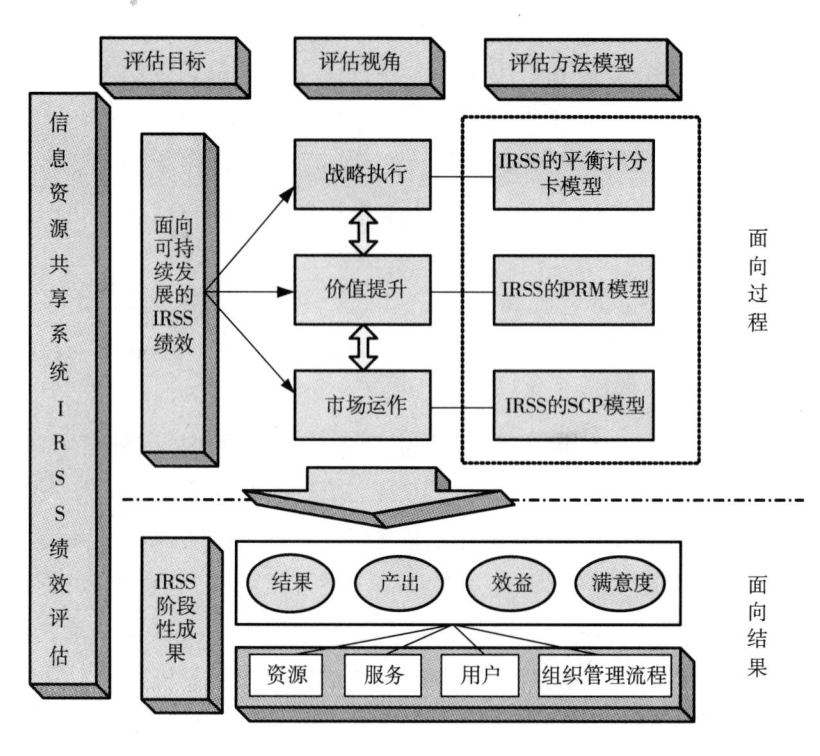

图 2-8　信息资源共享系统（IRSS）绩效评估的理论框架
图表来源： 笔者绘制

效评估的方法体系（如图 2-8 所示），不仅能改变信息资源共享系统绩效的评估仅限为某一个时间点的状态描述，而且还能使信息资源共享系统绩效评估具有可循环性，即有效判断系统绩效从哪里产生、如何产生，进而快速提升当前信息资源共享系统的绩效水平。

第 三 章
信息资源共享系统绩效评估的要素

一、不同视角的信息资源共享系统绩效评估要素

对信息资源共享系统实施绩效评估需要科学地确定评估的要素，以便设计系统的信息资源共享系统绩效评估指标体系。对于信息资源共享系统这个特定的绩效评估对象而言，其要素的确定因不同的视角而不同。综合不同视角的要素加以分析和优化，并选择合适的要素确定方法，是形成信息资源共享系统绩效评估指标体系的关键，也是绩效评估指标体系兼备科学性和合理性的必要保证。

（一）系统观的信息资源共享系统绩效评估要素

从系统观出发确立信息资源共享系统的评估要素是围绕着整个系统的功能、运行和管理确立的，也是以系统为绩效评估对象最常用的角度。在信息资源共享系统绩效评估已有的研究中，McClure 率先从信息资源共享系统的构成要素（技术基础设施；内容；服务；支持；管理）出发，运用"六大"信息资源共享系统的绩效评估要素，要涵盖上述五个系统构成要素，并确保可以用量化的指标来表达[1]：

1. 用户——利用信息资源共享系统网络的用户数量、类型和频次；

---

[1] McClure C R., Lopata C L. "Assessing the academic networked environment: strategies and options". *Coalition for Networked Information* [EB/OL]. [2008 - 07 - 16]. http://www.arl.org/bm~doc/assess - 4. pdf.

2. 成本——花费到信息资源共享系统实际运作的财政资本的数量和类型；

3. 系统网络传输——整个信息资源共享系统传输的数量和类型；

4. 利用——支撑信息资源共享系统运作的利用数量和类型；

5. 服务——信息资源共享系统所提供的服务和实际的利用；

6. 支持——信息资源共享系统管理者为用户利用所提供帮助的类型。

国内也有学者将图书馆联盟的绩效评估要素确定为读者满意度、服务效果、信息获取、联盟敏捷性、盟员合作能力、联盟效益六个要素，其中前三个为定性指标，后三个为定量指标[①]。

系统观的信息资源共享系统要素确立的关键是如何将评估的要素覆盖到信息资源共享系统的各个方面，用静态的要素反映绩效动态的变化，以及如何确立要素之间的关系来反映和体现评估的目标。

（二）资源观的信息资源共享系统绩效评估要素

有学者在20世纪90年代就已对文献资源共享从系统角度进行了分析，研究将文献资源共享按照其所涉及的文献生产、供应、采集、加工、贮存和开发利用等环节，划分其子系统，只有当各子系统相互联系、协调运行时，文献资源共享系统才能发挥其最佳的整体效益[②]。这种以资源建设为出发点的思想，从某种意义上，影响着信息资源共享系统绩效评估的要素界定。由于信息资源的共知与共用是信息资源共享的核心内容，有的学者从信息资源共享系统资源体系的角度出发，将实现便利地共知与共用视为文献资源共享服务的出发点和落脚点，并将信息资源共享系统中资源的可知晓性（Accessible）、可获取性（Acquirable）和获取便利性（Attainable）作为考量信息资源服务共享水平的关键（简称"3A要素"），据此提出信息资源共享服务的基本评估要素，包括：（1）共享系统信息资源的书目揭示；（2）共享系统信息资源的可流动性；（3）获取共享信息资源的便利性[③]。

---

① 常红：《图书馆联盟绩效评价体系构建》，《图书馆学研究》2006年第3期，第39—41页。
② 肖希明：《文献资源共享理论与实践研究》，广西教育出版社1997年版，第93页。
③ 吴敏、周德明：《论文献资源共享评估机制——以上海科技文献共享服务为例》，《图书馆》2007年第5期，第24—28页。

资源观确立信息资源共享系统绩效评估要素的理论基础是信息资源共享保障理论，它强调了对信息资源共享系统所具备的保障能力的评估。这"3A 要素"的实质是评估了信息资源共享系统具备的保障能力，而没有涉及在信息资源共享系统实际运作中所发挥的效用、效果和效益，因此，在信息资源共享系统评估时，弱化了系统的实际动态变化"绩效"，强化了信息资源共享系统理想状态下的静态"能力"。不可否认的是，资源观的要素仍对信息资源共享系统绩效评估中在资源能力方面的评估具有借鉴意义。

（三）功能观的信息资源共享系统绩效评估要素

1972 年，Ruth Partfick 在其撰写的研究报告中，将信息资源共享系统的功能总结为借阅特许、馆际互借服务、联合目录或资源目录共享、复印优惠、参考咨询服务协作和传递服务[①]。"国际图书馆联盟联合体"（ICOLC）则将图书馆联盟的基本功能总结为七项，即藏书建设协调、电子资源集团采购、电子资源存储与运行、馆际互借和文献传递、联合目录、人员培训和藏书保护等[②]。信息资源共享系统的功能是成员不断发展和扩充的基础，也是系统运作的内容，是信息资源共享系统中共享活动绩效状况的主要体现。相关学者正是基于信息资源共享系统的功能设定了信息资源共享系统绩效评估要素：（1）藏书协调和合作资源建设；（2）馆际互借和文献传递；（3）电子资源集团采购；（4）联机合作编目；（5）联合参考咨询；（6）系统资源共享；（7）联盟管理和交流[③]。

功能观的信息资源共享系统绩效评估要素能有效地表达系统，一是如何组织成员进行共享活动；二是成员之间通过什么样的活动进行合作；三是分别花费了哪些成本并产生了哪些效益。这些都是关于信息资源共享系统绩效来源的绩效评估。功能观确定的要素之所以能有效反映系统具体共享活动的绩效，是因为信息资源共享系统对不同的共享活动实施项目管理和流程控制

---

① Patrick R J. *Guidelines for Library Cooperation: Development of Academic Library Consortia* [M]. Santa Monica, California, System Development Corporation, 1972: 189-200.
② ICOLC. [2008-11-30]. http://www.library.yale.edu/consortia/icolcmembers.html.
③ 谢春枝：《图书馆联盟的成本效益分析及决策选择》，《中国图书馆学报》2007 年第 1 期，第 25—30 页。

具有不可忽视的作用。然而，功能观在某种程度上分割了系统整体的功能，如信息资源共享系统的资源保障和服务整合，就难以综合衡量系统整体的绩效，特别是系统整体的经济效益和社会效益。除此以外，由于各个信息资源共享系统在实际功能划分中的差别，使得功能观的绩效评估要素的确立难以建立统一的、可比较和参照的横向指标。但是我们也应该认识到，在面向过程的信息资源共享系统绩效评估中，对信息资源共享活动的评估是其中的重要组成部分，所以，功能观的信息资源共享系统绩效评估也具有重要的参考价值。

（四）信息资源共享系统要素确定方法

1. 利用统计标准确定信息资源共享系统绩效评估要素。利用统计标准确定信息资源共享系统绩效评估要素的方法并没有从信息资源共享系统相关的理论出发，而是从现有国际通用的图书馆评估相关标准中抽取出和信息资源共享系统直接相关的指标，进行合并以确定信息资源共享系统绩效评估的要素。受图书馆实用主义的影响，利用统计标准确定信息资源共享系统绩效评估要素的方法既能便捷而快速地在不同的信息资源共享系统中得到应用和推广，而且还能建立系统间可比较的参照体系，设定信息资源共享系统绩效的基准；同时，由于这些标准现已被多数图书馆采用并已成为日常获得的数据资料，数据的采集和获取也得到了成员的普遍接受。与此同时，由于能帮助系统便捷获取数据绩效分析，因而在大大降低了系统进行绩效评估的成本的同时，促进了系统绩效评估的程序化、规范化和精细化。

自2001年起，Bertot就试图运用纯定量指标来评估信息资源共享系统绩效评估[1][2]，其基本思路是先在信息资源共享系统中采用统一的、易获取的数据进行简易的绩效评估，再不断修正和完善绩效评估的指标体系，进而提高系统绩效评估的信度和效度。根据这些可获得的数据，加以归类

---

[1] Bertot J C, McClure C R, Ryan J. Statistics and Performance Measures for Public Library Networked Services [EB/OL]. [2008-08-14]. http：//alastore. ala. org/SiteSolution. taf?＿sn = catalog2&＿pn = product＿detail&＿op = 797.

[2] Shim W J, McClure C R, Fraser B T, Bertot J C. Data collection manual for academic and research library network statistics and performance measures [EB/OL]. [2008-06-27]. www. arl. org/stats/newmeas/emetrics/phase3/ARL＿Emetrics＿Data＿Collection＿manual. pdf.

以形成信息资源共享系统绩效评估的要素。根据 ISO、NISO、COUNTER、ICOLC、EQUINOX、ALA、ARL 评估项目和相关标准，基本确定了信息资源共享系统绩效评估的七大要素，分别是：（1）电子资源；（2）财政和支出；（3）服务；（4）平台；（5）利用；（6）获取期；（7）用户导向和培训。表 3-1 是 E-Metrics 在信息资源共享系统绩效评估中的统计应用；表 3-2 是代表性国际评估标准和图书馆学相关协会提供给信息资源共享系统各要素的统计指标。

表 3-1　E-Metrics 在信息资源共享系统绩效评估中的应用设计

E-Metrics	采集数据层面	采集过程
平台和结构 Workstations/Infrastructure（W/I）		
Public-Access Workstations	成员层面	确定一个时间点，每年一次
Public-Access Workstation Users	成员层面	以单周为样本，估算全年的数量
Rejected Sessions	系统层面/资源提供方	以月为单位，加和计算全年的数量
利用 Usage（U）		
Commercial Services Sessions	系统层面/资源提供方	以月为单位，加和计算全年的数量
OPAC Sessions	系统层面/资源提供方	以月为单位，加和计算全年的数量
Commercial Services Searches（queries）	系统层面/资源提供方	以月为单位，加和计算全年的数量
Commercial Collection Searches（queries）	系统层面	以月为单位，加和计算全年的数量
OPAC Searches	系统层面/资源提供方	以月为单位，加和计算全年的数量

续表

E-Metrics	采集数据层面	采集过程
Library Collection Full-Content Units Examined	系统层面	以月为单位，加和计算全年的数量
Library Services Full-Content Units Examined	系统层面/资源提供方	以月为单位，加和计算全年的数量
Library Collection Description Records Examined	系统层面	以月为单位，加和计算全年的数量
Library Services Description Records Examined	系统层面/资源提供方	以月为单位，加和计算全年的数量
OPAC Description Records Examined	系统层面/资源提供方	以月为单位，加和计算全年的数量
服务 Services（SV）		
Virtual Reference Transactions	成员或系统层面	以单周为样本
Virtual Visits	系统层面	以月为单位，加和计算全年的数量
指导 Instruction（I）		
Formal User Information Technology Instruction	成员层面	整月的统计，加和得出全年的数量
Point-of-Use Information Technology Instruction	成员层面	以单周为样本，估算全年的数量

表 3-2 信息资源共享系统绩效评估通用统计指标

要素一：电子资源（Electronic Materials）

ISO	NISO	Counter	ICOLC	EQUINOX	ALA	ARL
3.2.12 Electronic Collection*	4.10 Other Materials—Electronic*	3.1.1.11 Database*		Database*		R2-Number of Electronic Reference Resource
3.2.1 Abstract & Indexing Databases*	4.10.1 Abstract & Indexing Databases*	3.1.2.7 Database record		Document		R3-Number of Electronic Books
3.2.7 Compact Disk Read-Only Memory (CD-ROM)*	4.10.2 Compact Disk Read-Only Memory (CD-ROM)			Electronic Library Materials*		P3-Percentage of Electronic Books to All Monographs
3.2.8 Database*	4.10.3 Computer Files			Library Collection		D1-Size of Library Digital Collection
3.2.14 Full-text database	4.10.4 Database*					
3.2.24 Other database	4.10.5 Digital Documents*					
3.2.9 Digital document*	4.10.6 eBooks*					
3.2.11 eBook*	4.10.7 Electronic serials*					

续表

ISO	NISO	Counter	ICOLC	EQUINOX	ALA	ARL
3.2.13 Electronic serials*	4.10.8 Free Internet Resources*					
3.3.27 Website*	4.10.9 Other digital documents*					
3.2.25 Other digital documents*	4.9.3 Other digital documents*					
3.2.22 Multimedia document*						

要素二：财政和支出（Finances/Expenditure）

ISO	NISO	Counter	ICOLC	EQUINOX	ALA	ARL
3.5.2 Operating expenditure/Ordinary expenditure*	6.2.8 Electronic Access Expenditures			PI5: Cost per session for each electronic library service		C2-Cost of Electronic Reference Sources
	6.2.9 Electronic Materials Expenditures			PI6: Cost per document or entry (record) viewed for each electronic library service		C1-Cost of Electronic Full-Text Journals

续表

ISO	NISO					C3-Cost of Electronic Books
3.3.5 Electronic service	7.3.1 Virtual Reference Transactions	6.2.10 Electronic Network Expenditures	PI 11 Percentage of total acquisitions expenditure spent on acquisition of electronic library services			C4-Library Expenditures for Bibliographic Utilities, Networks & Consortia
						C5- External Expenditures for Bibliographic Utilities, Networks & Consortia
						D3-Cost of Digital Collection Construction and Management

要素三：服务 (Service)

ISO	NISO	Counter	ICOLC	EQUINOX	ALA	ARL
3.3.5 Electronic service	7.3.1 Virtual Reference Transactions			Electronic Library Services	Number of virtual reference transactions*	U1-Number of Electronic Reference Transactions*

续表

ISO	NISO	Counter	ICOLC	EQUINOX	ALA	ARL
3.3.25 Virtual visit*	7.9.1.5 Virtual Visits*			Population to be served	Number of virtual visits to networked library resources	P1-Percentage of Electronic Reference Transactions of Total Reference
3.3.4 Electronic Document Delivery, mediated*	7.4.1 Electronic Document Delivery*			Target Population	Number of staff hours spent servicing information technology*	U5-Virtual Visit to Library's Website an Catalog*
3.3.6 External Document Supply*	7.4.2 External Document Supply*					P2-Percentage of Virtual Visits of All Library Visits

要素四：平台（Workstation）

ISO	NISO	Counter	ICOLC	EQUINOX	ALA	ARL
	7.8.1 Number of Public Access Workstations*			Library Computer Workstation	Number of public access Internet workstations*	
	7.8.2 Number of Public Access Workstation Users*			PI 8: Library computer workstation (LCW) use rate	Number of Public Access Internet Workstation Users*	

第三章 信息资源共享系统绩效评估的要素

续表

ISO	NISO	Counter	ICOLC	EQUINOX	ALA	ARL
				P I 9: Number of Library computer workstation (LCW) hours available per number of the population to be served	Maximum speed of public access Internet workstations	

要素五: 利用 (Usage)

ISO	NISO	Counter	ICOLC	EQUINOX	ALA	ARL
3.3.7 Information request*	7.3 Information Requests*	3.1.2.9 Item requests	Number of Menu Selection	P I 1: Percentage of the population reached by electronic library services	Number of items examined using subscription services	D2-Use of Library Digital collection
3.3.15 Record downloaded	7.9.1.1 Units / Records Examined	3.1.2.10 Successful request	Number of full-content units	P I 4: Number of documents and entries (records) viewed per session for each electronic library service	Number of full-text titles available by subscription*	U4-Number of Item Requested in Electronic Database

续表

					R1: Number of Electronic Full-text Journals
3.3.3 Document downloaded	7.9.1.1.1 Library Collection Full-content Unites Examined	3.1.2.8 Search*	Number of queries (searches)	Document or record viewed	
3.3.12 Online Public Access Catalogue (OPAC)*	7.9.1.1.2 Commercial Services Full-Content Units Examined		Number of menu selections	PI7: Percentage of information requests submitted electronically	U3-Number of Queries (Searches) in Electronic Databases
3.3.20 Search (query)*	7.9.1.1.3 Library Collection Descriptive Records Examined			PI14: User satisfaction with electronic library services	
	7.9.1.1.4 Commercial Services Descriptive Records Examined			Information requests	
	7.9.1.1.5 OPAC Descriptive Record Examined*				
	7.9.1.2 Searcher / Menu Selections (Queries)*				
	7.9.1.2.1 Library Collection Searches (Queries)				

第三章 信息资源共享系统绩效评估的要素

续表

ISO	NISO	Counter	ICOLC	EQUINOX	ALA	ARL
	7.9.1.2.2 Commercial Services Searches (Queries)					
	7.9.1.2.3 OPAC Searches (Queries)					
要素六：存取任务① (Session Access)							
3.3.21 Session*	7.9.1.3 Sessions*	3.1.5.2 Session	Number of sessions*	Session*	Number of database sessions*	U2-Number of Logins (Sessions) to Electronic Database*
3.3.22 Session Time*	7.9.3.5 Session Time*	3.2.1 Start time	Number of Turnaways	P I 2: Number of sessions on each electronic library service per number of the target population		
3.3.17 Rejected Sessions (Turnaways)*	7.9.1.3.1 OPAC Sessions	3.2.2 End time		Remote session		

---

① Session 翻译为任务，参考自栾传军：《数字馆藏服务绩效评估指标体系及其构建原则》，《图书情报知识》2006 年第 9 期，第 5—9 页中的翻译。

续表

3.3.9 Internet Session*	7.9.1.3.2 Commercial Services Sessions (continued)	3.2.3 Duration	P I 3: Number of remotesessions on electronic library services per number of the population to be served
	7.9.1.4 Rejected Sessions (Turnaways)*	3.2.4 Total activity	P I 10: Rejected sessions as a percentage of total attempted sessions
	7.9.3 Internet Access	3.1.5.3 Timeout	
	7.9.3.1 Internet Session*	3.1.5.4 Turnaway (Rejected session)*	

续表

要素七：用户导向和培训（User Orientation & Training）

ISO	NISO	Counter	ICOLC	EQUINOX	ALA	ARL
3.3.24 User training	7.10.2 Formal User Information Technology Training			P I 12: Number of attendances at formal electronic library service training lessons per member of the population to be served	User information technology instruction	
	7.10.4 Point-of-Use Information Technology Training			P I 13: Library staff developing, managing and providing ELS and user training as a percentage of total library staff	Staff information technology instruction	

注：* 表示标准中的重复指标
图表来源：笔者根据 John Carlo Bertot. Library Network Statistics Definitions: A Selected Comparison across Initiatives and Standards, 2003 和 John Carlo Bertot. Historical Evolution of Network Statistics: A Selected Comparison across Initiatives and Standards, 2003 整理而成。

利用统计标准确定信息资源共享系统绩效评估要素,保证了要素中评估指标数据的易获取性,但由于局限于相关的统计标准,使得要素未能通过指标得到最充分的阐释。需要说明的是,任何一个信息资源共享系统都很难同时采用多个统计标准,但考虑到成员的接受程度和系统的实际综合需要,只能择其部分统计标准。同时,不同标准对要素各有侧重,选择一种全面覆盖各个要素并能详尽和充分表达各个要素的标准是十分困难的,这是因为这些标准体系都不是为信息资源共享系统绩效评估所专门设计的。在实际的绩效评估操作中,这些标准获取数据的方式,多数还是通过安装在各个成员馆的软件长期直接统计获取的;而很多与信息资源共享系统绩效相关的要素不能被量化和采用这种方式获取,如果单纯依赖现有标准划分要素的方式,必然忽视关键的信息资源共享系统绩效评估要素。

2. 利用模型确定信息资源共享系统绩效评估要素。利用绩效评估相关理论和方法,选择和设计信息资源共享系统绩效评估模型,然后将模型中所界定的影响因素作为评估要素,在对信息资源共享系统进行绩效评估研究和实践中已有先例。这种方法的优点在于,既易于确定各个绩效影响因素之间的关系,又易于对信息资源共享系统绩效从哪里来、怎样来、体现在哪些方面等问题做出判断,从而更好地为整个系统的绩效管理提供依据。

Steve 等正是运用上述方法确定 TEBNET(Taiwan e-book)的绩效评估要素,在设计确定信息资源共享系统的关键因素的基础上,利用 PATOP 模型建立了这些"关键因素"之间的联系(如图 3-1 所示),推导出 TEBNET 评估要素,把要素进一步分解为相关绩效评估指标,再对实际 TEBNET 进行绩效评估。PATOP 模型中,P(Philosophy)决定信息资源共享系统的绩效评估的视角,体现了信息资源共享系统的核心价值;A(Assumptions)设定了信息资源共享系统的任务,体现了信息资源共享系统努力的目标;TO(Theory of Organising)则涉及信息资源共享系统的战略、结构、体系和过程,是基于信息资源共享系统的任务而设计和组织的系统要素;P(Practices)则反映结果,就是考察实际系统运作情况,进行绩效评价的实践[1]。

---

[1] Steve H C, Paul W T, Huang K L. "Managing the Effectiveness of the Library Consortium: A Core Values Perspective on Taiwan e-book Net"[J]. *The Journal of Academic Librarianship*, 2003 (5): 304-315.

```
                        Philosophy
                         ◇              Vision
                         
Said (above the line)   Assumption      Mission
                         ◇
        Communication
                    Core Values of Organization    Alignment
        Sustainable Change                  Strategic View
                    Organization Actions
Done(below the line)     □
                    Theory of Organizing Action
                    (Structure, System and Process)
```

图 3-1 基于 PATOP 模型的 TEBNET 绩效评估

  PATOP 模型的利用，是将 TEBNET 的绩效评估和提高绩效融为一体，以达到在系统运作中边评估边革新的效果（表 3-3）。通过对 TEBNET 进行视角、任务、战略行动计划，结构、系统和过程的分析，绩效评估要素在其实践的绩效评估和绩效管理中得以确定，分别为收益、运作成本和资金三个要素。在对这三个要素相关的各个指标采集数据及进行评估之后，即可制定避免绩效评估和绩效提高相脱节的策略调整方案，以分别作用于提升系统短期绩效及保证系统的长期稳定，使得绩效评估的结果能迅速在 TEBNET 绩效管理中得以体现，确保 TEBNET 战略的顺利实施。

表 3-3 基于 PATOP 模型的 TEBNET 绩效分析

	模型阐释	管理维度
P	成员相互依赖，平等的责权，并不断基于长期合作、均衡和拓展而保持变革	视角（Vision）：构建和谐的环境，使得资源和花费能公摊和平等的分享

续表

模型阐释	管理维度
A	成员间相互尊重，能通过有效的机制进行合作共享活动	任务（Missions）： 通过提高成本效率集体分享 e-Book 资源； 给成员授权提供有效的、及时的和准确的服务； 提供分享理念、专家意见、经验和商业解决途径等交流渠道； 通过合作进行技能、技术支持和知识管理的岗前培训，合作开发人力资源； 为平等分享资源和分摊成本而构建均衡的模式
TO	理论上，战略方向可以表示为成本控制和保护，发展和革新，质量保证，市场分享和国际化	战略行动计划（Strategic Action Plans）： 成立专门的国际交流办公室减少采集成本 由可靠的核心成员合作开发资源； 组建基础培训的团队，并进行周期性绩效追踪以确保质量； 倡导研究论文并公开发表，以及多边合作活动
	为了实现 PA 层面的陈述，应如何组织结构或如何设计系统是关键	结构、系统和过程（Structure, System, Processes）： 以自愿方式启动阶段结构； 系统包括交流途径、与会计实际相联系的咨询平台、调整的环境、技术支持等； 过程包括文化维度方面的信息共享、贡献的种类、交流、控制等。
P	对 PA 的瞄准度和组织的理论需要用事实来验证和说明	实践（What happens?）： 成本和收益的分担和分享失衡； 稳定性的失衡

（五）确定信息资源共享系统绩效评估要素的途径

不同的视角虽然侧重点不同，但却能为信息资源共享系统绩效评估要素的确定提供丰富的思路。信息资源共享系统绩效评估可根据不同的评估目标综合应用多种视角，例如，在信息资源共享系统绩效评估中对资源建设绩效状况考察，可着重从应用资源观的视角进行分析；在对信息资源共享系统各个服务子项目和服务功能的考察中,可采用功能观的视角。同时,功能观更适用于对单个子项目的全面评估,如应用于服务子项目验收的专门评估能强调以利用为导向的服务绩效的测评;而系统观则较为全面地对信息资源共享系统的要素进行统揽和归纳,适用于对信息资源共享系统进行全面绩效评估。这三种视角都是从信息资源共享系统的相关理论出发,能促成信息资源共享系统绩效评估各要素之间建立理论关联,进而构成统一的有机整体,为绩效评估结果的解析提供依据。

在要素形成的两种方法中,利用统计标准确定信息资源共享系统绩效评估的要素是偏重实践可操作的考虑,所形成的要素最符合定量评估的要求,有利于系统形成自动采集定量绩效评估数据的机制;利用模型则是一种理论与实践相结合的方法,它能明确要素之间的关联,便于在绩效评估实践中检验其相关度,还能为绩效管理提供指导,是一种兼具理论性和实践性的绩效评估要素确定方法。因此,在实际的信息资源共享系统绩效评估要素选择中,研究的重点应该放在如何构建科学和合理的信息资源共享系统绩效评估模型,并以此为蓝本形成信息资源共享系统的绩效评估要素。在此基础上,最大限度地借助相关统计标准中的定量指标来描述信息资源共享系统的绩效状况,即在要素的选择中尽量覆盖与图书馆标准确定的相关指标,在具体评估的定量分析中数据采集尽量采用已有的标准中涉及的数据,并根据具体评估目标的不同侧重点,发挥系统观、资源观和功能观各自不同视角的特点。只有这样,才能确定最具适用性并能覆盖评估内容的信息资源共享系统绩效评估要素。

二、信息资源共享系统绩效评估要素分析

通过上一章信息资源共享系统绩效评估综合模型的确定,可以利用这三个绩效评估方法,归纳出信息资源共享系统的绩效评估要素,对不同视角下的评估模块中所涉及的要素进行合并和去重。通过要素内容的重组,确定信息资源共享系统绩效的评估要素。首先,我们对这三个绩效评估视角的内容进行梳理,并为每个评估模块编号,如表3-4所示:

表 3-4　信息资源共享系统绩效评估模块

评估视角	战略执行	价值提升	市场运作
评估方法	平衡计分卡	PRM 方法	SCP 范式
评估模块	A1 学习创新 A2 内部流程和管理 A3 成员发展 A4 系统成果和效益	B1 软资本投入 B2 资金和技术等其他资本投入 B3 成员用户 B4 业务流程、共享活动及周期 B5 目标和业务结果 B6 成员结果	C1 基本状况 C2 市场结构 C3 市场行为 C4 市场绩效

图表来源：笔者制作

每个评估模块都涉及若干项评估内容，出于分析绩效从哪里产生、如何产生、在哪里体现这个思路，确定信息资源共享系统评估要素不仅用于设计评估指标体系，而且还需利用第二章第二节的模型来判断要素之间的关系。据此，笔者按照信息资源共享系统的输入、运作、输出和环境，分别对信息资源共享系统绩效评估内容进行梳理，得出以下评估内容：

表 3-5　信息资源共享系统评估内容列表

输入	运作	输出	环境
成员需求 A1	项目管理 A2	运行成本 A3	社会资源整合 A2
资源状况和建设情况 A1，C1	流程优化 A2	资源获取能力、利用效率和管理绩效 A3，B5	社会效益 A4
技术引进 A1	利益均衡机制 A2	资源分布和保障能力 A3，B5	服务市场规模 C2
服务项目（产品）开发 A1，C1	资源的配置和经费的使用 B4，C3	服务功能拓展和集成平台建设 A3，B5	产业结构特征 C2
软资本投入 B1	组织和支持 B4	成员及其终端用户满意度 A3，B6	网络结构 C2
资金和技术等其他资本投入 B2，C3	周期和运转 B4	系统成员、业务和投入的拓展（终端用户覆盖面）B5，B6	竞争优势 C2，C4

续表

输入	运作	输出	环境
成员网络分布和覆盖面 B3	质量监控 B4	系统服务支持 B5	环境需要 C3
就绪度、参与度和使用度 B3	产出和效率 B4	服务的绩效（服务质量和可获得性）B5	公众认可度 C4
资源和服务利用统计 B3	系统组织结构和管理机制 C1，C3	成员收益（成本的降低）B6	市场潜力 C4
软件和硬件支持 B3	公众支持和树立品牌 C3	管理响应速度和时效性 B6	政策支持 C4
成员资源和服务 B3	解决的行业问题 C3	经济效益（包括增加的经费和资助）A4，C3，C4	
平台的兼容性 B3	制定标准和采纳的技术 C3		
成员数量和分布 C1，C2	管理共享活动和分析共享成果 C3		
	成员与系统间的交互和反馈 C3		

图表来源： 作者整理

根据表 3-5 和第一章第三节中以往信息资源共享系统绩效评估的要素，笔者确定了信息资源共享系统绩效评估六个基本要素：(1) 资源；(2) 成员；(3) 服务和利用；(4) 投入和支出；(5) 管理和流程；(6) 整体效益。这六个基本要素囊括了上表的评价内容并基本表达了信息资源共享系统的构成和运作的关键领域，构成了信息资源共享系统绩效评估模型的一级指标。

（一）资源

资源是信息资源共享系统提供服务的基础。信息资源的共享活动和服务项目都是围绕着资源共建和共享开展的。信息资源共享系统的目标之一就是要建立一个能最大限度地满足社会和公众需求的信息资源保障体系。因此从系统的功能角度出发，系统应发挥资源保障作用，在长期保存人类知识创造成果和文化遗产的同时，提供最大限度的开发和利用。信息资源共享系统所构建的资源保障体系将以层次结构科学、空间布局合理的资源网络体系为物质基础，以信息资源社会共享为社会目标，以文献信息事业社会化为组织形式，以电子计算机通讯网络为技术手段，使有限的信息资源能够最大限度地满足社会对信息资源进行充分开发和高效率利用的需要[①]。

资源保障能力是信息资源共享系统绩效评估资源要素中的核心。首先要考察系统的基础资源保障程度，在数量上的直接体现主要是通过统计各类资源的数量、种类、更新的频次（包括各类文献信息资源和数字信息资源，数字信息资源的分类统计可参照 ISO）、文献信息资源和数字信息资源所包含内容状况、文献资源的复本和数字资源重复状况、购买的资源和自建的资源的比例；由于资源的迅速膨胀，数量难以反映信息资源共享系统资源体系在整个信息资源市场上的保障能力，通过间接比率测算分析其基础资源保障程度，如基本资源覆盖率、核心资源覆盖率、平衡覆盖率、比较覆盖率等表现，但这些比率在一定程度往往反映出需要较长时期才能显现的效益[②]。

资源拥有能力只是信息资源共享系统资源保障能力的一个方面。资源如何能被提供利用才是资源保障能力的重要方面。如果资源不能得到充分的利用，那么资源体系就难以发挥其"保障"的作用；只保存不提供利用，资源就变成了"古董"，也就失去了其产生新的知识和价值的功用。因此，根据第三章第一节中资源观的信息资源共享系统共享系统要素，资源的保障能力还应包括资源的可知晓性（Accessible）、可获取性（Acquirable）、获取便利性（Attainable）和资源的配置效率。

资源的可知晓性的前提是资源被充分而有效地揭示和报道。文献信息资源的书目控制能保证用户知晓有哪些文献，分别收藏在哪些地方。基于书目控制的思想，利用信息资源共享系统建立的 OPAC 可以进行联机书目查询和馆藏地查询。OCLC 与 Google 的合作，实现了从馆藏资源到网络搜索再到实

---

① 王翠萍、杨沛超：《国家文献信息资源保障体系建设论纲》，《图书馆学研究》2000 年第 2 期，第 15—17、14 页。

② 张晓林等：《国家科技图书文献中心的效用形式及其评价》，《图书情报工作》2008 年第 3 期，第 62—65 页。

体定位的过程,将资源的揭示和报道拓展到无限的时空范围,增加潜在利用机率。数字信息资源主要依靠利用元数据专门用来进行描述和控制。元数据是一种用来描述数字化信息资源,特别是网络信息资源的基本特征及其相互关系,从而确保这些数字化信息资源能够被计算机及其网络系统自动辨析、分解、提取和分析归纳(即所谓机器可理解性)的一整套编码体系[1]。元数据究其本意和功能就是描述信息资源的著录数据,也可以说是电子目录。以元数据方式解释数字信息资源,就是利用元数据标准描述数字化一次信息的特征,对其内容进行压缩,使数字化一次信息进入二次信息,实现对数字信息资源的控制[2]。综合文献信息资源和数字信息资源,可知晓性的评估主要是对信息资源共享系统联合目录和资源揭示的考察。

  资源的可获取性实质就是保障在信息资源共享活动中,资源可以得到充分地流动,这主要依赖于信息资源共享系统的信息资源保存系统和信息资源传递子系统的实现。在保存方面,文献信息资源受到复本和获取方式单一的限制,其可获取程度相对较低,这就涉及文献资源数字化问题。文献资源数字化可大大提高文献资源的可获取性。文献信息资源和数字信息资源要想长期为用户所用,信息资源共享系统就必须发挥资源长期保存的功用;保障性的一个重要指标就是考察已经被长期保存资源占整个资源体系的百分比,及长期保存的速率和体系资源增长量之间的比值。此外,数字信息资源需要考虑到存储的容量和空间;文献信息资源的长期保存还受到信息资源共享系统成员的物理库存空间和系统贮存图书馆建设的影响。在传递方面,资源流动的途径、频次和规模,直接表明了成员对信息资源共享系统资源体系的依赖程度,间接反映了信息资源共享系统在成员存取资源上发挥的作用,频次越高、规模越大则资源共享的程度越高,影响着资源的利用效率。所以,资源的可获取性是反映信息资源共享体系共享效率和资源效率的重要指标,其主要由资源的流动途径、规模,资源的流动时间周期(从提交资源到获取资源的全过程)等体现,这些指标不仅要测评系统内的资源流动情况,还要测评系统与外界之间的资源流动。

---

[1] 林海青:《数字图书馆的元数据体系》,《中国图书馆学报》2000年第4期,第59—63、69页。
[2] 彭斐章、邹瑾:《数字环境下的书目控制研究》,《图书馆论坛》2005年第6期,第10—15页。

资源的获取便利性在以网络为平台的信息资源共享系统绩效评估中本应是毋庸置疑的优势项目，然而，由于资源数量的膨胀和资源类型的繁多，增加了用户有效获取所需要的信息资源的难度。例如，用户需要登录不同的数据库分别进行检索，要迎合不同检索系统的要求和适应不同的检索界面，才能获得所需要的信息，这无疑使得检索的效率难以提高。特别是在庞大的信息资源共享系统中，不同的成员拥有不同的资源，用户在每个成员的界面下查找所需信息是不可能的。因此，资源的获取便利性应首先考察信息资源共享系统资源整合的状况。整合资源只是资源易获取的一个方面。在数字环境下，用户的一个信息需求经常会伴随着复杂和庞杂的检索结果，对资源的筛选、分类、组织和提炼，为用户提供一揽子的解决方案也成为一种必然要求。资源的深度揭示和组织能面向用户的实际问题对资源进行动态的知识组织和构造其知识地图[①]。

资源共享的实质是资源的配置问题。信息资源共享系统对资源的合理配置难以用评价指标进行表达，但可用资源的分布格局和布局进行配置状况描述和表达。信息资源整体布局的目的就是建立完备的信息资源保障体系，打破系统与地区的界限，形成相互依存、相互合作的分布格局，促进资源的共建共享[②]，其主要包括资源的地区分布、不同等级成员的资源分布、资源的学科分布等。

（二）成员

成员的协作精神是信息资源共享系统可持续发展的基础和保证，没有成员的参与信息资源共享系统就不能称之为系统。OCLC 的联机编目、WorldCat、CORC、Questionpoint 以及未来三年所要开发的新产品和新服务，无不依托于强大的成员资源和力量[③]。成员的发展是关乎信息资源共享系统整体战略目标实施的关键，只有成员积极参与到信息资源共享系统的共建共享中，集中优势资源、优化资源和配置，保障成员在共享活动中的收益和利益的平等，才能维系信息资源共享系统的正常运作；只有成员作为信息资源共享系统的触角，体察和反馈终端用户和市场服务的需求和变化，才能帮助

---

① 张晓林：《从数字图书馆到 E - Knowledge 机制》，《中国图书馆学报》2005 年第 4 期，第 5—10 页。
② 程焕文、潘燕桃：《信息资源共享》，高等教育出版社 2004 年版，第 143 页。
③ 欧阳少春：《OCLC 成功的三大要素》，《图书情报工作》2004 年第 7 期，第 23—26 页。

庞大的信息资源共享系统及时调整资源、服务、产品和技术，获得先入市场的核心竞争优势，保证信息资源共享系统的快速协调发展。

首先，在信息资源共享系统成员要素的考察中，系统层面对成员基本状况的摸底是评估成员要素中最基本的环节。这就包括了对系统成员数量、分布、类型、终端用户及需求、成员之间的关系等基本问题的调研。除此以外，还要考察系统发展成员的潜力，即哪些机构可能加入到信息资源共享系统中成为系统的成员，并统计这部分成员的数量、类型、分布等。统计分析信息资源共享系统历年的成员增长比率，推算成员规模；成员规模的扩大在一定程度上会增加资源和服务的利用效率，降低成员在资源共建上分摊的费用。

除了在系统层面上对成员状况的调研，还需要通过抽样调查的方式具体了解单个成员的状况。图书馆基本要素涵盖了成员的资源、服务、经费和用户状况（用户数量、类型和需求）等基本情况。在信息资源共享系统中，成员参与到信息资源共享系统的程度很大程度上决定了成员的收益和系统整体效益的发挥，即成员参与的共享活动越多（从长期来看），在系统中获得的总体收益也就越大，对系统而言也会更好地发挥其社会效益和经济效益。成员参与度的先决条件是成员的就绪度。就绪度就是成员为参与到信息资源共享系统中所做出的准备，包括经费的预算、人员的配备、基础设施的投入、面向终端用户的服务宣传等。成员的参与度和使用度则可以通过成员实际参与了哪些信息资源共享活动来计算，如联合采购的数据库数量，经过联机编目中心上传和下载的编目数据的数量、频次和比例、文献传递以及馆际互借的数量和频次等。通过对成员的抽样调查，系统可以了解成员参与最多的共享活动和最少的共享活动，分析成员使用系统提供服务的集中度和平均数量，确定信息资源共享系统所提供的核心资源和服务，探查信息资源共享系统服务绩效的主要服务项目，进而为今后的服务和产品的研发提供客观的依据，不断提升系统整体的绩效。

成员的实际参与状况和使用状况的变化直接影响着信息资源共享系统的绩效，也间接由成员对系统提供的资源、服务、组织结构、管理机制的总体满意度所左右，如成员满意度高，成员会进一步增加对信息资源共享系统的参与和使用，投入更多的精力和经费参与到信息资源共享系统的共建和共享中；反之则会减少。系统除了通过成员调查的方式直接了解成员的满意程度之外，还可以通过对成员效益的测度间接地感知其对系统利用的满意程度。参与信息资源共享系统对成员最大的收益来自于成员可以利用有限的资源和经费，最大限度地满足用户不断扩充的多样的信息资源需求，最直接的收益则体现为参与到系统中能提高经费的购买能力以及资源和服务的保障能力，这还可以描述为成员直接减负效益测度。以 NSTL 为例，直接减负效益测度包括成员单位在 NSTL 资助购买纸本期刊上捆绑电子资源所节省的经费，其他单位在 NSTL 资源保障下所减少的纸本资源投入经费（许多单位已有大量电子资源，因此，所减少的纸本利用量并不是直接转移为 NSTL 传递服务量），成员单位和其他单位直接利用 NSTL 系统或工具作为自己的系统所节省的开发及维护费用等[①]。OhioLINK 从 2001 年起，就每年公布财政支出状况，特别是向成员馆报导系统为成员节省经费的状况，例如，OhioLINK 在 2006 年的 Snapshot 中公布了电子期刊中心（Electronic Journal Center）和数据库相关的统计资料，资料显示 2006 年电子期刊总共花费了 252 万美元，其中的 41 万美元由 OhioLINK 中心支付，成员馆以分摊的方式花费了 211 万美元。由于这些电子期刊和纸质期刊绑定，通过系统中心的联合采购，每个成员的纸本期刊只购买了 25%，如果不以联合采购的方式，获得同样的电子期刊，预计成员总共要多花费 108 万美元；在数据库集团采购方面，2006 年整个 OhioLINK 成员总共花费 69 万美元购买数据库，集体购买的经济效益是单个购买的三倍，如果成员之间重复购买则将多花费 207 万美元。

（三）服务和利用

信息资源共享系统不断为其成员和终端用户提供所需要的服务，这是信息资源共享系统得以不断发展、增加其竞争优势的关键。建立在信息资源共享系统保障体系基础上的共享服务，不仅是各个成员进行信息资源共享活动的主要方式，而且也是成员通过信息资源共享系统参与到社会网络（social networks）运作中的重要途径[②]。信息资源共享系统的服务既面向成员又面向终端用户，据此可分为系统集中服务和成员分布服务。系统集中服务是信

---

① 张晓林等：《国家科技图书文献中心的效用形式及其评价》，《图书情报工作》2008 年第 3 期，第 62—65 页。
② OCLC. Sharing, Privacy, and Trust in our Networked world [EB/OL]. [2008-8-19]. http://www.oclc.org/asiapacific/zhcn/reports/pdfs/sharing.pdf.

息资源共享系统通过系统网站直接面向终端用户提供服务,各个成员只需将信息资源共享系统的相关服务体系嵌入到各自的平台中即可,如文献传递、联机检索、合作参考咨询等;成员分布服务是指各个成员在系统资源和服务的支持下提供的针对各自不同的终端用户群而开发衍生资源和开拓延伸的服务,这些服务往往是个性化的、面向多样化的和多层次的用户需求,如信息资源共享系统组织各个成员合作开发的各学科网络资源导航、知识地图等。因而,信息资源共享系统服务要素应首先包括服务基本情况,主要是信息资源共享系统开展了哪些服务项目、提供了哪些成熟的服务产品、服务和产品的增长和更新频率、服务覆盖成员总数的比例、服务覆盖的成员业务的比例等。

通常,对图书馆服务绩效评估集中于对服务质量的测评,对电子资源绩效的评估也重点关注其功能质量和技术质量[1]。LibQUAL+TM 就是借助网络的以用户视角对图书馆服务质量评估工具,通过开展大规模的信息调查和用户访谈,并在积累的数据基础上重新定义了差距原理和服务质量评估的体系,而且还体现了通过网络公开透明地对大范围的以用户为中心的信息调查的有效管理,为图书馆和信息服务领域开展以网络为基础的信息调查提供了丰富的管理经验[2]。成员如果统一采用类似 LibQUAL+TM 的服务质量工具,就能为信息资源共享系统探查面向终端用户的服务质量提供有力的依据。同时,由于信息资源共享系统的特殊性,信息资源共享系统的服务质量也有着一些特定的评估标准。首先对服务质量的感知对象是成员,服务满意度方面上的评估对象是成员,即要测评成员满意度,并由成员反馈终端用户的满意度;每项服务的使用频次和每项参与成员,反映了服务内容和服务质量上的优劣;信息资源共享系统所提供给成员的服务环境也是影响服务质量的重要标准,该系统应为成员提供基于网络的统一集成服务软件和平台、服务的培训和技术支持等,其平台和软件的性能和不断优化的特征也影响着成员对服务质量的感知。

服务质量直接关系着服务的效益。信息资源共享系统由于面向诸多终端

---

[1] 索传军:《电子资源服务绩效评估的含义及影响因素分析》,《图书情报知识》2005 年第 6 期,第 66—69 页。

[2] 刘峥:《图书馆服务评价与 LibQUAL+TM》,《图书馆建设》2004 年第 1 期,第 45—47 页。

用户,其服务的效益体现在不同成员的服务效益中,因此,只能通过某些可评估指标衡量其服务效益的变化情况。NSTL 就是通过直接服务效益测度来反映信息资源共享系统的服务效益:NSTL 系统直接提供服务的效益(传递服务量、咨询服务量、全文下载量),NSTL 成员单位利用 NSTL 提供资源直接提供的服务效益(NSTL 资助资源产生的传递服务量、利用 NSTL 资源或系统直接支持的本单位服务量),其他单位利用 NSTL 提供资源直接提供的服务效益(利用 NSTL 资源或系统直接支持的本单位服务量)。

利用要素是诸多图书馆绩效标准中涉及最多的领域。在上节中,笔者就整理了代表性的图书馆统计标准中与信息资源共享系统利用相关的统计指标。在信息资源共享系统的绩效评估实践中,这些指标既可以用做成员各自的绩效考核参照,也可以是信息资源共享系统绩效状况最直观的反映,例如 OCLC 公布的 WorldCat 的统计中,就公布了其使用频率,通过 FirstSearch 在 OCLC 的 WorldCat 中的检索行为每秒钟都在进行[①]。

信息资源共享系统利用的分析不仅包括对利用状况的探查,即客观地反映当前或某一个时间段系统被利用的情况,而且还要分析影响成员及终端用户利用信息资源共享系统的因素。已有的国内外研究中,我们将关注的焦点放在了具体每种资源的可用性和功能性的考察中,为图书馆经费的使用和分配以及资源的选择和剔除提供了关键的参考。然而在信息资源共享系统中,这种对资源的购买和资源的建设不仅仅是出自于对利用率的考虑,正如前文所说,由于信息资源共享系统立足国家或本地区(行业)信息战略而具有资源保障的战略职能,需要资源共享系统在文献信息资源和数字信息资源建设上为每个成员提供支撑作用。鉴于成员的独立性和平等性,每个成员馆都有选择满足本机构终端用户所需要的资源权利。信息资源共享系统只是为其提供一个合作建设和利益互惠的支撑平台,例如在数字信息资源建设上,通过联合成员扩大"许可证"的购买,发挥数字信息资源长期合作保存的功能。因此,信息资源共享系统对资源利用的绩效考察与图书馆馆藏资源利用绩效评估有很大的不同。前者更关注于利用绩效的全局观和发展观,而关注

---

① OCLC. WorldCat facts and statistics [EB/OL]. [2008-12-23]. http://www.oclc.org/asiapacific/zhcn/worldcat/statistics/default.htm.

每种信息资源的可用性和功能性既不现实也不必要。信息资源从可用性的角度出发,它包括资源的有效性、易用性、易学性、可控性、开放性;从功能性的角度出发,它包括登录方式、浏览功能、导航和帮助功能、检索功能等。我们可以通过利用通用的标准获取每个信息资源的利用状况,并根据E-Metrics、EQUINOX、ICOLC、ISO、NISO等标准的统计量,可归纳出各个电子资源统计量和利用绩效的相关指标(如表3-6所示)。由于电子资源的利用直接关系到单位资源和服务的利用成本,系统需要向成员馆定期报道的是整个系统每个资源次均使用成本、人均服务成本和全文利用的平均成本的成本范围和平均值,以便成员评估各个资源的利用状况,进行有效的成本控制,以决定是购买还是文献传递的方式获取电子资源。

表3-6 相关标准中资源利用的统计量和绩效指标

统计量	处理电子参考咨询的数量
	登录电子数据库的次数
	对电子数据库提问(检索)的次数
	虚拟访问图书馆网站和目录的数量
	浏览/请求的项目数量
绩效指标	处理的电子参考咨询占处理的所有参考咨询的百分比
	图书馆虚拟访问占全部图书馆访问的百分比
	服务人群中利用电子图书馆访问的百分比
	服务人群中人均使用每项电子图书馆服务的任务次数
	服务人群中人均使用电子图书馆服务的远程任务次数
	每种电子图书馆服务每次任务所浏览的文献和记录数
	图书馆内终端的使用率
	服务人群中人均可以使用图书馆终端的小时数
	被拒绝的登录次数占总体尝试登录次数的百分比

图表来源:邹瑾. 数字资源利用与服务绩效评估研究 [D]. 武汉:武汉大学,2007: 153

然而,在对信息资源共享系统利用的考察时,上述绩效指标是远远不够的。系统要对利用状况的全局进行把握和控制,首先需要对文献信息资源和数字信息资源的利用分布进行掌握，包括主题分布、地理分布、时间分布、学科分布、用户类型分布等，以便于进一步统筹资源建设，优化资源的配置；其次，在分布状况的基础上，所有成员提交的统计量中分析的利用偏好（学科上、类型上、时间和地点上），并将这些"利用偏好"反馈给成员在资源的采选中进行参考，以降低资源选择的成本，提高资源建设的效率，也可以将"利用偏好"作为系统协调进行文献资源数字化的依据；再次，动态监控资源和服务利用状况的变化，及时地发现导致利用变化的原因和问题，调整相关的策略，确保资源利用绩效的稳定性。

信息资源共享系统是一个开放的体系，当一个系统处于稳步发展中时，就会有越来越多的成员加入到信息资源共享系统中来；成员的利用状况也直接决定了他们加入到信息资源共享系统中的绩效。成员对系统的利用可视作一种学习情况，其规律类似于学习曲线，表现为在成员新加入到系统中时，利用率会有一段比较迅速的增长；当成员对系统功能和资源利用逐渐谙熟后，这种利用率将会趋于平稳，呈现稳中有升的状态（如图3-2所示）。由于系统战略的发展和成员战略的进行是密不可分的，因此，系统承担着引导和协助成员实现自身职能和目标的任务，其中就包括提高成员利用效率、降低利用成本。在新成员加入到系统中后，系统就承担着帮助成员迅速达到驾驭系统的能力：缩短适应阶段Ⅰ，使其迅速地达到相对稳定的阶段Ⅱ，提高系统和成员的利用绩效，节约这种可变成本。

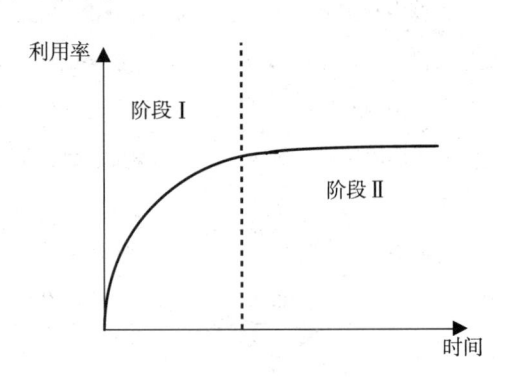

图3-2 成员对信息资源共享系统的利用规律

图表来源：笔者绘制

(四) 投入和支出

对信息资源共享系统给予稳定的投入，是本系统正常运作的必要条件。世界信息资源共享系统的典范 OhioLINK 就是由州政府统一拨款，仅年度维持费每年就有上千万美元。我国 CALIS 等国家级信息资源共享系统的筹建和运作也是由国家投入经费，如 CALIS 在"九五"期间，中央专项投资 5000 万元，各地区中心所在高校和地方财政也有相应的投入。投入是信息资源共享系统输入的重要组成部分和产生效益的前提，也是系统运行所花费的成本。根据信息资源共享系统的实际，其成本可划分为：(1) 固定成本和可变成本；(2) 有形成本和无形成本；(3) 直接成本、间接成本和机会成本[①]。

对信息资源共享系统投入成本要素的分析，可集中在三个问题：(1) 投入了多少成本；(2) 投入了哪些成本；(3) 投入从哪里来、都用在了哪里。我们通常对投入的理解都是用货币来计量的，最直观的认识是指系统花费了多少钱，也就是资金的投入。信息资源共享系统的投入还涉及软资本的投入，其主要内容包括人力资本、结构性资本及客户资本（在第二章第二节已做过详细分析），这些投入都难以用货币来计量，只能通过间接方式测评，如参与到信息资源共享活动的人有多少，以此来计算人力成本；有些图书馆会指派专门的图书馆员负责馆际互借和文献传递等业务；客户资本则包括了社会的认同和公众的支持，这些都给信息资源共享系统带来了实惠，如 OCLC 由于其非营利性质，每年政府都给予税收、贷款等诸多方面的优惠。

系统公开其资金投入的用途不仅是成员的权利，同时也是系统实施有效成本控制的需要。在 OhioLINK 每年的 Snapshot 当中都要公布其经费的使用状况（如图 3-3 所示），包括技术基建投入、管理支出和系统资源内容投入三个方面。系统和任何组织一样，要保证良性健康发展，就必须合理使用经费，使得投入能产出最大的效益。这里既包括有形的支出，如资源购置费、系统购买费、软件开发费、硬件购置费和设备安装调试费、系统及电子资源装载运行过程中的人工费、电子资源损耗、折旧及运行维护费等，也包括了系统无形的耗损，如系统所耗费的管理成本、成员在参与各种信息资源

---

① 谢春枝：《图书馆联盟的成本效益分析及决策选择》，《中国图书馆学报》2007 年第 1 期，第 25—30 页。

共享活动中投入的人力和时间成本。这些受到系统外环境因素的影响，很难预计和控制，但完全可以通过折算成人员工资的形式间接地体现。对资源内容投入的测评还要考虑到资源涨价、通货膨胀等环境因素。系统资源内容投入还要考虑到，资源建设方式的不同而成本不同（如购入资源和自建资源的费用之比），电子资源购买方式选择而使得费用也不同。为此，首先要考虑的是通过系统内购入还是进行文献传递获得，若购买就需要从经济性和便利性出发，最大限度地减少有形成本和无形成本，在不同价格模式——固定价格的模式、并发用户的模式、用户群规模的模式和使用的模式中，选择最佳的资源购入方式。

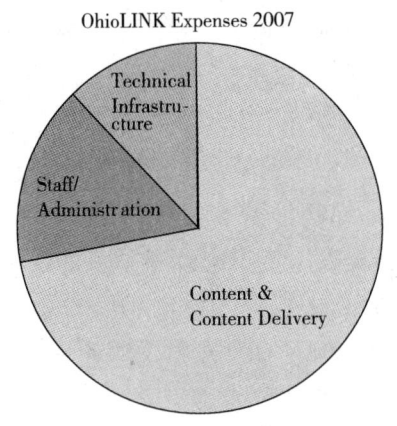

图 3-3 2007 年 OhioLINK 经费支出状况

图表来源：OhioLINK Snapshot 2007 [EB/OL]. [2008-10-17]. http://www.ohiolink.edu/about/snapshot2007.pdf

无论是信息资源共享系统还是其成员，在成本控制方面，除了要考虑实际支出的绝对成本，还必须要考虑与利用率相关的相对成本，并关注利用成本。由于对资源的购入行为发生在利用行为之前，其费用是预先支付的，其利用情况只能通过估算的方式预测。越多的用户利用资源和服务，资源和服务利用率越高，资源流动就越频繁，资源和服务单位的使用成本也就越低；反之则越高。这些内容包括：（1）信息资源共享系统中各类资源购买花销和用户使用次数之比，得出使用一次数字馆藏资源的花费，即次均使用成本；（2）信息资源共享系统中各类资源总开销和用户人数的比例，即人均服务成本；(3) 信息资源共享系统中各类资源的开销与链接和下载全文的总次数之比，得出全文利用的平均成本；(4) 对所有资源访问时段量统计和最大访问量统计；(5) 各类资源利用的标准差[①]。

2008 年 OCLC 向其成员发布了题为《From Awareness to Funding: A study of library support in America》的报告，其初衷就是让成员不仅要重视"节流"而且更要关注"开源"。在激烈的市场竞争环境中，获得充足的资金才能为更多的用户提供更为丰富的资源和服务。该报告调查的内容包括：提供给图书馆经费支持从哪里来，他们为什么会资助图书馆，以及他们对图书馆的期望是什么，如何使他们追加对图书馆的经费投入。经过调研和统计发现，投资者对图书馆资源和服务的利用状况并不关心，而是关注图书馆应该在社会网络中发挥作用，特别是在社区服务中扮演重要的角色；定位图书馆基于终身教育的核心价值，树立图书馆公共品牌，进而为提供社会进步积蓄力量，才是图书馆获得更多经费资助的当务之急[②]。由于对信息资源共享系统的投入要素是系统绩效的重要保障，因此，绩效状况也间接地受到投入和经费充裕度的影响，既要测评经费来源的变化（如投入数额的变化和增长的比率），也要关注如何增加投入的途径，这将影响到系统绩效的增长。信息资源共享系统要在不断增加资源和服务的利用率、降低信息和资源使用成本的同时，重视培育自身的公众品牌和文化形象等软资本，才能实现社会效益和经济效益的双赢。

(五) 流程和管理

信息资源共享系统的流程和管理要素，从组织层面关注信息资源共享系统组织形式和运作方式对其绩效带来的影响，是对信息资源共享系统正常运作和产出绩效实施监控并及时调节的关键。本文所设计的信息资源共享系统的绩效评估，则力图优化以往只关注信息资源共享系统绩效结果的评估方式，在评估模型、要素确立和评估标准体系构建上加入对绩效产生来源和产生过程的考核。信息资源共享系统流程和管理就是绩效产生来源和产生过程的重要环节。

---

① 李卓卓：《数字馆藏评价标准选择》，《图书馆理论与实践》2008 年第 5 期，第 5—11 页。
② OCLC. From Awareness to Funding: A study of library support in America [EB/OL]. [2008 - 12 - 08]. http://www.oclc.org/asiapacific/zhcn/reports/funding/fullreport.pdf.

在第一节中，笔者已经阐释了功能观的信息资源共享系统绩效要素的确立。功能观的实质就是将信息资源共享系统所涉及的各类共享活动分别进行绩效分析，并将分析的结果汇总，从而形成对信息资源共享系统整体绩效的认识。无论是国际性的信息资源共享系统，还是区域性和行业性的信息资源共享系统，其功能基本覆盖了图书馆业务的各个方面——从外部资源的选择和获取到馆藏资源的组织和加工，到最后提供各种服务方式为终端用户利用，我们都可以称之为"全流程服务"，例如OCLC就直接将这种文献资源从选择到提供服务的全流程打包为"藏书和技术服务"，提供将各种资料从出版者到图书馆书架再到用户的流程实现自动化集成的全套服务，以促进成员提高工作效率[①]。这些共享活动之间并不是相互割裂的。虽然成员可以选择自己所需要的共享服务和产品，但是基于成员之间的合作，这些共享活动的开展具有延续性，如联机合作编目提供的联合馆藏目录，就是馆际互借和文献传递的基础；藏书协调和合作资源建设又为联结合作编目提供了发展的空间。所以，实施更为高效的信息资源共享活动，扩大共建共享的受众成员，就必须要实施全过程共享流程的优化，合理地配置信息资源共享系统及其成员参与的费用和相关资源，对每个共享活动实施科学的项目管理和质量监控，建立有序化的周期性运转体系，使参与到流程每个环节的成员都能获得最大程度的收益，这便是实现成员参与共享活动产出和效益的源泉和价值提升的关键。

我们在基于PRM的信息资源共享系统模型分析中看到，信息资源共享系统的业务流程和共享活动模块输入输出均经历了两次价值的提升。输入的价值提升体现为系统对进入流程的资源、经费以及成员网络的整合和重组；输出的价值提升则体现为整个业务流程和共享活动所发挥的系统效应所产生的价值提升。因此，只有实现对这两次价值提升关键要素的有效控制和协调，才能使得两次价值得到最大限度的提升，并使其在系统整体绩效中得以放大和体现。这是以实施对每个共享活动以及整个流程的组织管理和投入产出周期为依托的。这具体到：需要对每个共享活动实施经费和人力、技术资

---

① OCLC 产品和服务［EB/OL］．［2008 - 12 - 23］．http：//www. oclc. org/asiapacific/zhcn/services/collection/default. htm.

源的配置，确定系统承担还是成员分摊；建立合作平台，系统提供软件和硬件的配备和支持；制订活动标准及操作规范；实施成本控制和质量控制；协调成员之间任务布置和收益分配；系统还要以成员反馈出发进一步完善具体的共享活动；对整个流程不断进行优化，协调人力、物力和财力之间的矛盾和冲突；基于绩效考核过程中发现的问题，实施业务流程的调整和资源的重新配置。

组织管理结构决定了共享业务流程中的组织和资源的配置机制和系统的运行机制。以我国的 CALIS 和 NSTL 比较为例，CALIS 构建的四级成员组织体系和资源保障体系，分别设立了全国中心、地区中心和省中心，而 NSTL 却以虚拟方式组建，本身不设实体机构，由著名科学家、有关部门代表组成的理事会负责中心的独立运行，参加 NSTL 建设的八个参建单位都是平级关系[①]。无论是何种组织管理结构，能否建立高效的系统运行机制和成员间的利益均衡机制才是关键，即：考察组织管理架构和管理运行机制以及利益均衡机制是否协调，基于组织的架构系统和成员之间能否实现有效的沟通和交流，成员义务和权利是否对等，组织业务公开中能否充分的体现成员合作和参与的公平和效率的兼顾，组织架构是否具有灵活性和科学性以适应组织战略调整和业务拓展的需要。

（六）外部效益

多数信息资源共享系统的公益性特征，决定了在竞争的信息市场中，其市场的定位、竞争的优势、效益的发挥都具有特殊性。以图书馆联盟为例，是由具有公益性的图书馆构成，在一定程度上是图书馆行业的集中代表，能整合公益性机构信息资源实施战略性保障，或利用资源保障体系开发面向公众服务的增值服务、构建集成服务平台，以行业代表的身份与外界环境进行沟通，以整体图书馆的优势在市场获得一席之地。

信息资源共享系统的市场要素首先要考察系统对感应环境变化和探查公众需求的能力。例如，OCLC 的 7.2 万个成员馆遍布世界 170 个国家和地区，利用其会员制度以及成员直接面向终端用户需求的资源与服务。OCLC 建立

---

① 谢春枝：《我国文献资源共建共享体系的比较研究》，《中国图书馆学报》2004 年第 4 期，第 24—28 页。

与成员之间的快速沟通和迅速响应的沟通机制，迅速广泛听取意见和建议，敏锐地观察图书馆市场的需求变化，随时改进服务项目和开发更多信息产品，促进 OCLC 不断发展进步。这种公众需求和环境感应的实质是图书馆保障公共获取权利的前提，通过对信息资源和服务市场自适应，不断扩大公民获取免费资源和服务的效率和范围，基于系统以提高保障能力、优化资源配置的方式，提高公民平等获取权利的实际效能。具体地，可以作为信息资源共建共享的引力中心，消除条块分割和行政制约，建立联合公共服务平台，构建公益性的信息和服务获取的"公共环境"。这种公众需求导向是信息资源共享系统在市场中的内核。另外，信息资源共享系统还发挥了调节信息市场的作用：第一，利用行业代表和"公共权重"，提升买方的力量和购买力，推动电子资源的集团许可，解决知识产权等行业问题，扮演着"市场砝码"的角色[1]；第二，系统提供的资源和服务以及在新资源和新服务产品开发方面的国家投入和政府支持，对信息市场的价格特别是商业营利性信息服务的价格能够发挥积极的调节作用，扮演着"价格杠杆"的角色；第三，运用在国家信息化战略中的资源和服务保障的地位，和享有国家平台的话语权和雄厚资源的号召力，协调各方推行积极的信息政策和合作行动，发挥推动良性的信息市场形成的"政策保驾"的角色[2]。

信息资源共享系统在市场发挥的效益如何呢？这种效益通常难以用经济价值直接计算，因为它已转化为科研成果的产出和应用、公众的信息素养、地区经济发展等，难以区分"这种效益"哪些是经济效益和社会效益。然则，这些反映信息资源共享系统绩效却又难以量化的指标将如何进行测评呢？笔者以为，可以间接地用服务市场规模、产业结构特征、公众认可等多个方面来衡量，则能体现为信息资源共享系统的一种"整体效益"，具体体现为：信息资源共享系统支持其成员为广大的用户群体即公民开展基于系统资源体系和服务平台的个性化增值服务。这是提高信息资源共享系统资源利用的根本途径。这种"整体效益"是发挥在系统众多的成员服务中的，它

---

[1] 张晓林等：《国家科技图书文献中心的效用形式及其评价》，《图书情报工作》2008 年第 3 期，第 62—65 页。

[2] 张晓林等：《国家科技图书文献中心的效用形式及其评价》，《图书情报工作》2008 年第 3 期，第 62—65 页。

将服务触角伸向广阔的用户群体，去满足他们多样的需求，并以系统为依托，将服务嵌入用户需求情境中，提供针对性强、一揽子信息需求和整个知识过程涉及的问题的解决方案。

  NSTL 采用了资源方法和效益测度来衡量"整体效益"，即包括：利用 NSTL 资源或服务延伸开发系统或服务的单位统计及所产生的服务量统计；利用 NSTL 提供的工具、系统或资源自主衍生开发系统或服务的单位统计及所产生的服务量统计；利用 NSTL 所提供的机制、知识或经验衍生开发资源或服务的单位统计及所产生的服务量或活动量统计；NSTL 支持的国内外合作项目和人员培训情况；NSTL 支持、组织或参与提出的信息政策和公共信息活动量及影响范围、影响程度。综上不难发现，NSTL 采用了一种"增量"式的测评方法，即测算一段时间内其"整体效益"所显现出来的增值效益，用数值反映信息资源共享系统"整体效益"的变化状况。

第 四 章
信息资源共享系统绩效评估指标体系的构建

一、指标体系构建的要求与方法

（一）指标体系构建的要求

信息资源共享系统绩效评估指标体系具有明显的导向作用，它影响着信息资源共享系统绩效评估的方式和重点，进而影响着信息资源共享系统效益的发挥。信息资源共享系统绩效评估指标体系应该满足以下要求：

1. 科学性。首先，具体的指标体系设计应体现科学性，指标体系是理论与实践的结合，各指标的制定是对评估内容的一种抽象描述，要简练、准确、符合客观实际。其次，指标体系对应的评估方案与具体的评估方法要合理，能真实客观地反映评估对象的发展目标和绩效状况。再次，统计指标的原始数据必须客观准确，数据采集的方法和途径也要具备科学性。

2. 可行性。设计的评估指标体系最终是要应用到评估过程当中的，所以除了具备科学性外，还要具有可行性。具体来讲就是：首先，相关的部门都要求能快捷方便地使用，所以要求评估指标体系在保证评估指标全面、客观的情况下，评估指标尽量简化，不能太烦琐，突出重点，各项评估指标都要有明确的含义和内容，相互之间逻辑关系要清楚[①]。其次，评估指标所需要的数据要方便采集，易于量化。统计方法也要明确，易于操作。

3. 系统优化。系统优化要求指标体系要从整个信息资源共享系统出发，

---

① 张宏玲：《数字馆藏服务绩效评估研究》，郑州大学学位论文，2006年。

兼顾共享建设的各个环节以及各个环节中涉及的各因素。同时还要统筹整体与要素、要素与要素、整体与环境适应的关系，最终要统一到追求信息资源共享服务的最优化上。同时系统优化原则还体现在评估指标体系的结构方面，从综合绩效评估出发，依据各系统的具体特点，系统优化指标体系。在评估方法的选择上也可以体现系统优化的原则，那就是从综合考虑绩效评估的内容，比较各评估方法的优缺点，准确分析评估方法对评估内容的适用性，根据具体情况，选择合适的评估方法。

4. 动态性与开放性。首先，随着共享系统的建设与发展，反映信息资源共享系统绩效的统计数据和评估指标会不断变化，只有以发展的眼光认真考察各种影响因素，才能使制定出来的指标体系具有与时俱进的适应性。其次，涉及信息资源共享系统效益的评估内容，包括现实效益和潜在效益，因此信息资源评估工作不可能一次性完成，要定期地进行追踪评估。最后，信息资源共享系统评估对数字化技术和工具的依赖性很强，随着数字化技术不断进步，评估工具不断更新，因此绩效评估中相关的评估方法、技术也要保持高度动态性。

5. 通用性和经济性。信息资源共享系统绩效评估目的是为了改善信息资源共享系统的绩效，通过时间上的纵向比较和系统间的横向比较，发现现有信息资源共享系统发展中的优势和不足，因此在信息资源共享系统指标体系的构建中要考虑到指标在时间上的延续性和不同标准之间的通用性。从通用性出发，指标体系中的具体指标要能充分利用现有的相关评估中的指标，避免重复采集，节省整个系统绩效评估的时间和费用，进而形成高效低耗的评估体系。

（二）指标体系构建的方法

在第三章中，我们已经对信息资源共享系统要素进行了系统的论述，所涉及的各相关要素构成的评价要素集是对信息资源共享要素阐释和表达的具体化。具体对信息资源共享系统实施绩效评价的一系列指标构成评价指标集。评价指标及是评价要素集的一个映射，一个评价要素集存在多个映射指标级；建立合理的评价指标体系就是在多个映射指标集中寻优[①]。在建立评价指标体系时，既要能充分表达要素集，又要明确评价内涵，全面、科学、

---

① 邵强、李友俊、田庆旺：《综合评价指标体系构建方法》，《大庆石油学院学报》2004 年第 3 期，第 74—76、105 页。

清晰、合理，避免模糊、交叉和冗余。

在确立信息资源共享系统评价指标体系时，具体要求主要有以下三点：

1. 指标体系的全面性。信息资源共享系统绩效评估指标体系必须能充分揭示信息资源共享系统所涉及的不同层面和不同要素，对信息资源共享系统做出整体判断和分析。

2. 指标间避免重叠和冗余。确定信息资源共享系统绩效评估指标其明确含义和测评内容，避免重复测评而带来的评估结果失真，对重叠的指标进行去重，降低重复采集和计算的可能性，并将其放在指标体系中适当的级数和位置。

3. 指标的易采集。信息资源共享系统绩效评估指标包括定性指标和定量指标，定性指标通过信息资源共享系统专门人员或第三方专家测评获得，定量指标则是通过直接统计获得的。评价指标体系集合则在整体上既能表达要素的内涵，也必须是易于操作的，并且不会产生采集对象的歧义。

确立信息资源共享系统绩效评估指标体系的方法应着重解决以下一些问题：

1. 信息资源共享系统绩效评估指标的类分。指标体系的系统性要求信息资源共享系统绩效评估指标应成为一个体系，统一而协调。由于评价指标体系是要素的表现，因此，应以信息资源共享系统绩效评估要素作为划分第一层级的依据，进而分析不同要素的内涵和评价集合，使其进一步表现为细化的层级，以此完整全面地反映信息资源共享系统绩效评估要素。

2. 信息资源共享系统绩效评估指标的关联。评价指标之间应具有一定的关联，通过对指标的测评从整体上揭示信息资源共享系统绩效状况。仅凭对评估要素的演绎和推理显然难以建立富有逻辑体系的评价指标体系。借助模型的推导则可在信息资源共享系统绩效评估指标体系的构建中起着理论指导和全局构架的作用，说明各级具体指标之间的关系，使得信息资源共享系统绩效评估指标具备了理论上的科学性、系统性和前瞻性。

3. 信息资源共享系统绩效评估指标的可操作性。理论的推导能否在实践中得以应用和操作则需要将各项评估内容用相关的标准进行细化和表述，首先要考虑到已有的相关评估中常用的标准的采纳，例如覆盖率、利用率等常用标准应考虑纳入到指标体系中；其次要考虑到指标体系的灵活性，即指标采用按信息资源共享系统实际状况选取和调整的方式；最后，给予指标明确的采集对象和途径。

依照指标体系构建的原则和方法，本书所采用的信息资源共享系统绩效评估指标体系构建方法主要是通过信息资源共享系统绩效评估模型推导相应的关键指标和要素，在对要素进行解析的基础上，参考现有的统计指标，进行系统化的汇总和梳理，形成了二级信息资源共享系统绩效评估体系。考虑到绩效评估的可操作性和通用性，笔者进一步确立了二级指标下的关键测评标准，对二级指标的具体操作予以诠释。关键测评标准的设计力图提高信息资源共享系统绩效评估的灵活性和科学性。在利用该信息资源共享系统绩效评估指标体系时，可针对不同的信息资源共享系统的实际情况，酌情考虑选择当前系统可以采集或易于采集关键测评标准，进而确保了二级评估指标的有效性和合理性。多个关键测评标准的制定可以帮助绩效评估尚待完善的信息资源共享系统不断改良和规范系统运行过程中关键数据的采集，进而实现以评促建的良性循环。在关键测评标准都能实现定期采集和分析过程中，信息资源共享系统绩效评估的科学性、可靠性以及通用性也得以提高。

二、指标的选取及指标的内涵

在对学界和业界专家进行多次意见征集和反复修改的基础上，本书对最初的信息资源共享系统绩效评估标准体系集进行了调整，形成了相对完善的信息资源共享系统绩效评估的标准体系（如表4-1）。在一级指标设置中，笔者曾将服务和利用区分为不同的指标，专家指出，服务和利用不应割裂开，建议将其合并。由于原一级指标第七项"市场"存在有指代不清并易产生歧义，专家建议更名为现在标准体系中"外部效益"；建议将一级指标的顺序进行调整，将信息资源共享系统的构成要素资源、成员置于前列，按照相关度依次进行排序。二级指标的设置中，笔者依据专家提出的凸显"共享"绩效的原则，将评估参考标准进行了剔除，仅保留评估考核标准，并将原一级指标"资源"中的"获取便利性"相关评估内容纳入到"可获取性"中，还将原标准体系中的7项一级指标、36项二级指标，缩减和更改为现指标体系中的6项一级指标、23项二级指标，增强了标准体系的合理性。同时，笔者在每个二级指标下设立了关键测评标准，即在实际的信息资源共享系统绩效评估中，可根据实际情况着重测评关键标准，以此管窥二级指标涉及的绩效状况。这样做可提高信息资源共享系统绩效评估标准的可操作性，降低绩效的复杂度，增强指标体系的适应性。

表 4—1 信息资源共享系统绩效评估的标准体系

一级指标	二级指标	关键测评标准	数据来源和测度方法
资源	更新速率	• 馆藏联合目录更新速率 • 自建数据库更新维护频率	• 单位时间内联合目录中书目增加的条数 • 成员馆和系统自建数据库的单位时间更新的条目（记录等）
	覆盖率	• 基本资源覆盖率 • 其他文献类型的覆盖比例 • 语种覆盖率 • 比较覆盖率	• 通过计算联合目录覆盖率考查，即成员馆目录列入联合目录的比例和联合目录条目的时间跨度等 • 确定系统专利、灰色文献、报告、标准等文献类型的收藏状况和收藏比例 • 考察系统资源语种占所有语种的比例 • 系统购买数据库以国外同类型信息资源共享系统为参照计算系统购买数据库与国外同类型信息资源共享系统数据库之比
	结构优化和布局合理性①	• 资源保障体系的合理性 • 各类分布和成分比重的均衡性	• 资源体系的构成及其各成分比例 • 考察学科结构、类型结构、地域分布、学科分布、图书馆类型结构等状况并通过统计计算学科分布的标准差
	可知晓性	• 资源分类和导航的易用性和便利性 • 联合目录的功能性 • 资源实现统一检索的比例 • 电子资源整合入 OPAC 的比例	• 组织终端用户或相关专家进行综合分析 • 考察联合目录浏览、检索、上传和下载数据的便利性等 • 系统能够纳入统一检索平台的资源比例 • 能够实现文献信息资源和数字信息资源同平台检索的程度

① 肖珑等：《CALIS 数字资源评估指标体系及其应用指南》，《大学图书馆学报》2008 年第 3 期，第 2—8，17 页。

续表

一级指标	二级指标	关键测评标准	数据来源和测度方法
资源	可获取性	• 馆际互借和文献传递的平均频次	• 测算单位时间所发生的馆际互借和文献传递的次数
		• 馆际互借和文献传递的平均周期系统外馆际互借和文献传递的频次	• 统计馆际互借和文献传递的周期所需的时间并求得一个周期的平均时间 • 统计系统向系统外进行的资源输入和输出的数量,并计算特点时间内的数量,即频次
		• 特色数据库开放程度	• 统计各成员和系统承建的数据库向本系统内成员开放的比例,对外开放的程度(本地区、本系统、全球)
成员	成员结构	• 历年成员增长率比/成员覆盖率	• 当系统处在发展期则考察每年系统加入的成员数量,当系统处于成熟期则以成员每年增加的速度递减或数量不变,达到相对稳定状态,则用成员覆盖率表示
	成员就绪度	• 参与系统共享活动所有的经费支出 • 配备负责管理和协调信息资源共享活动的专门人员 • 共享活动相关设备的投入及设备的完备性和可靠性 • 成员开展的共享资源和服务的培训及宣传	• 通过抽样调查综合考察成员对参与系统共建共享活动的准备状况

续表

一级指标	二级指标	关键评测标准	数据来源和测度方法
成员	成员参与度和使用度	• 参与共建的成员比例及要求 • 参与共享的成员比例及要求 • 合作藏书项目的文献信息资源数量和比例 • 参与联合采购的数据库数量和比例 • 馆际互借和文献传递的任务数 • 上传的编目条数和下载的编目条数及二者之比 • 提供的咨询次数和求助的咨询次数 • 承担系统支付的任务及完成情况 • 系统资助的经费和给予的支持 • 提交给系统反馈次数和完整性 • 参与系统管理和规划程度	• 统计系统中参与共建和共享成员占系统总成员的比例 • 通过抽样调查考察成员实际参与系统共建共享活动的状况，前五项为定量统计，后四项为定性标准
	成员参与系统活动节省的费用	• 成员参与系统活动节省的费用 • 终端用户参与系统服务的增量	• 考察如果不进行联合采购或合作建设，建设同等规模的资源要花费的金额 • 考察系统提供给终端用户的服务项目中成员用户的参与状况

第四章 信息资源共享系统绩效评估指标体系的构建   129

续表

一级指标	二级指标	关键测评标准	数据来源和测度方法
服务和利用	服务内容和项目（产品）	• 图书馆基本服务中实现信息资源共享系统服务的比例	• 系统提供的服务包括面向成员和直接面向终端用户的服务，在考察这些服务项目、类型以及需求的基础上，利用抽样调查的方式测算图书馆基本服务和业务中依托信息资源共享系统的比例
		• 提供培训和技术支持	• 对成员进行培训和技术支持的次数、频率、所覆盖的成员比例和成员平均的参与频次
	服务基础和利用保障	• 系统故障率	• 综合考察系统运行的稳定性和安全性，测试系统故障频次和时间长短
		• 系统应对故障能力	• 系统利用中的故障如何排除，系统出现故障后响应时间和应急措施
		• 系统安全	• 应对各种互联网恶意攻击，保护成员隐私等安全性问题
	资源和服务利用现状况及效率	• 各类利用分布均衡性	• 系统按照主题、地理、时间、学科、用户类型、用户的利用分布统计，并依据统计结果的标准差分析利用分布的均衡性
		• 服务利用频率	• 服务利用频率测评成员平均使用系统每项服务的任务次数、每项服务单位时间提供的服务次数及频率、每种服务每次任务所被浏览的资源和记录数
		• 响应时间	• 平均每次请求的响应时间
		• 终端用户访问	• 单位时间终端用户访问系统的平均频次

续表

一级指标	二级指标	关键测评标准	数据来源和测度方法
服务和利用	服务效益和利用效果	• 服务的受益范围	• 测算服务所覆盖的成员比例、每项服务覆盖的平均成员比例（单位时间内或者单次任务覆盖的成员数量的平均值）
		• 服务量统计	• 服务量统计包括：传递服务量（传递、咨询和全文下载），增加的服务量（系统所资助资源产生的传递服务量、利用系统资源或系统直接支持的本单位服务数量），向系统外提供的服务数量
		• 系统对图书馆业务的支持和人员的培养	• 系统对图书馆业务的支持和人员的培养主要是指因共享活动提高了图书馆的工作效率和业务流程的标准化，对图书馆员进行业务指导、提高其工作效率等
		• 终端用户平均覆盖率	• 在系统注册的终端用户占成员所有终端用户的比例
		• 成功率	• 成功率测试：利用抽样中成功任务次数和比例或者统计被拒绝的登录尝试次数占总体登录次数的百分比
		• 系统帮助	• 参照系统利用帮助和辅导策略，并调查系统帮助和求助咨询的访问次数和频率
		• 终端用户满意度	• 通过终端用户满意度随机调查表获得相关数据
	满意度	• 成员对系统提供的每项服务的满意度	• 以抽样的方式进行，并同时考察成员最满意的服务和最不满意的服务

续表

一级指标	二级指标	关键测评标准	数据来源和测度方法
投入和支出	经费来源	• 经费的充裕度	• 经费的充裕度可对综合测算系统历年经费数额和增长率、系统历年经费增长率和通货价膨胀率之比的数据进行考察
		• 经费来源的稳定性	• 经费来源的稳定性主要考察系统经费的渠道和数额，其中成员支付的费用数额和比例，以及系统获得潜在投入如减免的税收、优惠政策等
	成本控制	• 经费分配的合理性	• 系统经费如何分配（技术与基建投入、资源建设投入、管理支出），其合理性
		• 收支平衡	• 历年实际支出和预算的比较
		• 系统节约的成本	• 联合采购和避免重复采购为系统成员节约的总费用
	资源利用成本核算①	• 次均使用成本	• 系统资源建设投入与资源利用次数之比（登录成本、查询成本、请求成本、全文下载成本、建设成本、存档成本）
		• 人均服务成本	• 系统资源建设投入与系统注册的终端用户数之比
		• 最大访问量统计	• 统计系统单位时间最大的访问量
		• 同类资源利用成本差异	• 计算相同学科、相同类型的资源利用成本的标准差

① 肖珑等：《CALIS数字资源评估指标体系及其应用指南》，《大学图书馆学报》2008年第3期，第2—8、17页

续表

一级指标	二级指标	关键测评标准	数据来源和测度方法
管理和流程	组织结构的合理性	从系统行政隶属关系、系统利益协调原则、系统和管理部门设置的实际出发，考察系统组织结构调整的协调性、灵活性和稳定性；对成员人员实施科学管理，有加入的准则、章程和契约；能有效利用成员构成及其专业化的优势，履行系统成员配备的合理性；有系统成员认同和接受的组织文化	
	流程设计的合理性		在调研参与全流程的共享成员数量、分布与比例的基础上，根据规范化、精细化、标准化、复杂性、集权度几个方面考察流程设计的合理性、分析系统各项业务流程的延续性和关联性，是否核立了核心共享活动项目
	流程运转效率		流程和反馈的效率可在流程周期反映，综合考察各项活动的运程周期、运转周期、平均响应时间、繁简度、各项业务流程的自动化水平和信息化程度等
	流程监控和反馈		监控和反馈各项活动成员的意见是否能及时处理并对流程进行有效的调整，通过各项活动监控和流程的实时数据记录及自动统计，监控各项业务流程的顺利进行
	运行机制的有效性	从系统战略决策模式、系统利益协调原则、系统和成员之间的信任关系、激励和约束细则、服务质量控制和绩效评估运作、系统风险防范措施、系统监控和危机应急方案等多个方面综合考察	组织的沟通途径和渠道、成员的沟通途径和渠道、系统监控和危机应急方案

续表

一级指标	二级指标	关键测评标准	数据来源和测度方法
外部效益	公共环境	• 从制定国家信息化战略导向性规划（含系统支持、范围、影响程度）、公共需求调研、品牌塑造和公共信息资源共享系统的公共环境	• 组织或参与提出的信息政策和公共信息活动量及影响，以及第三方形象综合考察信息资源共享系统的公共环境
	市场合作	• 根据上下游的合作（与出版商的合作和与信息服务商的合作）、社会捐赠状况（捐赠者、捐赠金额和捐赠的连续性）综合评估	
	整体效益	• 解决行业发展问题	• 从公众信息素养提高、解决行业问题如知识产权应对方案、资源长期保存和开放存取和维护行业整体利益所发挥的积极作用
		• 直接经济效益	• 可用相同资源系统支出的横向比较、集团购买单位资源的平均优惠幅度来体现
		• 增值服务量	• 增值服务量包括：利用系统资源或服务延伸开发系统或服务的工具、系统或资源自主衍生开发系统或服务的单位统计及所产生的服务量统计；利用系统所提供的机制、知识或经验开发衍生开发资源或服务的单位统计及所产生的服务量或活动量统计

图表来源：笔者绘制

三、指标权重的确定

在信息资源共享系统绩效评估标准体系确立后，就需要对一级指标和二级指标进行赋值以确立其权重。笔者应用层次分析法（Analytic Hierarchy Process，简称 AHP），其思路是通过分解评估标准，将评估标准体系层次化，使上一层元素对相邻的下一层次的全部或部分元素起到支配作用。然后通过求判断矩阵特征向量的方法，求得每一层的各元素对上一层次元素的权重，再利用加权和的方法递阶归并，求出最低层（评价指标）对于最高层（评价总目标）的相对重要性，从而对最低层各元素进行优劣等级的排序[①]。这样能使得直接相对赋权经过数学转换，得出能在数学上通过一致性检验的权重值，降低了主观因素的影响。上述方法将决策者的经验判断给予量化，实现了定性和定量相结合的指标体系设计。

在笔者设计的信息资源共享系统绩效评估指标体系的权重设置主要包括两个部分，分别是一级指标权重和每个一级指标内的二级指标权重。利用目前应用较为成熟的层次分析法软件 yaahp 0.4.1 绘制层次模型结构图（如图 4－1 所示）、设立判断矩阵、并进行专家群决策计算。

为减少专家填写权重调查表的复杂度，笔者在调查时应用了"1－5 标度"，在实际 yaahp 0.4.1 软件输入判断矩阵时转化成 Saaty 的"1－9 标度"。笔者前后共计投放《信息资源共享系统绩效评估体系权重调查表》（调查表设计见附录Ⅰ）25 份，回收 16 份，回收率为 64%。

对 6 个一级指标权重进行比较，又经群决策计算，得出了 6 个一级指标的权重结果，判断矩阵一致性比例为 0.0751，具体见表 4－2。由此可见，信息资源共享系统绩效评估最重要的指标依次是服务与利用（0.2911）、资源（0.2156）与成员（0.1765）。

[①] 杨道玲：《服务导向的政府部门电子政务绩效评估研究》，武汉大学学位论文，2008 年，第 99 页。

第四章 信息资源共享系统绩效评估指标体系的构建　135

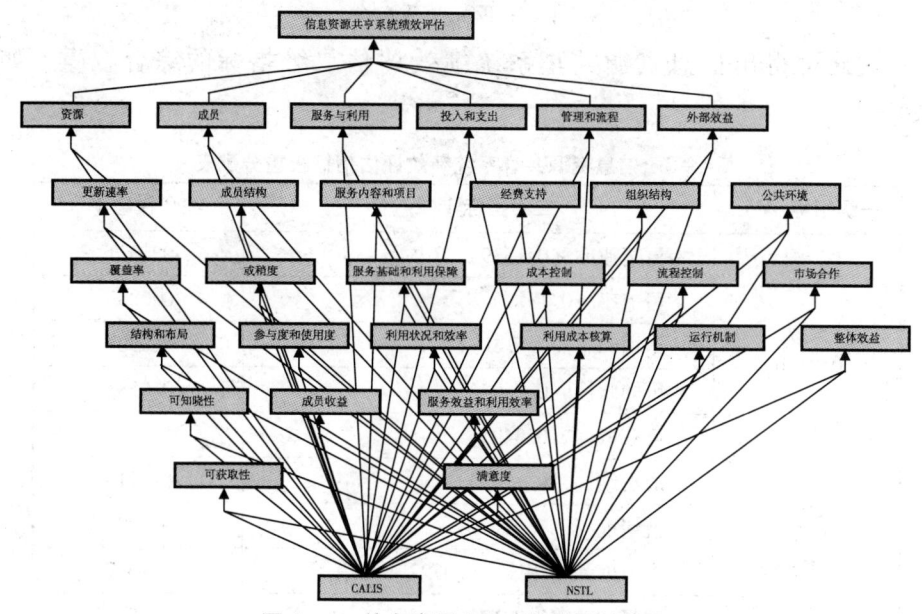

图 4-1　信息资源共享系统模型结构图

图表来源：笔者应用 yaahp 0.4.1 绘制

表 4-2　信息资源共享系统绩效评估一级指标权重

一级指标权重	资源	成员	服务与利用	投入和支出	管理和流程	外部效益	$W1_i$
资源	1.0000	1.0000	0.4493	2.2255	2.2255	4.0552	0.2156
成员	1.0000	1.0000	0.5488	0.4493	2.2255	4.9530	0.1765
服务与利用	2.2255	1.8221	1.0000	2.2255	1.4918	4.0552	0.2911
投入和支出	0.4493	2.2255	0.4493	1.0000	1.4918	1.4918	0.1494
管理和流程	0.4493	0.4493	0.6703	0.6703	1.0000	1.0000	0.1002
外部效益	0.2466	0.2019	0.2466	0.6703	1.0000	1.0000	0.0671

注：W_i 为权重值，精确到小数点后 4 位
图表来源：利用 yaahp 0.4.1 对权重调查的计算结果

应用上面同样的方法，还可计算二级指标的权重结果（详细结果见附录Ⅱ）。根据一级指标的权重（$W1_i$）及该一级指标所对应的二级指标的权重（$W2_{ij}$），可得出该二级指标的综合权重（W_{ij}）。计算公式为：

$$W_{ij} = W2_{ij} \times W1_i \qquad \text{（公式 4-1）}$$

由此可得出信息资源共享系统绩效评估二级指标的综合权重，如表4-2。

表4-3 信息资源共享系统绩效评估指标权重分配表

一级指标 $W1_i$	二级指标 $W2_{ij}$	综合权重 W_{ij}
资源 (0.2156)	更新速率（0.1539）	0.0331
	覆盖率（0.1311）	0.0283
	结构和布局（0.1031）	0.0222
	可知晓性（0.2694）	0.0581
	可获取性（0.3425）	0.0738
成员 (0.1765)	成员结构（0.1239）	0.0219
	就绪度（0.1672）	0.0295
	参与度和使用度（0.3722）	0.0657
	成员收益（0.3367）	0.0594
服务和利用 (0.2911)	服务内容和项目（产品）（0.0837）	0.0244
	服务基础和利用保障（0.0982）	0.0286
	利用状况及效率（0.1588）	0.0462
	服务效益和利用效果（0.2101）	0.0612
	满意度（0.4492）	0.1308
投入和支出 (0.1494)	经费来源（0.5352）	0.0800
	成本控制（0.3140）	0.0469
	资源利用成本核算（0.1508）	0.0225
管理和流程 (0.1002)	组织结构的合理性（0.1551）	0.0155
	流程的科学性和周期控制（0.3943）	0.0395
	运行机制的有效性（0.4506）	0.0452
外部效益 (0.0671)	公共关系（0.5217）	0.0350
	市场合作（0.1919）	0.0129
	整体效益（0.2863）	0.0192

注：计算结果小数点后精确到4位
图表来源：笔者根据 yaahp 0.4.1 输出结果计算绘制

从计算的结果看，权重居于前五位的二级指标从高到低依次是满意度、经费来源、资源的可获取性、成员参与度和使用度以及服务效益和利用效果。这些都是影响信息资源共享系统绩效最为关键的要素。

第 五 章
信息资源共享系统绩效评估的实施

一、信息资源共享系统绩效评估实施的条件

绩效评估的实施过程是达到绩效评估目的，落实绩效评估措施，实现绩效评估价值的关键环节。信息资源共享系统绩效评估涉及系统内、外等各种复杂的因素。因此，其顺利实施并非是无条件的；相反，它是一项复杂的工程，在实施过程中不仅需要评估主体进行前期研究和精心的组织与准备，而且需得到政策、技术、组织、人员等各种外部条件的支持。

（一）政策条件

政策是人们为实现某一目标而确定的行为准则与谋略[1]，有权威性、约束性、指导性、稳定性及前瞻性等特点。信息资源共享系统评估工作是一项涉及众多组织、众多领域的复杂工作，制定相关政策有利于保障系统评估活动的有效开展。当然，这并非要为信息资源共享系统绩效评估制定专门的政策或法规文件，而是应该将信息资源共享系统绩效评估的内容纳入我国信息政策与法规体系中，具体内容包括：明确信息资源共享系统绩效评估的重要性，使其成为我国信息资源共享系统管理中的基本环节，促使各个信息资源共享系统开展绩效评估工作；明确绩效评估机构的权威性，规定信息资源共享系统绩效评估机构的产生办法，成立常设性的绩效评估机构，赋予其必要

---

[1] 王福生：《政策学研究》，四川人民出版社1991年版，第28页。

的权力，保障评估结果的公开化和透明化；明确评估方式，如可采取定期与不定期相结合的方式；规范绩效评估的一般程序，确定绩效评估的原则、方法和标准，同时允许各信息资源共享系统可依据一般程序制定适合本系统的相应程序。

（二）技术条件

信息资源共享系统绩效评估来源于企业绩效评估，是一种结合专业、技术和方法等多维的管理方法。然而，信息资源共享系统绩效评估毕竟不同于企业绩效评估，因此必须对企业绩效评估的技术加以改造，使之适用于信息资源共享系统的绩效评估。其中，开发绩效评估系统和建立网络绩效评估平台是实施信息资源共享系统绩效评估的技术关键。绩效评估系统是融合战略目标、评价过程、数据收集和反馈等而设计的管理信息系统之一，是信息资源共享系统进行绩效评估的工具。按照绩效评估程序，绩效评估系统包括目标子系统、绩效指标体系子系统、沟通子系统和评估结果子系统等。要建立网络绩效评估平台，融合 web2.0 技术，加强系统绩效评估网站的建设与维护，提高用户参与度，增强用户交流，及时反馈评估结果。

国外图书馆界一直在探索图书馆绩效评价技术方面不懈地努力着。如英国哈德斯费尔德大学（Huddersfield University）、德贝大学（Derby University）、斯坦福德郡大学（Staffordshire University）、利兹都市大学（Leeds Metropolitan University）四所大学联合进行的标杆项目（Benchmarking Project），采用神秘客户技术（Mystery Shopper Technical）对远程教育学生进行个案调查网络问卷调查以评价通过大学网页检索信息的难易程度[①]，就属利用信息技术进行绩效评估的实践。

需要注意的是，在评估实践中，信息资源共享系统内提供的很多服务难以量化，单纯利用技术有时难以收集到评估结果。所以，信息资源共享系统的评估人员在最大限度地利用技术来评估系统绩效时，还要结合其他传统方法，使评估结果更加全面。

（三）组织条件

建立绩效评估的组织机构是持续和顺利实施信息资源共享系统绩效评估

---

① 王咏梅：《从研究走向实践的国外数字图书馆绩效评估》，《新世纪图书馆》2005 年第 1 期，第 75—77 页。

的前提条件。现在我国信息资源共享系统绩效评估组织机构多存在于同一系统的机构下，如CALIS在管理中心下设引进资源工作组，开展引进资源评价指南；CASHL在管理中心设立评估工作组，负责评估工作；JALIS（江苏省高等学校数字图书馆）领导小组下设"项目管理中心"，把"负责JALIS日常管理，及时了解子项目建设状况，检查督促建设进度"作为职责之一；JALIS依托原文传递中心和馆际互借中心，分别对原文传递服务和馆际互借服务进行评估等。是继续完善本系统内的评估组织，还是建立社会化的信息资源共享系统绩效评估机构？笔者认为，信息资源共享系统绩效评估需要有一种社会化的评价机制，以保证评价过程的规范性和评价结果的客观性、权威性。在建立绩效评估的组织机构时，要加强同专家、用户、系统内部人员等的沟通，赢得他们对绩效评估组织建设的支持。[1]

（四）人员条件

信息资源共享系统绩效评估中涉及的人员有绩效评估人员和被评估对象内部人员两种。提高人员对绩效评估的认识能有效促进信息资源共享系统绩效评估的实施，减少实施过程中因人员问题而带来的阻力。保证绩效评估的科学性和绩效评估的预定进度的最好办法就是对绩效评估人员进行培训。信息资源共享系统绩效评估组织对评估人员的培训内容包括：系统目标设定和工作计划的制定；对系统内部能力/行为尺度的理解；对绩效评估方法、绩效评估指标体系、绩效评估程序和技术等的熟悉；分析绩效产生的原因等[2]。同时，信息资源共享系统评估组织部门也应开展对被评估对象内部人员的培训。系统内各个组织可以实施相应的培训，如对绩效目标的认同、绩效方法的认识等，增加内部人员对绩效评估各方面的了解，端正他们对绩效评估的认识，提高他们参与绩效评估的积极性，激励他们以绩效和用户为导向，寻求改善自身和所在组织现状的途径和策略。

---

[1] 肖希明、曹森：《信息资源共享系统绩效评估实施研究》，《国家图书馆学刊》2010年第3期，第29—33页。

[2] ［英］理查德·威廉姆斯：《组织绩效管理》，蓝天星翻译公司译，清华大学出版社2002年版，第267—268页。

二、信息资源共享系统绩效评估的流程

与其他任何评估活动一样,信息资源共享系统的绩效评估也包括以下四个环节:第一,确定评估主体、评估目标、评估对象;第二,建设评估的参照系统,评估指标体系和评估方法;第三,收集与整理相关绩效信息;第四,形成价值判断,撰写评估报告,创建评估档案。[①]

在进行绩效评估时,我们可以将信息系统绩效评估的流程具化成以下四个步骤,具体内容如图 5-1 所示。

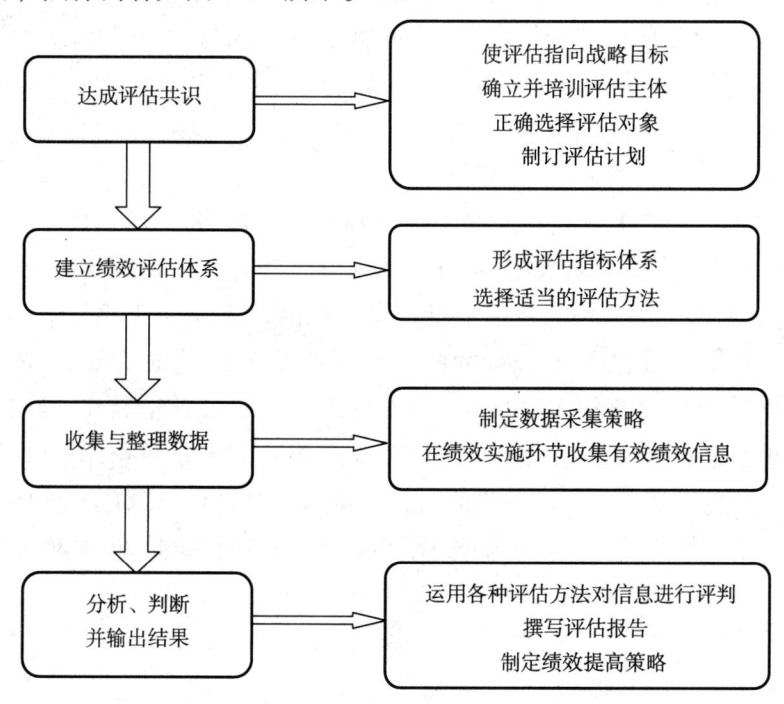

```
达成评估共识       →   使评估指向战略目标
                      确立并培训评估主体
                      正确选择评估对象
                      制订评估计划
       ↓
建立绩效评估体系    →   形成评估指标体系
                      选择适当的评估方法
       ↓
收集与整理数据      →   制定数据采集策略
                      在绩效实施环节收集有效绩效信息
       ↓
分析、判断         →   运用各种评估方法对信息进行评判
并输出结果             撰写评估报告
                      制定绩效提高策略
```

图 5-1　信息资源共享系统绩效评估的流程
图表来源：笔者绘制

---

① 李文静、王晓莉:《绩效管理》,东北财经大学出版社 2008 年版,第 109 页。

（一）达成信息资源共享系统绩效评估共识

信息资源共享系统绩效评估源于成员机构以及系统整体发展的需要，因此应指向系统发展的战略目标来开展。

首先，确立并培训评估主体。信息资源共享系统的绩效评估一般来说分为内部评估与外部评估。

1. 外部评估，即信息资源共享系统的上级主管部门启动的绩效评估项目。如据《全国文化信息资源共享工程2003年工作进展情况与2004年工作任务》报道，2003年，作为全国文化信息资源共享工程的主管单位，文化部曾组织专家成立"全国文化信息资源共享工程"评估组，于当年10月12日至11月5日先后对共享工程的9个省级分中心和34个基层中心以及国家中心进行了实地考察和调研，写出了绩效评估工作报告，对共享工程的总体实施情况和国家中心、省级分中心、基层中心的工作成绩与主要问题作出了评价，并对今后的发展提出了建议。[①]

2. 内部评估，指信息资源共享系统在系统内部启动绩效评估项目。如中国高等教育文献保障系统（CALIS）"十五"建设期间启动了"资源评估子项目"，要求各地区中心及子项目在建设期间，配合"资源与服务评估"子项目的需要，提供相关统计数据，开展必要的评估研究。另外，如在CALIS管理中心2005年5月举办的"CALIS数字资源评估与建设研讨暨第三届国外引进数据库培训周"活动中，就"组织专家、数据库商和与会成员一起开展数字资源评估与建设研讨，探讨如何对数字资源的质量和数量进行评估、如何构建数字资源评估与管理体系，并在此基础上合理规划数字资源建设，开展高质量的服务"等[②]。

确定评估主体后，为了减少评估主体因认知因素造成误差，就有必要对相关评估主体进行清晰、全面的绩效评估培训，使评估者对信息资源共享系统绩效评估的程序、制度、方法、绩效、意义等形成完整而准确的理解，以保证评估工作的准确和有效。实践证明，再科学的评估制度，如果没有得到实施评估者的充分理解，在执行过程中往往会产生偏差，这将影响评估的整

---

① 谢春枝、燕今伟：《图书馆联盟绩效评价的研究实践及思考》，《图书情报知识》2007年第2期，第96—99页。

② http://www.lib.tsinghua.edu.cn/calis/home/CALIStz.doc ［EB/OL］（2010 - 8 - 10）.

体效果，甚至导致评估的失败①。因此，很多企业开发出大量的评估者培训项目，例如让培训者观看一些组织实际工作情况的录像，然后要求培训者对这些员工的工作绩效进行评价，并让培训者进行绩效评价讨论，分析误差是如何产生的。事实表明，这种方法对减少评估误差十分有效②。

在确立绩效目标之前，评估主体还应了解信息资源共享系统当前发展水平、明确战略目标和实施进度、环境状况和发展条件，由此来确定符合当前信息资源共享系统发展实际的评估目标。还应确定需要对系统哪些部分进行评估，即评估涉及信息资源共享系统的哪些方面和部门，以形成书面的评估目标和实施思路③。也就是说，绩效管理部门在设定绩效目标时，一般应围绕组织战略进行，以保证系统朝总体目标前进和发展。绩效目标的确定应遵循以下原则：首先，要明确具体，指的是绩效目标应该尽可能地明细化、具体化。其次，要切实可行，绩效目标不应过高或过低。绩效目标过高，容易使成员机构丧失信心；而绩效目标过低，则不能顺利完成组织使命。简言之，切实可行的绩效目标应该是经过努力就能达到的目标。再次，注意目标的相关性。绩效目标不是凭空出现的，其来源与组织战略、流程需求等紧密相关，其结果也是为了组织整体目标的实现。此外，绩效目标的设置还要考虑上一绩效周期的情况和未来绩效目标的要求，做到上下衔接、循序渐进④。

（二）建立信息资源共享系统绩效评估体系

首先，形成科学的评估指标体系。任何科学的测量都必须有确定的标准。评估指标体系的确立有着很强的导向性，其是否科学与完善将在很大程度上决定评价结果的客观性和可靠性。优秀的评估指标体系是在评估内容反映的全面性和体系自身简洁性之间的一种权衡。在功能等同的情况下，最简单的评价体系就是最优的评价体系。如 2006 年，CALIS 管理中心设立"资源与服务"评估子项目，对 CALIS 各个项目和整个系统进行评估。相关 CALIS 实践者从可持续发展角度出发，设计了共建共享服务绩效评估指标。

---

① 王悟、张堃：《绩效评估的精确性及其影响因素分析》，《管理评论》2004 年第 4 期，第 59—61、53 页。
② 王鑫：《图书馆联盟绩效评估研究》，天津工业大学学位论文，2006 年，第 36 页。
③ 李卓卓：《信息资源共享系统绩效评估研究》，武汉大学学位论文，2009 年，第 131 页。
④ 李文静、王晓莉：《绩效管理》，东北财经大学出版社 2008 年版，第 64—67 页。

从读者满意度（定性）、共建共享体系敏捷度（定量）、共建共享体系服务效果（定性）、信息共建共享的效益（定量）四个一级指标，以及11个二级指标集中体现共建共享所带来的服务绩效状况。该设计结合 CALIS 开展评估活动的实际，指标简洁、可操作性强，易于量化，是面向结果的 CALIS 服务绩效考核较为实用的设计[①]。确定指标体系以后，还需明确评估参照，参照的体系可以是系统绩效评估的历史数据，也可以是其他系统绩效数据。这样便可进一步明确哪些评估指标是否可行又易于操作，对应的数据从哪里获得，评估指标之间是什么样的关系，数据获取之后进行怎样的处理和分析，如何揭示和表达系统的绩效状况，以做好系统绩效评估的事前控制。

其次，应选择适当的评估方法。信息资源共享系统绩效评估的方法多样，如 CIPP（即背景评估、输入评估、过程评估、成果评估的缩写）、标杆分析法、平衡记分卡、绩效参考模型法等。评估方法的选择应取决于当次绩效评估的目的和性质。有的研究者指出，不同的绩效评估方法之间还有适用性的区别。如 CIPP 有利于决策制定，适用于信息资源共享系统尝试进行绩效评估的阶段以及开展常规性的绩效评估活动；标杆分析法是以最好的信息资源共享系统为参照体进行的评估方法，有利于信息资源共享系统的持续改进，适用于系统阶段性的绩效改进；平衡记分卡是一种基于战略管理的方法，适用于在某一阶段内系统和成员围绕特定战略的绩效评估；而绩效参考模型法较为全面，适用于系统进行全流程的绩效评估[②]。信息资源共享系统可以依据绩效评估的目的与性质，选择合适的评估方法。

（三）收集与处理数据

对评估对象的认识的科学性是评估合理性的前提，认识和判断都是建立在对其相关信息的了解基础上。也就是说，任何一次客观、公正的绩效评估不可能仅在主观感觉的引导下进行。而评估的依据就来自于绩效实施的过程当中，所以必须确定详细丰富、有说服力的相关信息资料来评估产出成果的有效性。换句话说，评估的有效性在很大程度上取决于信息本身及其信息的质量。没有准确、充足以及有效的信息，就不可能使绩效评估循环持续进行

[①] 李卓卓：《信息资源共享系统绩效评估研究》，武汉大学学位论文，2009年，第143页。

[②] 卢娅、李卓卓：《关于信息资源共享系统绩效评估方法适用性的探讨》，《图书情报工作》2009年第19期，第18—21页。

下去并进而实现绩效评估的最终目的。

在绩效评估实施的过程中,绩效信息的收集是绩效衡量的先决条件和事实依据,同时也是绩效改进的有力依据。不同的评估指标需要对不同的评估对象进行考察,以获取相应的数据。换句话说,数据的来源因不同的评估指标而不同。有些数据可能来源于某一个部门,而个别数据却可能需要几个部门通力协调才能得到。因此,就需要对每种数据的收集过程确定恰当的策略、方法和手段,以保证采集数据的质量和有效性。采集来的数据需要进行规范性描述:(1)目标数据;(2)数据来源,其中还包括数据级别;(3)数据类型和收集方法;(4)担负数据收集和报告责任的个人或团体;(5)收集和报告数据所需的资源;(6)收集数据预计所需的时间;(7)数据报告周期或频率;(8)数据报告的对象或数据使用者[1]。可以说,数据收集策略的制订是绩效评估控制、保证评估目标实现的重要一环。

收集评估所需的绩效信息时,应根据评估指标的要求,发放和回收各类评估调查表。对基础资料和数据进行核实、整理、发现疑问,及时核对,以保证评估数据资料的真实性、准确性和全面性。如需对某一信息资源共享系统进行服务绩效考核时,可收集包括读者对相关服务的满意度、共享系统的服务效果、共享系统的服务效益等几方面的绩效信息,以衡量该系统带来的整体服务绩效状况。但数据收集过程中更为重要的是对整个过程实施控制,包括质量控制、时间控制和效率控制。对于时间与效率问题,应确定数据采集和整理的负责人,协调好各个不同数据采集中不同来源的关系,以控制好采集数据的进度。而在质量控制方面,如对于资源利用的评估,就必须沟通和监督不同的数据库商提供采用统一标准所采集成员利用的统计信息,这样进行的统计分析才能一致和可靠。

收集来的绩效数据可能是杂乱的,需要对其进行整理。数据处理是指把调查中记录下来的各种分散的信息,利用一些计算机软件将其经过分类,再汇集成表示总体特征的信息的全过程。通常需要按照反映的不同绩效问题进行相应的统计计算,或依照评估参考标准进行比较。应用的统计方法有计算

---

[1] Bertot J C. "Network Service and Resource Evaluation Planning" [M] //Bertot J C, Davis D M. *Planning and Evaluating Library Networked Services and Resources*. Westport: Libraries Unlimited, 2004: 8.

总和、平均值、标准差、相关性分析等。

（四）分析、判断并输出结果

在未形成评估报告之前，评估小组需运用各种方法对这些经过处理的信息进行讨论与分析，并得出绩效评估总分。对于一些定量指标，可以采用前后对比、有无对比等方法进行分析，从而做出评判和结论；对于一些定性指标，可以直接依据结果评判其对系统本身和成员机构发展的影响。根据核实后的评估信息进行评估计分，具体可分为以下几个步骤：首先，根据选定的评估标准，计算出量化基本指标的等级分数，再利用修正指标对初始基本指标得分进行修正，得出修正后的实际分数。其次，根据定性指标等级评定标准，对定性指标进行指标评定，计算并登记得分。最后，根据指标模型权重设定，计算各项指标加权得分，汇总各维度指标加权后得分，形成绩效评估总分。

实施绩效评估的目的之一是监测组织绩效并把评估结果传递给主管部门或其他利益相关人。而绩效评估的最终结果是形成一份具有总结性的评估报告，全面、系统地反映评估目的、内容和结果，以便于管理者找出绩效优劣的原因以及对系统战略进行下一步决策或规划。评估小组应对评估结果进行复核，形成评估结论，撰写评估报告，建立评估档案。其中，评估报告应该包括在各指标测定结果的基础上形成的相应的结论和建议。结论和建议可以分类列出。例如，何种信息来源导致了何种结论，何种建议是根据什么结论得出的。这样可以增进评估结果的有用性。需要指出的是，少而精、具体的、有针对性的建议比混杂的、面面俱到的建议更具有实质性价值。在写评估报告时，应避免出现空洞的、不具有可操作性的结论，以利于制定绩效提高策略。同时，这个评估报告也是系统制定战略决策，实施下一步绩效评估的重要参考。

经过以上几个步骤，绩效评估又开始新一轮的循环，因为只有这样才能保证信息资源共享系统绩效的不断提升，促成系统战略目标的实现。

三、信息资源共享系统绩效评估的管理

在某一个信息资源共享系统中实施绩效评估可能包含着对系统某一方面变革的管理。这意味着除了在定义和评价绩效评估的过程中所固有的技术性较强的问题之外，管理上的挑战也很可能在实施绩效评估时突现。管理者应

该认识到，发展、运用和维护绩效评估体系需要花费不少资源，并且应将这视为一项投资，而这项投资的目的是使我们在管理方面得到的有效信息回报率实现最大化[1]。

（一）信息资源共享系统绩效评估的过程管理

过程概念是现代组织管理的最基本的概念之一，它是一组依据规定要求输入和使用资源并将部分资源转化为输出结果的相互关联和相互作用的活动[2]。过程的任务在于将输入转化为输出，转化的条件是资源，通常包括人力、设备或设施、环境等资源。过程管理是质量管理大师戴明在休哈特统计过程控制思想基础上提出的，它指使用一组实践方法、技术和工具来策划、控制和改进过程的效果、效率和适应性，包括过程计划（Plan）、过程执行（Do）、过程检查（Check）和过程处理（Act）四个部分，即PDCA循环四阶段或戴明循环[3]。

从信息论的角度出发，信息资源共享系统的绩效评估就是信息的搜集、筛选、加工、输出、反馈的过程。因此，在这样一个涉及面广的协同绩效评估工程中，整个系统绩效评估流程也是一个输入和输出的系统，过程管理就是对绩效评估系统的输入、输出和中间环节进行监督和控制[4]。笔者认为，信息资源共享系统绩效评估过程管理是利用各类资源（人员、设备、环境等），对共享系统绩效评估进行过程计划、执行、监控和持续改进与创新的管理活动（如图5-2所示）。

过程管理对于信息资源共享系统绩效评估有着重大的意义。首先，明确信息资源共享系统绩效评估的流程并适时对评估过程进行管理，能减少一些冗余的评估环节，增强评估过程中信息沟通的畅通性，提高评估效率。信息资源共享系统的绩效评估是一项巨大的工程。从横向来看，系统是由众多成员机构组成的，在其构成上比较复杂；从纵向来看，绩效评估本身是由许多

---

[1] [美]波伊斯特著：《公共与非营利组织绩效考评》，肖鸣政等译，中国人民大学出版社2005年版，第253页。
[2] 王堃：《论过程、过程管理与过程监控》，《质量与可靠性》2005年第1期，第32—37页。
[3] 马照：《政府公共危机过程管理研究——基于"瓮安事件"处理过程的分析》，华中师范大学学位论文，2009年，第9—10页。
[4] 李卓卓：《信息资源共享系统绩效评估研究》，武汉大学学位论文，2009年，第133页。

```
         ┌──────────────────┐
         │  评估过程管理计划  │
         └──────────────────┘
                  │
                  ▼
  ╭─────────╮    ┌──────────────────┐
 ( 资源（人员、)   │  评估过程管理执行  │
 ( 设备、环境等))  └──────────────────┘
  ╰─────────╯         │
       │              ▼
       ▼    ┌──────────────────┐
┌──────────────┐ │  评估过程的监控  │
│信息资源共享系统│ └──────────────────┘
│绩效评估过程管理│        │
└──────────────┘        ▼
              ┌──────────────────┐
              │ 评估过程的持续改进 │
              └──────────────────┘
```

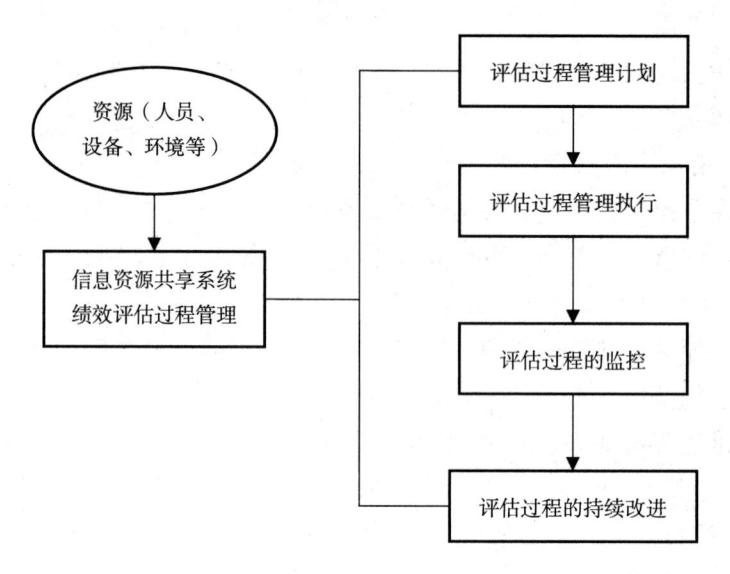

图 5-2　信息资源共享系统绩效评估过程管理
图表来源： 笔者绘制

环节构成的，包括达成评估共识、建立评估体系、收集与整理数据，最后是分析、判断并输出评估结果。而这四个环节本身又包括很多细微环节。可以说，整个评估过程涉及的因素很多，较为烦琐。如果不对其进行有效管理，很容易造成评估过程中信息沟通的障碍，降低评估效率。其次，有助于节约绩效评估的投入成本，合理配置绩效评估资源。系统的绩效评估活动本身需要耗费一定的成本，即每次绩效评估都需要投入相当的人力、物力和财力。因此，有效的过程管理就是对系统绩效评估进行合理的规划，以最小的成本、最有效的资源配置保证其顺利实施并监督其实施进程。

1. 信息资源共享系统绩效评估过程管理计划。信息资源共享系统绩效评估的过程管理计划指的是从当前最适合本系统的绩效评估模式（如平衡计分卡模式等）出发，确定该过程输入与输出的对象，建立可测量的过程绩效目标，最终确立绩效评估流程的过程。

（1）规划评估过程。绩效评估活动是经常性的，但这并不代表评估活动是在随机状态下都能进行的。尤其是对于一个大的信息资源共享系统来说，选择评估的频率与时间非常重要。因此，对评估过程进行计划包括确定系统绩效评估的时机，选择最佳的评估时间，并组织专家和成员代表达成进行评估工作的共识，制订单位时间的评估规划。其中，达成评估共识主要包括两个方面的内容，一是指确立并培训评估主体。通常来说，评估主体分为外部评估主体与内部评估主体，分别指评估活动由信息资源共享系统的上级主管部门或由信息资源共享系统内部启动。二是通过网上沟通或者见面沟通的方式，对相关评估主体进行清晰、全面的绩效评估培训，使评估者对信息资源共享系统绩效评估的程序、制度、方法、绩效、意义等形成完整而准确的理解，以保证评估工作的准确和有效。规划评估过程还包括建立系统的绩效评估体系，即形成科学、简洁的评估指标体系，以及选择适当的评估方法，如 CIPP（即背景评估、输入评估、过程评估、成果评估的缩写）、标杆分析法、平衡记分卡、绩效参考模型法等，并确定纵向或横向的评估参照——纵向参照的体系指的是系统绩效评估的历史数据，而横向参照是指其他系统绩效数据，其目的是做好系统绩效评估的事前控制。

（2）预算资源投入。在信息资源共享系统绩效评估的实际工作中，有些评估项目是常规的和固定的，而有些评估项目是根据当时环境下的某些特殊项目而设立的。因此，在评估付诸实施前，应根据系统当前实施的常规绩效评估活动制订评估的规划和预算，依据不同的评估目标设立合理而又经济的评估方案，预算及计划系统预投入的资源，并估计预期可能达到的绩效评估的效果。这样方能避免评估实践与目标脱节。

2. 信息资源共享系统绩效评估过程管理执行。信息资源共享系统绩效评估过程管理的执行要求管理者熟悉过程计划，并严格遵循计划要求予以实施。根据内外部环境、因素的变化以及绩效评估信息，在过程计划的柔性范围内对评估过程进行管理和控制。

第一，监督评估活动所需的人员、财力资源和设备等安排和配置是否合理，这是评估活动得以顺利实施的前提条件。其中，财力、物力等资源的安排要尽量讲求低投入、高产出的配置方式。而人员配置则是最为核心的部分。信息资源共享系统绩效评估活动中人员配置的重要原则应该是"人尽其用"。（1）评估数据的收集、加工以及分析和判断等工作均需要有接受过专门培训的人员进行；（2）由于信息资源共享系统的绩效评估工作必须有功能稳定的绩效评估系统和网络绩效评估平台等作为技术支撑，因而信息技术人员成为不可或缺的组成部分；（3）对评估活动进行全盘策划的组织者及管理人员则应是图书情报界绩效评估领域的相关专家。如 OhioLINK 成立了专门的用户服务委员会，由各图书馆参考馆员组成，提供对合作网开发和维护的使用界面的反馈意见，评估合作网系统并提出改进建议，组织与合作网系统和制造商提供的系统相关的培训，参与宣传推广合作网的各项服务[1]。CALIS 也建立了专家委员会，根据 CALIS 的发展需要，开展相应的调查研究，负责对 CALIS 各项工作的评估。

第二，确保评估主体明确评估实施的细则和操作流程。监管评估主体是否明确评估实施的细则和操作流程的目的，即让评估参与者知晓如何处理各自的评估环节，以避免绩效评估细则不明而出现的误差和误解。这首先涉及培训计划的频率、周期和对象的设置等是否合理。其次，还应对培训的结果实施评估，即对培训对象实施相应的考核，考核可以通过笔试或面谈的方式进行，考核通过者才能正式参与到评估活动的实施中来。

以评估数据的收集为例。在信息资源共享系统绩效评估的实施过程中，所有的认识和判断都是建立在对其相关信息了解的基础上的。而评估的依据就来自于绩效实施的过程当中所收集的数据。可以说，没有准确的评估数据，抑或是评估信息收集的不充足等，都不可能使绩效评估持续进行下去并进而实现绩效评估的最终目的。因此，对于评估数据收集过程的规范尤为重要。数据采集者是否能在有限的时间内有效地判断并收集到所有有用的信息是一个专业而较为复杂的过程，这关键取决于过程管理执行者是否在数据采集者对信息资源共享系统绩效评估数据收集过程中实施了良好的质量控制、时间控制和效率控制。首先，对于时间与效率问题，应明确数据采集和整理的负责人是否已协调好各个不同数据采集中不同来源的关系，以控制好采集数据的进度。其次，在质量控制方面，要求对每种数据的收集过程确定恰当的策略、方法和手段，以保证采集数据的质量和有效性。所以，应了解数据采集者是否明确对采集所得数据进行规范性描述的要求[2]。只有确保以上工

---

[1] 李国庆：《世界图书馆联盟的典范：OhioLINK 信息资源共享模式研究》，《图书情报工作》2004 年第 7 期，第 13—16、89 页。

[2] Bertot J C. "Network Service and Resource Evaluation Planning" [M]//Bertot J C, Davis D M. Planning and Evaluating Library Networked Services and Resources. Westport: Libraries Unlimited, 2004: 8.

作的顺利进行，绩效评估结果处理阶段的统计分析才会可靠、可信。

第三，确保评估负责单位明晰其责任和权利。信息资源共享系统绩效评估是有规划、有组织的活动，在整个评估过程中，负责各个评估环节的评估责任单位或个人必须各司其职，同时相互配合，才能保障评估活动的有序进行。因此，信息资源共享系统绩效评估的过程管理执行者应确保评估负责单位的责任和权利在评估策划书中有相应体现，并在评估活动实施前和实施中使各评估负责单位或个人明确各自的责、权，这将有利于任务落实到团体或个人，以促进绩效评估工作的顺利实施。

3. 信息资源共享系统绩效评估过程监控。信息资源共享系统绩效评估的过程监控目的在于确保评估过程按所规定的要求完善和到位，资源的输入、转化和输出满足规定要求，整个评估过程各环节之间衔接有序。过程监控的方式包括检查与调控。检查的目的在于识别评估过程中存在的问题；而调控则是指采用适当的纠正措施或预防措施，改进评估过程的运行效果。

首先是对评估规定要求的监控。它指的是对绩效评估正式实施之前所形成的各种评估共识及书面文件的评审或监察，如有不当，则予以纠正，确保其完善和到位，才能允许下一步评估资源的输入。

其次是对评估所输入资源的监控。（1）经费的投入是评估活动得以顺利进行的重要保障。经费的多少要符合评估初期的预算，并保证留出部分资金以应对评估活动中发生的其他情况。（2）对评估所输入的人力资源安排进行监控，检验评估人员的专业性、数量等是否符合绩效评估的目的与要求。（3）检查各种设施、设备的可用性。（4）对评估中所需的技术和方法进行审批，确保其适合评估活动的顺利进行。

再次是对评估所输出结果的监控。在评估的实施过程中，会形成很多的数据、资料、文件，最终还会形成一份总结性的评估报告。这些评估材料是未来绩效评估的宝贵财富，不但是不同时期战略实施状况的客观依据，还可以服务于系统战略决策。而这些材料的真实性与可用性则是对评估输出结果进行监控的重要内容，主要包括对这些材料进行复核，并由专人或专门的部门进行及时存档和保存，以方便在今后的绩效管理和评估工作中进行参考。

最后是对评估诸过程的相互关联和相互作用的监控。这一监控主要是指在绩效评估的过程中，如果发现有各环节关系不顺，或评估作用不佳，应予以及时调整，以确保各环节衔接有序，相互促成。

此外，保持反馈渠道的有效和畅通是绩效评估过程监控不可忽视的内容。通常来说，对评估过程的监控是一种自上而下地获取信息、识别风险并进而对其予以调控的过程，但绩效评估信息反馈则不然，它是一种自下而上将评估中出现的状况随时向相关部门或人员反映的机制。绩效评估结果的反馈的作用不可小觑，它是影响绩效评估成功与否的重要一环，评估结果的反馈有利于信息资源共享系统及成员机构了解和分析评估结果，以提出下一步改进工作的具体规划与方案。在绩效评估实施过程中，可能会随时发现各种问题，此时如果有一条畅通和有效的反馈渠道，就可以从各个方面对系统运行实施监控，并实时进行调整。绩效评估中及时的信息反馈和信息处理，可以在问题出现时立即解决。如果评估反馈的问题不能得到及时解决，也应对关键事件做完整的记录，并对反馈方面予以说明，将问题列入绩效评估待办事项中，这样方可为绩效评估奠定信息基础，做到既减少绩效改善的中间环节和节约成本，又可以提高评估主体评估工作的积极性。

4. 信息资源共享系统绩效评估过程的持续改进。过程管理的最终目的在于评估过程的持续改进。众所周知，信息资源共享系统绩效评估的最终结果都会形成一份具有总结性的评估报告，全面、系统地反映评估目的、内容和结果，这份报告的质量好坏是管理者寻找绩效优劣的原因以及对系统战略进行下一步决策或规划的重要依据。因此，评估过程的持续改进要求评估报告在各指标测定结果的基础上形成相应的结论和建议，这也是一条重要的检测标准。而且，少而精的、具体的、有针对性的建议比混杂的、面面俱到的建议更具有实质性价值。如果评估报告中出现空洞的、不具有可操作性的结论，则应采取措施对其进行纠正，以利于制定绩效提高策略，并作为下一步绩效评估的重要参考。

绩效评估过程管理关系到评估各个环节的顺利实施，它能促成各环节之间的衔接，减少评估过程中出现的各种偏差，保证绩效评估流程的循环运作，因而是信息资源共享系统流程的重要支撑。

（二）信息资源共享系统绩效评估的监督管理

在现代汉语中，监督是指"察看并督促"。作为国家职能的监督，其目的就是提示督促、防止差错、治理国事和维护秩序[①]。信息资源共享系统绩效评估监督管理的目标在于对评估进程实施监控和预警，保证绩效评估的顺利进行；保证共享系统评估工作遵守相关的政策和标准，使之更加高效化与规范化。监督管理与过程管理一样，应贯穿绩效评估的始终。

1. 信息资源共享系统绩效评估监督管理的主体及监督手段。信息资源共享系统绩效评估监督管理的主体应使监督呈现多元化结构，既有系统评估组织内部的自我监督，也有外部监督。在此监督体系中，共享系统应先建立内部自我监督制度，主要是由系统内各项目的管理部门、项目评估组的负责人、成员机构选派的相关代表在内的自律监督体系，实现系统评估自我监督的作用。外部监督则包括系统上级主管部门和相关法律部门监督主体，监督手段主要分为行政监督与法律监督。

（1）行政监督。行政监督指的是信息资源共享系统的主管部门，如文化部、文化厅等使用行政手段对其评估工作进行的监督。行政监督包括对全国、地区信息资源共享系统绩效评估的宏观布局监督、评估活动结果监督等。监督管理主管部门，应每年适时组织对某些系统评估机构及其评估材料或评估报告进行随机抽查和评议，抽查评议结果应通报相关的成员机构以及信息资源共享系统的主管部门。

（2）法律监督。法律是社会运行的基石，其强制性和约束性决定了它是一种高效的监督手段。法律监督可以从根本上维护信息资源共享系统评估工作的有序开展，而且能从制度上保证合同或合约中各成员机构的合法权益。同时，完备的法律监督体系是其他监督手段更好地发挥作用的保障。

另外，还可以借助信息技术进行系统的自动监督。它指的是利用现代化的信息技术，搭建绩效评估管理平台，实现系统实时运行状况数据的自动抓取和统计，建立自动化监控和预警，保证系统的正常运转。如，可以建立质量保证程序来确保数据的完整性，并实施制裁措施来减少评估数据造假行为。数据可靠性和完整性的问题可能会由于一份带水分的报告，或者数据本身的虚假等多种原因产生。建立质量保证程序，可以在一个非常小的样本的基础上进行质量稽核或者"数据跟踪"，这可能就足以在大多数情况下保证

---

① 李长福主编：《邓小平理论辞典》，中国文史出版社2004年版，第631—632页。

评估数据的可信度。

2. 信息资源共享系统绩效评估监督管理的内容。信息资源共享系统绩效评估的监督管理主要包括以下内容：

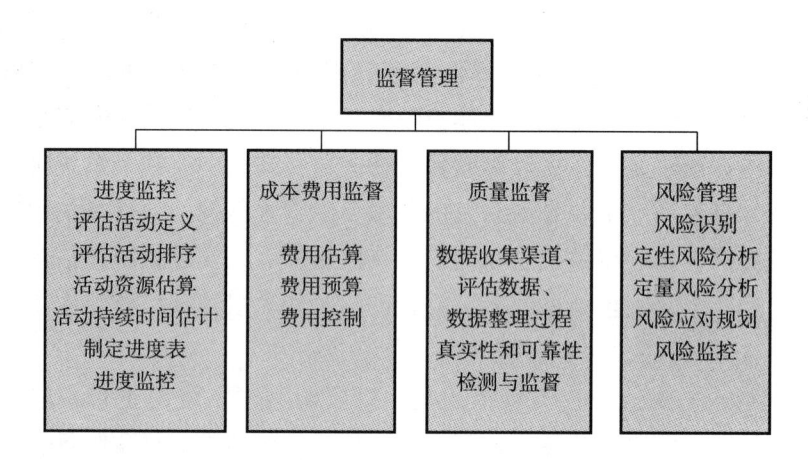

```
                    监督管理
    ┌───────────┬──────────┬──────────┬──────────┐
    进度监控      成本费用监督   质量监督       风险管理
    评估活动定义   费用估算     数据收集渠道、   风险识别
    评估活动排序   费用预算     评估数据、     定性风险分析
    活动资源估算   费用控制     数据整理过程    定量风险分析
    活动持续时间估计           真实性和可靠性   风险应对规划
    制定进度表                检测与监督      风险监控
    进度监控
```

图 5-3　信息资源共享系统绩效评估监督管理内容

图表来源：改编自美国项目管理协会（PMI），项目管理知识指南（PMBOK 3rd），电子工业出版社，2004：11

进度监控：是为了确保项目评估最终按时完成的一系列监督管理过程。它指的是在规定的时间内，撰写出合理且经济的评估进度计划，在执行该计划的过程中，经常检查实际工作的进度是否按计划要求进行，若出现延迟现象，便要及时找出相关原因，采取必要的措施进行调整，直至评估工作完成。进度监控包括具体活动定义、活动排序、活动资源估算、活动持续时间估计、进度计划安排以及进度控制等项工作。进度控制的过程中还应关注评估环境的变化，随时调整评估进程。进度监控不得力，将引发评估工作成本的增加。

成本费用监督：在评估工作实施进程中，依据评估成本预算，对评估所消耗的人力资源、物质资源和各种费用的开支，进行指导、监督、调节和限制，把评估活动的各项成本控制在计划范围内。主要包括费用估算、费用预算、费用控制等内容。

质量监督：是为了保证评估工作的真实有效性，而对评估数据收集渠道、评估数据以及其处理过程的真实性、可靠性进行质量监督的过程。评估数据及其处理的真实性与准确性可通过系统自动监督的方式进行，而评估数据收集渠道的质量监督则需要人为监督的方式。

风险管理：是为了评估活动可能遇到的各种不确定因素进行分析和处理，包括风险识别、风险量化、制定对策和风险控制等。信息资源共享系统绩效评估进程中，可能会遇到来自资金、技术或成员机构的某些变动带来的可能阻碍或延缓评估进行的一些风险。由于这些风险可能会导致评估活动进度减缓或评估成本增加，评估工作组织应对此有所预见并制定可行的对策，以控制风险，使得评估活动得以顺利进行。

第 六 章
信息资源共享系统绩效评估实证研究之一
—— CALIS 的绩效评估

一、CALIS 发展战略

20世纪80年代初,文献资源宏观调控和图书馆藏书建设分工协调成为我国文献资源保障体系建设的起点。1984年9月,全国高校图书馆工作委员会在大连召开的"全国高校图书馆藏书建设研讨会"上,首先提出了在高校系统内实现藏书合理布局的设想。两年后(1986年11月),中国图书馆学会在南宁召开的"全国文献资源布局学术研讨会"上,提出了我国文献资源布局模式的若干设想和方案。此次会议围绕的核心问题是我国文献资源保障体系的建设[①]。

"南宁会议"后,伴随着社会对信息资源共建共享认识的逐步提高,国家对建立信息资源保障体系需求的日益迫切,同时也由于有了以计算机和网络为核心的现代信息技术迅速发展所提供的技术条件,1998年高校图书馆系统率先启动了中国高等教育文献保障体系(CALIS)的建设。CALIS经国务院批准成为我国高等教育"211工程"、"九五"、"十五"和"十一五"总体规划中三个公共服务体系之一,它是教育部领导下的国家项目,由教育

---

① 肖希明:《再论我国信息资源保障体系建设——纪念南宁会议20周年》,《图书馆》2006年第6期,第6—11页。

部、国家发展与改革委员会、财政部支持[①]，在教育部下设立项目领导小组，由高教司司长任组长，负责对项目建设的领导。CALIS 的宗旨就是在教育部的领导下，把国家的投资、现代图书馆理念、先进的技术手段、高校丰富的信息资源和人力资源整合起来，建设以中国高等教育数字图书馆为核心的教育文献联合保障体系，实现信息资源共建、共知、共享，以发挥最大的社会效益和经济效益，为中国的高等教育服务[②]。

（一）组织架构

CALIS 设立管理委员会、管理中心、专家委员会、核心成员等。管理委员会的职责是制定宏观项目规划，指导资源建设和信息服务，实施组织管理职能，协调建设中的相关事宜，监督检查建设进展。管理中心组织起草建设规划和编制实施方案，负责项目的具体实施及经费的管理和使用，对管理委员会负责，并接受专家委员会的指导与监督[③]。管理中心设在北京大学，是整个项目的法人代表和执行机构，负责 CALIS 专题项目的规划、实施和管理、规章制度的制订以及服务系统的开发、建设、运行等，并设有专业中心和工作组，负责某一专题的工作，包括联机编目和技术两个专业中心；引进资源工作组、研发开发部、系统运行部、业务发展部、办公室五个工作部门[④]。

管理中心根据工作需要推荐系统内外的图书情报专家、信息技术专家组成专家委员会，由 CALIS 领导小组聘任，受管理中心领导。专家委员会根据 CALIS 的发展需要，开展相应的调查研究，并协助 CALIS 管理中心制订相关的发展规划、工作和技术方案，负责对 CALIS 各项工作的评估。委员具体划分为三个组：发展规划和评估组、资源发展组、技术咨询组。核心成员的支持、配合和参加项目建设，在共建和共享活动中发挥积极作用，面向

---

① 姚晓霞等：《信息资源共建共享可持续发展的运作机制研究》，《大学图书馆学报》2008 年第 1 期，第 23—27 页。
② CALIS 介绍 [EB/OL]．[2009 - 01 - 03]．http：//www.calis.edu.cn/calisnew/calis_ index.asp? fid = 1&class = 1.
③ 姚晓霞等：《信息资源共建共享可持续发展的运作机制研究》，《大学图书馆学报》2008 年第 1 期，第 23—27 页。
④ CALIS 管理中心 [EB/OL]．[2009 - 01 - 03]．http：//www.calis.edu.cn/calisnew/calis _ index.asp? fid = 1&class = 3.

终端用户提供服务并开展培训，与管理中心共同推进项目的具体实施。同时，CALIS 还建立了成员馆需要遵守的各项规章制度及一整套管理制度（项目管理办法、项目管理细则、经费管理办法、数据质量管理办法），明确了成员馆的责任与义务，以确保项目的顺利实施。

（二）三级网络结构信息资源保障体系

CALIS 经过十多年的发展，至今已基本形成了三级网络结构的文献资源保障体系，即构建了一个由"全国中心——地区中心——成员馆"组成的三级文献保障体制。在 CALIS 二期建设中，又在地区中心和成员馆之间增加了"省级中心"层次，这将更好地发挥区域性核心成员的作用，逐渐取代地区中心，进一步扩大核心成员的范围，充分发挥地区内信息资源共建共享的协调作用。

具体的 CALIS 服务体系由三个层次构成：文理、工程、农学和医学，这 4 个全国性文献信息中心，构成了 CALIS 资源保障体系的第一层，主要起到文献信息保障基地的作用。为便于北京大学图书馆的管理中心进行统一协调，这 4 个中心都集结于北京，分别设在北京大学、清华大学、中国农业大学和北京大学医学部。CALIS "九五"期间在吉林大学、南京大学、上海交通大学、武汉大学、中山大学、四川大学和西安交通大学建设了 7 个地区性文献信息中心和 21 个省级文献信息中心。考虑到"十五"期间各省、自治区、直辖市都加大了支持本区域高校建设公共服务体系的力度，以及一些牵头学校在推动本地文献资源共建共享中的作用，把地方建设纳入 CALIS 体系，通过少量投资，加强 CALIS 服务的整体性和面向全国的辐射作用，地区中心和省中心是 CALIS 保障体系的第二层。"十五"期间 CALIS 的服务将从面向"211 高校"到面向所有高校，是 CALIS 保障体系基础的第三层。目前 CALIS 已经有近千家成员馆，注册成员馆近 700 家。成员馆的广泛加盟，扩大了 CALIS 的受益范围，拓展了 CALIS 资源和服务的终端用户，使得资源能得到更加充分的利用，进一步提升了 CALIS 的经济效益和社会效益[①]。建设 22 个数字图书馆基地，各基地根据承建单位的地域分布、资源优势、现有条件等具体情况，结合本身发展的应用背景和研究开发力量，开展数字

---

① CALIS 介绍 [EB/OL]．[2009 – 01 – 03]．http：//www.calis.edu.cn/calisnew/calis_ index.asp? fid = 1&class = 1.

图书馆关键技术的应用性研究；进行先进技术在数字图书馆建设中的应用示范；探索新型的数字图书馆服务模式；把本校和/或本地的资源和服务能力纳入 CADLIS 资源与服务体系[①]。

(三) 三期建设目标

经过"九五"（1998—2001）和"十五"（2002—2006）近十年的建设，在数字资源合理布局方面，实现了从"九五"期间的以"点"建设为主，向"十五"期间以"面"建设为主的转移。CALIS 三期（2009—2011）主要任务是：整合国内外各类信息服务机构、教学科研机构、各类信息网站丰富的信息资源（包括纸本资源和数字化资源，也包括 CADAL 建设的资源）和应用服务，并以中心集成系统与云计算平台等技术手段全面支持各高校数字图书馆的主要业务流程，建成功能完善、资源丰富、技术先进的分布式高等教育数字图书馆[②]。CALIS 三期项目建设将在继续加强信息资源保障体系建设的同时，强化资源与服务的结合，即全面挖掘、整合国内高校图书馆以及其他各级各类文献信息服务机构的资源和服务，有重点地整合国际相关机构的各类信息资源与服务，提高高校图书馆文献资源的总体保障率，提升高校图书馆现代化服务能力，充分发挥信息资源共享系统的绩效。CALIS 三期将采用"预研一批、试点一批、推广一批"的思路，在充分挖掘大型图书馆的研究能力与服务能力的同时，引导中小型图书馆广泛参与，从而缩小"211"院校与国际一流高校图书馆的差距，缩小普通院校与"211"院校图书馆的差距，缩小西部欠发达地区与发达地区的差距，全面提升我国高校图书馆整体信息服务水平。

在成员建设和服务方面，将针对 1800 所大专院校的不同需求，在"全国—区域—本地"三级保障体系的架构上，利用先进的云计算技术和数字图书馆信息技术，全面整合和提升 CALIS 原有服务与国内图书馆界的资源与服务，实现"一个账号，全国获取"的服务模式。具体将构建合作编目与书目配送、协调采购与资源建设、公共检索与资源导航、文献传递与原文

---

① CALIS 介绍 [EB/OL]．[2009 – 01 – 03]．http：//project.calis.edu.cn/calisnew/calis_index.asp? fid = 15&class = 5.

② CALIS、CADAL 项目启动建设 [EB/OL]．(2010 – 05 – 24) [2011 – 01 – 03]．http：//home.calis.edu.cn/calisnew/subnews.asp? id = 863.

获取、代查代检与专题咨询、软件共享与技术支持、业务培训与资格认证七大服务系统。这些系统将根据业务特征分别以中心服务系统、接口定制嵌入、共享软件租用的模式面向高校图书馆提供服务，为图书馆提供标准化、低成本、自适应、可扩展的数字图书馆解决方案，帮助图书馆突破资金、资源、技术的限制，迅速搭建个性化的服务平台[①]。CALIS 旨在把国家投资、现代图书馆理念、先进的技术手段、高校丰富的文献资源和人力资源整合起来，建设以中国高等教育数字图书馆为核心的高等教育文献保障体系，实现信息资源共建、共知、共享，以发挥最大的社会效益和经济效益[②]。

（四）以绩效促进 CALIS 可持续发展

CALIS 开展的各项资源建设和服务活动的有序进行，除了要采用科学规范的项目管理和流程管理外，还需要对项目建设前后的管理、资源、服务和发展等方面的效益变化进行对比和分析，但是从以往 CALIS 开展的评估活动来看，基本上都是侧重于某个方面，缺乏对整个系统和子项目系统的、全方位的评价[③]。如何利用绩效评估促进 CALIS 实现可持续的渐进式发展，现已成为 CALIS 提升效益产出、优化业务流程和组织管理、实现战略目标的关键。

"十五"期间，CALIS 管理中心设立了"资源与服务"评估子项目，目的是对 CALIS 各个项目和整个系统进行评估，力图通过确定评估指标，构建评估指标体系，开发资源与服务评估管理系统，开展广泛的评估活动，规范 CALIS 的统计评估工作。评估范围包括 CALIS 整体情况和各个子项目，评估对象涉及子项目建设、资源、服务、系统等。评估结果将是 CALIS 管理中心对子项目的建设情况进行考核和验收的主要依据之一，也是 CALIS 管理中心对"十五"建设成果进行自我评估的重要组成部分之一[④]。例如，2006 年，CALIS 制定了包括 4 个一级指标，12 个二级指标在内的馆际互借

---

① CALIS 三期：高校图书馆信息服务能力获提升。[EB/OL]．[2010 - 11 - 10]．http：//www．edu．cn/tsg_6497/20100925/t20100925_524532_1.shtml．

② CALIS 三期：高校图书馆信息服务能力获提升。[EB/OL]．[2010 - 11 - 10]．http：//www．edu．cn/tsg_6497/20100925/t20100925_524532_3.shtml．

③ 姚晓霞等：《对我国信息资源共建共享可持续发展的思考和启示》，《图书情报工作》2008 年第 5 期，第 16—19 页。

④ 杨梁彬等：《CALIS 评估指标体系构建初探》，《大学图书馆学报》2006 年第 4 期，第 42—47 页。

与文献传递网评估指标体系,从服务基础设施、服务能力、服务质量和服务效果等方面,对 39 个服务馆进行分析和评价,发现文献传递的现状和效果,并做进一步改进。

在已建设的资源共建共享和服务平台基础上,CALIS 组织全国高校共同建设以高等教育数字图书馆为核心的文献保障体系,开展各个省级文献服务中心和高校数字图书馆基地的建设,巩固和完善 CALIS 文献保障体系,为图书馆提供"自定义、积木式、个性化"的数字图书馆解决方案,从而进一步提高 CALIS 综合服务水平,扩大 CALIS 服务范围,推动高等教育事业和经济文化科技事业的发展[①]。CALIS 要实现这一目标,首先,在导向上要确保其建设和项目以战略目标为核心;其次,在实施过程中,要保证整个 CALIS 系统建立合适的组织架构和运作规程,发挥有限资源的最大效用;再次,在效果和效益上要迎合需求变化,通过具体的共建共享资源和服务,在高等教育和经济文化科技事业中发挥作用。其实质就是要保证 CALIS 可持续发展,在组织管理架构、运行管理机制、共建共享的资源与服务以及政策和资金支持四个方面保障 CALIS 发展过程所需的资源并满足成员馆和终端用户应时而变的需求[②]。

CALIS 是一个正处在不断发展中的信息资源共享系统。CALIS 试图通过评估活动促进其自身的不断更新,对此已经进行了一些尝试,但尚未建立一个对 CALIS 整体系统全面的和系统的绩效评估方案;CALIS 评估的最终目标是要促进自身渐进式发展,实现战略目标。

二、CALIS 开展评估现状

CALIS 自 2003 年起,每年 5 月组织召开国外引进数据库培训周活动,组织专家对其成员进行资源和服务、前沿问题等相关的培训,截至 2012 年 5 月已召开了 10 期。在每次的培训周中,CALIS 都会向其成员报告一年中

---

① CALIS 介绍 [EB/OL]. [2009-01-03]. http://www.calis.edu.cn/calisnew/calis_index.asp?fid=1&class=1.
② 李晓东、肖珑:《国外信息资源共建共享可持续发展的比较研究》,《图书情报工作》2008 年第 5 期,第 6—10、94 页。

CALIS 的主要工作及取得的进展，总结 CALIS 资源与服务现状，听取成员对引进数据库的满意度的反馈意见，为成员与系统、成员与数据库提供商之间创造信息互通、交流经验的机会。

从 2006 年到 2012 年 CALIS 进行成员绩效评估方面的实践大致可以概括为以下三个方面：

（一）使用成本评估

首先计算本年使用成本，计算公式为：使用成本（包括单篇使用成本）=集团总费用（包括捆绑纸本刊的费用）/集团使用量。将其结果与历年的使用成本进行对比分析，得到使用成本的变化趋势。对于使用成本升高的数据库，CALIS 侧重考虑影响成本的数据库涨幅和使用量两个因素。

（二）集团成员（用户）数量

按照不同的资源统计参加集团采购的成员数量，根据历年的成员数量、分析参与成员数量的走势，间接反映服务的效益。若是加入到集团采购的数量增加，则反映了成员对 CALIS 认可程度的增加。对于成员参与数减少或不变的数据库，CALIS 对影响因素诸如价格涨幅、数据库质量、服务和技术支持、宣传等进行分析。

（三）成员（用户）满意度

电子资源集团采购是 CALIS 起步最早、影响最大的服务[①]，自 CALIS 项目启动至今，集团采购已有十多年的历史。CALIS 每年在国外引进数据库培训周活动中都要围绕集团采购进行成员满意度调查，在最近的几年中，CALIS 不断修正和改进满意度调查表设计，其目的有两个：一是为了更好地了解各成员馆及其他用户对 CALIS 的集团采购的评价、意见和建议，改进CALIS 服务；二是发现集团采购及其配套服务、业务模式中存在的问题，进而探讨可能的解决方案。

CALIS 目前进行的成员满意度调查是以集团采购为主线进行的，调查的重点是 CALIS 为其成员提供的共建及其相关服务的效果和效率，通过集团采购资源的使用情况（包括数据库的登录量、查询量、全文下载量等）、使用成本（指数据库的单次登录、查询或请求的成本）、价格优惠、节省人力

---

① 刘彦丽、梁南燕：《服务绩效评估促进信息资源共建共享的可持续发展》，《图书情报工作》2008 年第 5 期，第 20—23 页。

和支出、集团采购的数字信息资源、集团采购的操作平台等，对可量化或直观体验的指标进行测度，相关配套服务的满意度则体现了成员对CALIS其他配套服务的满意度，同时对CALIS其他服务也起到了宣传的作用，如总体服务、资源培训、资源评估、参考咨询以及宣传推广等。业务模式的偏好测评则为下一步的集团采购方案的制订和业务的改造提供了参考。虽然CALIS侧重于对集团采购的成员满意度的调查，但是通过集团采购这个CALIS最重要的成员共建活动，可以折射出CALIS整体服务和运行的效率和效益。

"十五"期间，CALIS成立了"资源与服务"评估项目，通过自评的方式着重对CALIS子项目建设进行考核和验收，并考察资源建设和服务工作的效果，用以指导CALIS未来的规划和发展。评估对象涉及各子项目建设、资源建设情况、服务情况等，评估方面涵盖服务能力、服务质量和服务效益（馆际互借和文献传递、参考咨询等）[1]。

目前CALIS绩效评估存在的问题具体表现为以下三个方面：

1. 缺乏对CALIS整体的绩效认识和评估。当前CALIS绩效评估仅限于评估CALIS的个别服务项目或CALIS项目建设状况等，偏重评估建设完成的结果而非CALIS运行的绩效。除了对集团采购用户满意度进行的调研外，CALIS对各项服务和系统整体尚未建立常规的绩效评估体系和实施方案。CALIS作为一个信息资源共享系统，其整体绩效是通过资源和服务的无缝链接以及各类服务之间的协调运作而发挥的综合作用，如果按照现行中将各类服务割裂进行评估，势必很难真正把握CALIS整体的绩效状况。无论是新项目的开发还是已有项目的更新，都是为了服务于成员和最终用户的，因此共建共享合作包括资源建设和服务项目，系统绩效的立足点应是共建共享为成员和最终用户带来的绩效，只有通过扩大CALIS的受益范围、高效地利用CALIS的资源和服务才能使CALIS获得最大化的产出效益。因此，对系统建设和开发的评估不应等同于服务绩效评估。CALIS评估子项目需立足CALIS整体的协调发展，明确绩效评估的根本目标是为了提高CALIS运行的绩效，更好地服务于CALIS发展战略。若脱离了这个根本目标，评估的结

---

[1] 杨梁彬等：《CALIS评估指标体系架构初探》，《大学图书馆学报》2006年第4期，第42—47页。

果就只能反映CALIS某个时间的运行状况。若不从系统全局出发，便无法发现和分析存在的问题，更不能判断绩效和价值的来源以制定CALIS绩效提高的策略。

2. 缺乏通用、规范的评估指标体系。如前文归纳的国际通用的标准和信息资源共享系统绩效评估相关的定量测评指标也说明，常规的绩效评估有赖于定期数据的反馈和支持。作为信息资源共享系统，一方面要制订成员支持系统绩效评估的指标和方案，同时也要与资源提供者（特别是数字资源提供者）进行协调，将资源利用状况的数据提供作为资源提供者的服务项目之一，便于CALIS把握系统成员资源利用状况，为资源利用成本核算提供依据。

3. 绩效评估尚未纳入CALIS常规运行机制中。鉴于目前CALIS的快速发展，在已有的集团采购、联合目录、馆际互借和文献传递等服务的基础上，多项服务和子项目都随之陆续展开，为此经费投入都将重点放在新项目的开发和建设中，这就集中了CALIS评估子项目较多的注意力，而这些"新项目"一经完成和验收后，却形成不了常规的定期绩效评估。无论是对各项服务还是对系统整体，绩效评估都绝非一劳永逸，边评估边监控边修正才是绩效评估发挥最大功用的途径。CALIS需要制订对系统的绩效评估方案，并将其纳入到CALIS常规运行机制中；将对成员馆的绩效评估作为成员共建共享活动的组成部分，建立可参照和可比较的成员整体发展评估体系，利用绩效评估促进成员发展和CALIS的发展。

三、CALIS绩效评估体系

对于特定的信息资源共享系统，如CALIS，应根据其实际状况利用信息资源共享系统绩效评估指标体系的可选择性和可拓展性，有针对性地开展以下绩效评估实践。

（一）评估目标和评估对象

将CALIS绩效评估的目标设定为支持CALIS五年发展战略实施，提高CALIS运行绩效和放大CALIS的整体效益。

从上述目标出发，显然评估的出发点是从CALIS系统全局出发的，力图通盘测评 CALIS 整体的绩效状况，基于 CALIS 动态发展状况设定全面系统的评估内容和可操作、易量化和比较的评估指标。因此，从第 3 章提出的信息资源共享系统绩效评估模型和 CALIS 实际出发，CALIS 评估对象涉及：

1. 构成 CALIS 的各个要素。面向结果的 CALIS 绩效评估主要包括 CALIS 的资源、服务、成员和终端用户、管理人员。

资源涉及：（1）通过集团采购或者各馆单独采购引进的国内外文献数据库；（2）通过馆际合作或者各馆单独加工建设的数字资源；（3）文献资源和数字资源的共享体系和共享能力[①]。

服务涉及：（1）组织成员参与的各类共建和共享服务；（2）成员借助 CALIS 提供的服务项目和服务平台开展的衍生性服务；（3）以 CALIS 为基础平台的其他共享系统开展的服务。

成员涉及：（1）在 CALIS 系统注册成员和参与 CALIS 共建共享活动但没有注册的成员；（2）全国中心、学科中心、地区中心和省中心以及普通成员。

终端用户指 CALIS 成员的用户，包括直接享用 CALIS 服务和潜在的享用 CALIS 的用户。

管理人员指 CALIS 各级中心负责人员和各个成员馆负责进行共建共享的人员。

2. CALIS 运作要素。指 CALIS 及其成员投入的人力、物力和财力，这部分有些也是 CALIS 的构成要素，如人员。调查对象主要包括 CALIS 投入的经费、相关技术引进和开发、CALIS 和成员对人力资源的培养状况。

3. CALIS 流程和周期。CALIS 各项活动的开展和运作、各项服务运转的周期、各级成员如何参与并实施配合和协调、管理的机制等。

为了便于对 CALIS 绩效评估的操作，笔者将对 CALIS 的评估内容按照评估的对象设定为对 CALIS 部分和对 CALIS 成员部分。

（二）评估内容和评估设计

第一部分：对 CALIS 系统的评估

依据信息资源共享系统绩效评估的标准体系（见表 4-1），我们将对 CALIS 系统的评估内容分为六个部分。

[①] 肖珑等：《CALIS 数字资源评估指标体系及其应用指南》，《大学图书馆学报》2008 年第 3 期，第 2—8、17 页。

1. 资源。

指标1.1：更新速率

定义：CALIS 自行建设的数字资源和 CALIS 成员馆藏数量的更新变化的频率。

目的：主要用于评估资源更新和数量保证其可持续利用，满足终端用户对资源时效性的要求。

方法：联合目录更新状况由 CALIS 统计，自建数据库更新状况由负责承建单位统计（有些是 CALIS 自建的、有些是成员馆承建的），各承建成员馆的更新状况应由 CALIS 负责监督和管理。

核心测评指标：

· CALIS 联合目录更新速率

操作步骤：抽样单位时间（每月/每周/每日）的 CALIS 联合目录更新的书目数和馆藏数。

· 自建数据库更新维护频率

操作步骤：按照自建数据库名单，按照单位时间（每季/每月/每日）考察自建数据库责任单位是否对自建数据库数据进行更新和维护，责成成员馆指派专人定期确保其承建的特色数据库数据的时效性和资源的可用性（如有无死链或利用故障等）。

指标1.2：结构的优化和布局的合理性

定义：结构的优化和布局的合理性，强调把信息资源共享系统内的各个成员的资源看作是一个整体，通过对不同学科、不同类型、不同载体信息资源的合理布局规划、统筹安排，建立完善、均衡的信息资源保障体系。

目的：提供 CALIS 调研资源利用保障状况，确定今后的文献资源和数字资源的协调建设重点，解决资源结构性缺失，制定加强共建共享的策略以提高国家投资的使用效益，最终建立国家层面的联合保障机制，减少浪费、缩小信息鸿沟。

方法：按照 CALIS 联合目录和 CASHL 的数据资料分别对文献类型分工、学科分工、地区分工展开资源的摸底和调研，计算各类型、学科和地区的资源差距。

核心测评指标包括：

· 文献类型统计

· 学科统计

· 地区统计

指标 1.3：覆盖率

定义：CALIS 所有成员拥有的文献资源（通过联合目录体现）和可存取的数字信息资源占所有资源的比例。由于资源数量和种类变化的动态性，覆盖率只能计算某一个时间的相对值，或采用横向比较的方式间接获得。

目的：获知 CALIS 资源的收藏状况及其保障能力，确定可共享的资源能力，通过比较分析资源建设上的不足和差距，制订合理的资源引进和存储计划。

方法：统计各类资源数量，包括数据库、电子图书馆、电子期刊、核心电子期刊、学位论文全文、教学参考资源、会议记录和会议论文、古文献（古籍/拓片/舆图/方志/家谱等）、图像、多媒体数量、网络资源导航数量；统计不同文献类型的数量（包括专利、标准、报告、灰色文献等）和不同语种的资源数量，依照合理参照，计算其比例。

核心测评指标：

· 基本资源覆盖率

操作方法：抽样调查 CALIS 成员馆馆藏列入 CALIS 联合目录的比例。

· 联合目录条目的时间跨度

· 其他文献类型的覆盖比例

操作方法：调查 CALIS 专利、灰色文献、报告、标准等文献类型的收藏状况并计算其占所有其他文献类型总量的比例。

· 语种覆盖率

操作方法：统计 CALIS 资源语种的数量，计算 CALIS 资源语种占世界所有语种的比例。

· 比较覆盖率

操作方法：鉴于数字资源难以统计总数并具有较强的动态性，采用将 CALIS 购买数据库以国内外同类型信息资源共享系统为参照，计算 CALIS 购买数据库与国内外同类型信息资源共享系统数据库之比（如和 NSTL，OhioLINK 的数据库的比较）。

指标 1.4：可知晓性

定义：可知晓性就是让成员或终端用户了解、认知 CALIS 信息资源的收藏情况、书刊编目状况、资源报道及服务状况等。换言之，就是能让成员或终端用户知晓 CALIS 有哪些资源、能提供哪些服务，最大限度地匹配其需求的能力。

目的：测评信息资源的共知水平，是发挥资源利用效益的前提和保证，充分发掘资源优势和利用潜能，提升资源的利用效益来提高共享绩效。

方法：通过专家评估和终端用户抽样调查，对联合目录性能、电子资源导航的揭示、导航和整合的综合考察。

核心测评指标：

· 资源分类和导航的易用性和便利性

操作方法：成员填写问卷进行调查和组织专家进行综合分析相结合的方法。

· 联合目录的功能性

操作方法：调研成员利用联合目录浏览、检索、上传和下载数据的便利性等。

· 资源实现统一检索的比例

操作方法：计算 CALIS 资源能够纳入统一检索平台的资源比例。

· 电子资源整合入 OPAC 的比例

操作方法：计算 CALIS 能够达到文献信息资源和数字信息资源同平台检索的程度。

指标 1.5：可获取性

定义：资源的可获得性，强调的是享用的现实性，是从人们对文献的可接触和可利用程度的角度来衡量资源共享的[①]。

目的：考察资源获取的实际状况（范围、对象），找出促使资源顺利获取的关键因素，保证资源获取的时效性、长期性和成功率。

方法：以抽样调查的方式测量馆际互借和文献传递发生的频次、周期以

---

① 吴敏、周德明：《论文献资源共享评估机制——以上海科技文献共享服务为例》，《图书馆》2007 年第 5 期，第 24—28 页。

及评估 CALIS 馆际互借和文献传递的信息化水平。

核心测评指标：

· 馆际互借和文献传递的平均频次

操作方法： 抽样调查单位时间（每月/每周）CALIS 所发生的馆际互借和文献传递次数；抽样调查单位时间（每月/每周）CALIS 和系统外发生的馆际互借和文献传递次数。

· 馆际互借和文献传递的平均周期

操作方法： 抽样计算平均值，即计算 CALIS 馆际互借和文献传递每次所需要的平均时间；计算 CALIS 和系统外发生的馆际互借和文献传递每次所需要的平均时间；通过抽样问卷调查终端用户对馆际互借和文献传递周期（时效性）的满意度。

· 特色数据库开放程度

操作方法： 考察 CALIS 自建的数据库开放程度，包括 CALIS 成员馆承建的数据库的开放程度。

使用范围分为四个等级：部分 CALIS 成员可以使用、CALIS 所有成员均可以使用、国内 CALIS 系统内外均可使用、全球范围内可以使用

使用程度分为三个等级：能获知该数据库的存在；能获知目次并进行浏览和检索；能下载或预览全文

· 数据永久存档和资源长期保存

操作方法： 综合考察数字信息资源的长期保存和文献资源的合作贮存进展状况，计算能实现用户永久利用的资源占所有资源的百分比。

2. 成员。

指标 2.1：成员结构

定义： 成员的整体构成，即成员数量、分布及其动态变化情况，这些反映了系统服务的目标群体及共建共享活动的受益范围，直接影响共建共享的社会效益和经济效益；共享活动参与的成员越多，则每个成员分摊的成本就越少。

目的： 成员的组成及变化反映了 CALIS 影响的范围和发展态势，成员如何参与到共建共享活动中影响了 CALIS 系统运作的质量和产生的效益，直接决定了 CADLIS 所构筑的文献获取环境、参考咨询环境、教学辅助环境、科研环境、培训环境和个性化服务环境在内的六大数字服务环境能否得

到最广泛的覆盖和最高效的利用。

方法：调研 CALIS 历年成员的增长比例，计算 CALIS 参与成员的覆盖率，从成员上判断 CALIS 的发展阶段。

核心测评指标：

· CALIS 历年成员的增长比率

操作方法：统计历年 CALIS 成员的变化情况，并计算其增长率。

· CALIS 成员的覆盖率——成员数量/全国高校数量

操作方法：CALIS 由最初面向"211 工程"院校发展为面向大量普通院校图书馆，统计 CALIS 成员数量与全国普通高等院校数量之比。

· 参与共建和共享的成员比例及要求

操作方法：分别统计参与共建和共享的成员数量，考察系统对参与共建的成员的要求和相关标准，以确保共建的质量，进而确保共享的质量和效益。

3. 服务和利用。

指标 3.1：服务内容和项目

定义：为成员和终端用户提供的各项服务的范围和内容或服务所形成的产品功能，以及如何对成员进行服务，能为成员带来怎样的收益。服务的内容、范畴和水平直接影响了服务产生的效益以及成员参与共建共享的参与度和满意度。

目的：服务是维系信息资源共享系统和成员最关键的纽带，也是成员参与共建共享活动的直接动力。它一方面能衡量服务建设投入和服务效益产出的比较是否达到了服务项目开发之初的目标，是否真正能为成员所利用并使成员受益；另一方面能很大程度地满足成员对共建共享的需要。

方法：确定每项服务的利用流程，将 CALIS 各项服务建设的计划书与成员服务的反馈和调研进行比较。

核心测评指标：

· 成员基本服务中实现信息资源共享系统服务的比例

操作方法：考察 CALIS 开展了哪些服务项目，这些项目为成员或终端用户提供了怎样的服务，进而估算所有提供的服务覆盖成员基本业务中的比例。

· 对成员进行的培训和技术支持的次数、频率、所覆盖的成员比例和成员平均的参与频次

操作方法：通过抽样统计的方法计算：参与的频次＝参与的次数/单位时间（年/季度/月）。

指标 3.2：服务基础和利用保障

定义：服务的开展和成员的正常有序的利用，有赖于 CALIS 系统稳定地运行和迅速应对并排除故障的能力。资源的贮存和获取、门户的正常使用都需要畅通的通信网络保障，加之系统需要具备防御恶意攻击和各类计算机病毒的有效措施并定期维护系统安全，以确保成员和用户的正常使用。

目的：考察系统运行的稳定性，检查系统运行中的漏洞，以备建立系统预警和危机的应急预案。

方法：统计以往系统故障的频次，检查 CALIS 应对系统故障措施的合理性，分析影响系统安全的原因，核查防火墙等系统安全防护的有效性。

核心测评指标：

· 系统故障率

操作方法：以自检的方式，综合考察 CALIS 运行的稳定性和安全性，测试 CALIS 单位时间故障频次和时间长短。

· 系统应对故障能力

操作方法：CALIS 利用中的故障如何排除，CALIS 出现故障后响应时间和应急措施。

· 系统安全

操作方法：应对各种互联网恶意攻击，保护成员馆隐私等安全性问题的能力和危机处理方案。

指标 3.3：资源和服务利用状况及效率

定义：考察资源和服务实际的利用状况以及资源和服务的利用效率，包括从 CALIS 系统整体出发，考察资源和服务的利用分布、频次和效率。

目的：判断资源和服务是否得到了充分的利用，资源和服务利用是否省时省力；分析影响资源和服务利用的障碍，进而制定提高资源和服务利用率的策略。

方法：各个成员对资源的利用状况可以由数据库提供商提供，CALIS 负责采集数据，并依据利用状况进行主题、地理、时间、学科、用户类型的统计，发现用户利用资源和服务的偏好，统计每项任务的次数、频次等。

核心测评指标：

·利用分布的均衡性

操作方法：根据数据库提供商提供的统计，分别按照学科和地区、成员类型、资源类型进行 CALIS 利用分布统计，计算其差值，分析产生差异的原因。

·服务利用频率

操作方法：服务利用频率测评成员平均使用 CALIS 每项服务的任务次数、每项服务单位时间提供的服务次数及频率、每项服务提供服务的时间分布、每种服务每次任务所被浏览的资源和记录数。

指标 3.4：服务效益和利用效果

定义：一般认为，资源的利用率越高，用户满意度就越高，资源和服务产生的效益也随之提高，因此，服务和资源利用产生的效益就是价值、益处和功能；服务效益和利用效果是难以直接进行测评的，但可以通过服务量、成员或终端用户的利用等量化指标间接体现。

目的：有助于衡量系统整体资源保障体系和服务集成的效益。

方法：由 CALIS 和成员馆协调统计，CALIS 可在系统中嵌入计量软件，即时采集服务量。

核心测评指标：

·服务的受益范围

操作方法：测算服务所覆盖的成员总体比例、每项服务覆盖的平均成员比例（每次任务覆盖的成员数量的平均值或单位时间服务覆盖的成员数量）。

·服务量统计

操作方法：抽样统计单位时间（每月/每周/每日）成员传递服务量（传递、咨询和全文下载）；抽样统计单位时间（每月/每周/每日）成员增加的服务量（CALIS 所资助资源产生的传递服务量、利用 CALIS 资源或 CALIS 直接支持的本单位服务量）；抽样统计单位时间（每月/每周/每日）CALIS 对外提供的服务量。

·终端用户平均覆盖率

操作方法：在 CALIS 注册的终端用户占成员所有终端用户的比例。

·成功率

操作方法：利用抽样中成功任务次数和比例或者统计被拒绝的登录次数

占总体尝试登录次数的百分比。

·系统帮助

操作方法：参照 CALIS 利用帮助和辅导策略，并调查 CALIS 帮助和求助咨询的访问次数和频率。

·终端用户满意度

操作方法：将调查问卷附加在终端用户访问 CALIS 网站的页面上，随机调查终端用户满意度获知，也可以通过成员对终端用户进行的文献传递和馆际互借、虚拟参考咨询的满意度间接获知。

指标 3.5：满意度

定义：从成员馆参与到 CALIS 共建共享实际活动、对 CALIS 资源和服务的利用的体验和实际收益出发，反馈其对 CALIS 资源和服务及其配套活动的意见和建议，这是成员总结其共建共享参与和收益的主观表达，也是其是否继续参与、如何参与到 CALIS 中的依据。

目的：从服务对象的主观感受出发，获知成员最满意和最不满意的服务以及今后需要改进之处，及时解决问题并不断完善服务，进而获得成员最广泛的支持和参与，达到提升社会效益和经济效益的目的。

方法：通过对成员馆开展定期抽样调查和即时反馈获得。

核心测评指标：

·成员对系统提供的每项服务及其配套的满意度

操作方法：进行问卷调查并公布调查结果，积极宣传 CALIS 发展动态，鼓励其支持和参与新项目并进一步参与到共建共享活动中，促进共建共享文化的形成，培养成员导向的资源建设和服务开发的意识。

4. 投入和支出。

指标 4.1：经费支持

定义：资金是系统正常运作、维护和开发新的服务项目的基本保障，系统稳定地运行有赖于充足稳定的经费投入。

目的：确定 CALIS 预算和支出相对于经费的来源和数额的充裕度和稳定性，为 CALIS 合理分配和利用经费、制定可行的战略计划和发展策略提供依据。

方法：明确经费来源的数额和渠道，确定稳定经费来源的条件，依据每年的财政支出状况确定经费利用的合理性和经费的充裕度。

核心测评指标：

·经费的充裕度

操作方法：可综合测算CALIS历年经费数额和增长率、CALIS历年经费增长率和通货膨胀率之比、CALIS历年经费增长率和资源涨价幅度之比、CALIS预算和实际支出的差额进行综合考察。

·经费来源的稳定性

操作方法：主要考察CALIS经费的渠道和金额，包括各经费来源（成员缴纳/政府投入）的数额和比例，以及CALIS获得的潜在投入（如减免的税收、优惠的政策等）。

指标4.2：成本控制

定义：对系统运行过程中的支出和成本实施有效管理，包括制订预算、合理分配，确保系统运行的收支平衡，最大限度地发挥经费的效用。

目的：实施CALIS各项资源共建和服务共享流程中有效地控制成本，合理地使用经费，减少浪费，确保CALIS各项任务和目标有充足的经费使用进而得以达到预期的目标。

方法：由CALIS统计各项投入和支出的额度和去向，成员承建的项目应提交合理的经费预算并由管理中心财务核算，计算CALIS通过联合采购为所有成员节约的经费。

核心测评指标：

·经费分配的合理性

操作方法：考察系统经费如何分配（依照OhioLINK的经费分配即技术基建投入、资源建设投入、管理支出）及其合理性。

·收支平衡

操作方法：分析历年实际支出和预算的比较，如果超支，则需进一步分析原因。

·系统节约的成本

操作方法：估算联合采购和避免重复采购为CALIS成员节约的总费用（不参加联合采购所需的购置费用×实际购入该资源的成员数量－联合采购该资源的总费用）。

指标4.3：资源利用成本核算

定义：即资源利用的实际成本，核算每次、每人、每篇全文的实际花费，这是资源利用的相对成本。通过相对成本的计算，可以了解资源、服务是否得到了最充分的利用，资源和服务的潜在剩余空间能承受多大的利用增长。

目的：了解资源和服务利用的趋势和规律，为资源的选择、采集、数字资源支付方式提供依据，制定引导成员终端用户利用的策略，进一步降低资源利用的相对成本，提高资源和服务的效率。

方法：对CALIS购入或建设资源或服务的花费与通过数据库提供商的利用统计数据或CALIS系统的利用记录之间比值进行测评，并向成员公布各种资源利用的相对成本，便于其衡量各自资源的相对成本的高低。

核心测评指标：

· 次均使用成本

计算方法：各资源或服务建设或购入的支出与资源利用次数之比

· 人均服务成本

计算方法：面向终端用户利用的资源或服务建设或购入的支出与实际的利用人次之比

· 可利用空间和承载能力

操作方法：统计各资源和服务实际、当前利用状况和可供利用的最大限额之比，确定资源和服务是否得到了最充分的利用、是否需要扩容或增加用户数量等。

· 同类资源利用成本

操作方法：通过比较得到各学科、各类型的资源利用成本的差异，并分析产生这些差异的原因和如何改善资源利用不足的策略。

5. 管理和流程。

指标5.1：组织结构的合理性

定义：为共享系统的可持续发展提供了组织上的保障，行政隶属关系和管理部门的设置直接决定了CALIS各项活动是否能有序、协调、高效地协同发展，这是实现CALIS愿景、使命及战略目标，兼顾系统整体和成员平等权益的基础。

目的：考察组织结构是否适应现有组织战略发展的要求，是否充分考虑和协调各成员机构的利益,便于成员广泛参与组织的决策和计划,利用各种共享活动满足成员的需求,使得组织结构能兼顾稳定性和灵活性。

方法：利用专家组综合考察 CALIS 组织结构的协调性、灵活性和稳定性,采用横向比较的方式,考察国内外成功的信息资源共享系统组织架构的优缺点,制订渐进式组织结构调整的方案,具体涉及:

——CALIS 管理人员的构成及其专业化和人员配备的合理性;

——成员准入的平等科学管理,完善、科学的准则、章程和契约;

——充分发挥成员的优势,履行 CALIS 成员认同的依据和流程对 CALIS 任务进行组织和分工,并合理有效地进行 CALIS 资源的重新配置;

——构建 CALIS 成员认同和接受的组织文化。

指标 5.2：流程的科学性和周期控制

定义：流程的设计、流程实际运作的效率、流程实时反馈和调整的设置具备合理性和易操作性,能采用先进的管理软件实施自动化流程,对每个周期实时监控并能及时备档,还能为提高 CALIS 运行效率而进行的流程重组或改组提供依据。

目的：改变面向结果的滞后反馈式评估,而实现利用评估对 CALIS 流程进行监控,及时纠正和调整流程中的问题,缩短运转的周期以提高效率。

方法：通过专家综合考察和流程采集数据的分析进行定性评估。

核心测评指标：

· 流程设计的合理性

操作方法：在调研参与全流程的共享的成员数量、类型、分布与比例的基础上,根据正规性、精细化、标准化、复杂性、集权度几个方面考察流程设计的合理性,分析 CALIS 各项业务流程的延续性和关联性。

· 流程运转效率

操作方法：流程运转的效率可在流程周期间接反映,所以,应综合考察各项活动的运转周期、平均响应时间、繁简度、各项业务流程的自动化水平和信息化程度等。

· 流程监控和反馈

操作方法：通过各项活动流程的实时数据记录及自动统计监控是否能保证 CALIS 各项业务流程的顺利进行,定期数据是否能入档保存。

指标 5.3：管理机制的有效性

定义：建立在成员互相尊重、理解和信任的基础上的管理机制需要为 CALIS 建设和服务的开展提供制度上的保证，从 CALIS 发展战略的大局出发，反映成员的利益、满足成员的需求、调动成员的积极性，确立完善的富有弹性的运行机制保障 CALIS 高效高质地运行。

目的：确保 CALIS 各项管理有章可循，管理机制既基于 CALIS 的发展目标又体现 CALIS 阶段性的发展战略要求，使得 CALIS 成员和各类资源能充分调动和利用，相互协调配合来发挥 CALIS 最大的效用，为下一步发展奠定基础。

方法：组织专家从 CALIS 战略决策模式、CALIS 利益协调原则、CALIS 和成员之间的信任关系、组织的沟通途径和渠道、成员激励和约束细则、服务质量控制和绩效评估运作、CALIS 风险防范措施、CALIS 监控和危机应急方案等多个方面综合考察。

6. 外部效益。

指标 6.1：公共环境

定义：以公众需求为导向，积极推动信息资源公共获取，构建国家信息化战略中面向公众的信息资源保障体系，发挥信息资源共享系统信息市场调节的作用，树立行业典范和公共服务品牌，积极开拓适应生产力发展需要的资源建设和开发，服务创新模式。

目的：以 CALIS 系统整体发展为出发点，在整个信息环境和信息市场中，考察 CALIS 在公共环境中发挥的作用，特别强调 CALIS 作为公益性的信息资源共享体系对公众信息知情权、获取权和信息素养所发挥的作用。

方法：以专家评估或自评估的方式进行，从制定国家信息化战略导向性规划（含 CALIS 支持、组织或参与提出的信息政策和公共信息的次数及影响范围、影响程度）、公共需求调研、品牌塑造和公共形象方面综合考察信息资源共享 CALIS 的公共环境。

指标 6.2：市场合作

定义：作为一个开放的系统，考察 CALIS 是否能积极拓宽信息建设和服务领域，寻求市场合作开发和引进已有成熟技术，与上游出版商积极合作，在信息资源组织、利用统计方面达成标准上的一致，进一步降低信息资源共享系统的人力和财力成本，实现合作共赢。

目的：积极合理地市场合作能拓宽 CALIS 的服务领域，提高 CALIS 开发服务和产品的效率，充分利用信息市场这个有利条件，主动占据信息市场中服务领先和竞争主导的行业位置，该项评估能权衡 CALIS 在市场竞合中的积极态度和竞争潜力。

方法：以专家评估或自评估的方式进行，根据 CALIS 参与的市场合作（出版商的合作、信息服务商的合作、信息技术企业）综合评估。

指标 6.3：整体效益

定义：CALIS 的整体效益包括经济效益和社会效益。CALIS 提供了高等教育体系中的信息资源共建共享基础平台，能积极联合整个行业解决行业共同面对的问题。在这个平台的基础上，各个信息机构可以针对各自不同的服务定位有的放矢地开展各种行业合作（共建和共享）以及增值服务，综合发挥 CALIS 整体效益。

目的：考察 CALIS 共建共享基础平台是否能应用其软资本解决行业发展中所面临的共同问题，为各成员开展增值服务提供灵活、宽松、优越的条件。

方法：以专家评估或自评估的方式进行，综合评估以下两个方面的核心评估指标。

核心评估指标：

·解决行业发展问题

操作方法：综合评估提高公众信息素养，解决行业问题如知识产权应对方案、资源长期保存和开放存取中维护公众权益和行业整体利益所发挥的积极作用。

·增值服务量

操作方法：统计和分析开展的增值服务量，具体包括：利用 CALIS 资源或服务延伸开发 CALIS 或服务的单位统计及所产生的服务量统计；利用 CALIS 提供的工具、CALIS 或资源自主衍生开发、CALIS 或服务的单位统计及所产生的服务量统计；利用 CALIS 所提供的机制、知识或经验衍生开发资源或服务的单位统计及所产生的服务量或活动量统计。

第二部分：对 CALIS 成员的评估

指标 1：就绪度（Readiness）

定义：考察成员对进行共建共享活动中提供和配备相关基本条件并持续

为共建共享相关资源和服务利用创造条件的能力。

目的：测评成员的共建共享意识和所进行的积极准备，这反映了 CALIS 的共建共享相关宣传和培训的实际效果，也直接影响了 CALIS 资源和服务能否充分地发挥效益。

方法：以抽样调查的方式对 CALIS 成员图书馆进行调查，考察方面包括：

- 参与 CALIS 共享活动的经费支出
- 配备负责管理和协调信息资源共享活动的专门人员
- 对共建共享活动所需设备的投入及设备的完备性和可靠性
- 对 CALIS 建设的资源和开展的服务所进行的培训和宣传

指标 2：参与度和使用度

定义：CALIS 成员对 CALIS 共建共享活动的参与程度：包括对 CALIS 共建共享子项目建设的参与程度和对 CALIS 所提供服务利用的程度，包括成员对于 CALIS 的贡献情况以及项目管理中的参与情况，也包括成员实际的利用以提高 CALIS 共建共享的效益。

目的：测评成员对共建共享活动实际的参与和使用，参与和使用程度越高，则 CALIS 整体共建共享绩效越能得到更充分的发挥，越能为最广泛终端用户提供服务，最大化系统的价值。

方法：以抽样调查的方式对 CALIS 成员图书馆进行调查，考察方面包括：

- 参与联合采购的数据库数量和比例
- 馆际互借和文献传递的任务数
- 上传的编目条数和下载的编目条数及二者之比
- 承担 CALIS 交付的任务及其完成情况
- CALIS 资助的经费和给予的支持
- 提交给 CALIS 的反馈次数和完整性
- 参与 CALIS 管理和规划程度

指标 3：成员收益

定义：成员参与共建共享活动所获得的成本上的减少，可存取资源的增多以及服务的优化，即成员获取资源和服务的收益最大化。

目的： 测评 CALIS 共建共享为成员带来的效益，这是考察成员参与信息资源共建共享的动力来源，可为进一步优化 CALIS 对成员的服务和吸引更多的成员参与到 CALIS 共建共享活动中来提供依据。

方法： 以抽样调查的方式考察成员实际的文献传递和关键互借量，以及用户对文献传递和关键互借的满意度；考察成员参与 CALIS 节省的经费以及共享资源的建设成果等。

指标4：图书馆基本服务中依托 CALIS 开展服务的比例

定义和方法： 利用抽样调查的方式测算图书馆基本服务和业务中依托 CALIS 开展的服务项目。

目的： 测评共建共享对成员业务和服务的影响程度，找出共建共享可拓展的方向和领域，为进一步开发和改进 CALIS 的服务提供依据。

指标5：CALIS 对图书馆业务的支持和人员的培养

定义： 通过共享活动提高图书馆的工作效率和业务流程的标准化，对成员的图书馆员也进行业务指导，进而提高他们的业务水平和工作效率。

目的： 这是 CALIS 对成员的重要服务之一，可衡量 CALIS 对缩小图书馆之间的差距所取得的成效，进而能改善因图书馆力量和资源的悬殊导致的业务和服务的不平衡现象，在保障 CALIS 共建和共享质量的同时，有助于建立图书馆之间平等互助的良性发展。

方法： 以抽样调查的方式，调查每年接受 CALIS 业务培训的人次以及获得 CALIS 认证资格的图书馆员的人次。

指标6：成员对 CALIS 提供的每项服务的满意度

定义和目的： 满意度是服务效益的重要体现也是影响利用率的重要因素，对 CALIS 各项服务的服务对象进行满意度考察，方能发现服务待改进和已改进的程度。

方法： 以抽样调查的方式，每相隔单位时间针对 CALIS 提供的每项服务连续调查成员满意度，发现成员最不满意的内容即服务亟待改进的方面，测试服务改进的效果。

四、CALIS 绩效评估的实施及结果分析

在前期的理论方法研究和 CALIS 现状分析基础上，首先对 CALIS 地区

中心和成员馆的共建共享负责人多次沟通并采用访谈的方式进行了实地调研：一是听取成员图书馆员（主要负责共建共享协调工作）就信息资源共享系统绩效评估对 CALIS 绩效评估的适用程度的意见和建议，修改信息资源共享系统绩效评估体系，增强其实用性和可操作性；二是集中获得成员图书馆对共建共享的需求信息，收集成员对 CALIS 资源建设和服务改进中引起关注的问题，利用绩效评估来反映这些问题，使得绩效目标的设定和绩效评估的实施能兼顾 CALIS 战略规划和成员发展目标。

对设在北京大学图书馆的 CALIS 管理中心进行了实地走访和调研，主要任务有三个：第一，调研 CALIS 已经进行、正在进行和筹划开展的绩效评估活动，得到了 CALIS 管理中心对本次 CALIS 绩效评估的支持，获得了反映 CALIS 绩效状况的历史数据（主要是历年国外引进数据库培训周活动上满意度调查结果）；第二，听取 CALIS 管理中心负责人的介绍，全面了解 CALIS 的发展状况，反馈成员馆对其服务和绩效评估的意见和建议；针对笔者设计的信息资源共享系统绩效评估体系与其进行了深入沟通，充分听取对各个评估指标的意见和操作建议，并获得图书馆学相关专家的修改意见，最后根据 CALIS 管理中心和本学科专家的意见进行综合，重新修订了对 CALIS 绩效评估体系和细则；第三，采集 CALIS 管理中心各个部门和 CALIS 成员馆评估数据，对 CALIS 实施评估，并建立即时沟通和交流渠道，及时反馈。

对图书馆学专业领域从事信息资源建设和服务研究的专家学者以及信息资源共享实践者进行了走访，进一步听取他们对 CALIS 建设状况和存在问题的看法，有的放矢地对信息资源共享系统指标体系进行修改。接着，将回收的相关调查数据进行实际评估，力图实现以下三个目标：第一，对现有可操作、具有参照可比的指标进行评估；第二，制订持续改进的 CALIS 绩效评估实施方案；第三，发现通过 CALIS 绩效评估所反映出的在实施战略中的问题。

通过与 CALIS 管理中心相关人员的交流和沟通，再根据 CALIS 当前实际，包括能获取的评估数据和事实以及 CALIS 的绩效评估需求，修订了 CALIS 绩效评估调查项目（见表 6-1）。

表 6-1 CALIS 绩效评估调研表

	CALIS 中心调查项目
一级	二级	测评项目	备注
1 资源	1.1 更新速率	CALIS 联合目录更新速率	
		特色数据库更新维护状况	
	1.2 覆盖率	基本资源时间跨度	按照中文古籍、西文古籍和普通图书
		特色文献类型	按照文本、图像、音频、视频和多媒体
		引进文献类型	按照电子报刊、电子图书、文摘索引数据库、事实和数值型数据库、书目数据库和学位论文
		语种覆盖率	分为联合目录和引进资源
		比较覆盖率	以 OhioLINK 资源列表为参照计算
	1.3 结构和布局	文献类型结构	CALIS 和 CASHL 联合总体结构和布局,采用已有调研结果
		学科布局	
		地区布局	
	1.4 可知晓性	资源分类和导航的易用性和便利性	自评或专家组评
		联合目录的功能性	自评或组织专家评估
		资源实现统一检索的比例	视成员不同的情况建立参照
		电子资源整合入 OPAC 的比例	
	1.5 可获得性	馆际互借频次	
		特色数据库开放程度	
		数据永久存档和资源长期保存	

续表

	CALIS 中心调查项目
一级	二级	测评项目	备注
2 成员	成员结构	成员数量	
		成员覆盖率	成员数量/全国高校数量
		参与共建的成员和参与共享的成员数量、比例和要求	
3 服务和利用	3.1 服务内容	CALIS 面向成员的服务项目	
		CALIS 面向终端用户的服务项目	
		培训和技术支持的频次	
	3.2 服务基础和利用保障	系统故障率	自评或组织专家评估
		系统应对故障能力	
		系统安全	
	3.3 资源和服务利用状况及其效率	利用分布	按照学科分布或主题分布对相关资源进行抽样
		服务利用效率	
	3.4 服务效益和利用效果	服务受益范围	以西文期刊目次服务、联合目录和集团采购为例
		系统帮助	自评或组织专家评估和成员调查相结合
	3.5 满意度	对集团采购及其相关服务的满意度	采用 2003 年国外引进数据库培训周的集团采购满意度调查

续表

CALIS 中心调查项目			
一级	二级	测评项目	备注
4 投入和支出	4.1 经费支持	CALIS 经费充裕度	自评或组织专家评估
		CALIS 经费来源稳定性	
	4.2 成本控制	经费分配的合理性	自评或组织专家评估
		系统节约的总成本	以集团采购为例
	4.3 资源利用成本核算	次均使用成本	根据不同类型数据库主要是文摘索引数据库、事实和数值型数据库、电子图书和电子报刊分别统计
		可利用空间和承载能力	
5 管理和流程	5.1 组织结构的合理性		自评或组织专家评估
	5.2 流程的科学性和周期控制		
	5.3 管理机制的有效性		
6 外部效益	6.1 公共环境		自评或组织专家评估
	6.2 市场合作		
	6.3 整体效益		
成员调查项目			
一级	二级	测评项目	表述
1 共享资源建设	图书馆可共享的资源	中文 外文 总量（GB）	
2 利用量统计	2.1 馆际互借和文献传递量	馆际互借借入量 馆际互借借出量 文献传递传入量 文献传递传出量 文献传递满足率	
	2.2 利用统计规范	统计数据的完备性和准确性	各项统计数据是否完备、准确

续表

成员调查项目			
一级	二级	测评项目	表述
3 共享满意度	终端用户对文献传递和馆际互借的满意度		四个等级：非常满意、满意、一般、不满意
4 共建共享的参与度	4.1 图书馆是否参与 CALIS 和 CASHL 的建设状况		图书馆是否参与了 CALIS 的建设 图书馆是否参与了 CASHL 的建设
	4.2 成员参与的共建共享平台建设	数量种类	图书馆参与了哪些共建共享平台建设
	4.3 建立科研项目协作交流平台和科研知识共享平台状况		图书馆是否建立科研项目协作交流平台 图书馆是否建立科研知识共享平台（主要指各类研究数据等资源共享）

注： 成员部分采用"数字图书馆"调研问卷——教育部教育改革和发展战略与政策研究重大课题、教育信息化建设与应用研究课题现状调研工作组问卷和共建共享有关的调查项目

图表来源： 作者整理

根据调查结果并参考 CALIS 管理人员的自评分值对 CALIS 绩效评估各项二级指标进行打分，然后利用在第 4 章确定的信息资源共享系统指标评估体系，可以计算出 CALIS 绩效评估分值结果（见表 6-2）。计算的公式是：

$$Y_{ij} = W_{ij} \times P_{ij} \qquad (公式 6-1)$$

$$Y = \sum_{j=1}^{j(i)} \sum_{i=1}^{6} Y_{ij} \qquad (公式 6-2)$$

$$Y = \sum_{j=1}^{j(i)} \sum_{i=1}^{6} W_{ij} P_{ij} \qquad (公式 6-3)$$

其中 $j(i)$ 表示第 i 个一级指标内包含的二级指标的个数。

表6-2　CALIS 绩效评估分值结果

一级指标	二级指标	综合权重 W_{ij}	评分分值 P_{ij}	加权值 Y_{ij}
资源	更新速率	0.0331	5	0.1655
	覆盖率	0.0283	6	0.1698
	结构和布局	0.0222	7	0.1554
	可知晓性	0.0581	7	0.4067
	可获取性	0.0738	8	0.5904
成员	成员结构	0.0219	7	0.1533
	就绪度	0.0295	7	0.2065
	参与度和使用度	0.0657	6	0.3942
	成员收益	0.0594	8	0.4752
服务和利用	服务内容和项目	0.0244	7	0.1708
	服务基础和利用保障	0.0286	6	0.1716
	利用状况及效率	0.0462	7	0.3234
	服务效益和利用效果	0.0612	7	0.4284
	满意度	0.1308	8	1.0464
投入和支出	经费来源	0.0800	6	0.4800
	成本控制	0.0469	7	0.3283
	资源利用成本核算	0.0225	7	0.1575
管理和流程	组织结构的合理性	0.0155	8	0.1240
	流程的科学性和周期控制	0.0395	8	0.3160
	运行机制的有效性	0.0452	7	0.3164
外部效益	公共关系	0.0350	7	0.2450
	市场合作	0.0129	8	0.1032
	整体效益	0.0192	8	0.1536

续表

一级指标	二级指标	综合权重 W_{ij}	评分分值 P_{ij}	加权值 Y_{ij}
本次 CALIS 绩效评估结果	加权求和评估得分 Y			7.0816
	按绩效满分100分的评估得分			70.82

图表来源： 根据调查数据的计算结果绘制

从绩效评估得分上看，CALIS 当前的绩效状况有待改进。虽然得到优良的二级指标有 7 项，占 23 项二级指标中的 30.43%，达到良好的有 10 项，但两个二级指标得分仅为 5 分，反映了 CALIS 当前急需改进的两个方面。同时，笔者还计算了各一级指标的评估结果。计算的公式是：

$$Y2_{ij} = W2_{ij} \times P_{ij} \quad (公式6-4)$$

$$Y1_{ij} = \sum_{j=1}^{j(i)} Y2_{ij} \quad (公式6-5)$$

$$Y1_{ij} = \sum_{j=1}^{j(i)} W2_{ij} P_{ij} \quad (公式6-6)$$

其中 $j(i)$ 表示第 i 个一级指标内包含的二级指标的个数。

表6-3　CALIS 各一级指标绩效评估分值

一级指标 $W1_i$	二级指标 $W2_j$	评分分值 P_{ij}	加权值 $Y2_{ij}$	评估得分 $Y1_{ij}$
资源	更新速率（0.1539）	5	0.7695	6.9036
	覆盖率（0.1311）	6	0.7866	
	结构和布局（0.1031）	7	0.7217	
	可知晓性（0.2694）	7	1.8858	
	可获取性（0.3425）	8	2.7400	
成员	成员结构（0.1239）	7	0.8673	6.9645
	就绪度（0.1672）	7	1.1704	
	参与度和使用度（0.3722）	6	2.2332	
	成员收益（0.3367）	8	2.6936	

续表

一级指标 $W1_i$	二级指标 $W2_j$	评分分值 P_{ij}	加权值 $Y2_{ij}$	评估得分 $Y1_{ij}$
服务和利用	服务内容和项目（0.0837）	7	0.5859	7.3510
	服务基础和利用保障（0.0982）	6	0.5892	
	利用状况及效率（0.1588）	7	1.1116	
	服务效益和利用效果（0.2101）	7	1.4707	
	满意度（0.4492）	8	3.5936	
投入和支出	经费来源（0.5352）	6	3.2112	6.4648
	成本控制（0.3140）	7	2.1980	
	资源利用成本核算（0.1508）	7	1.0556	
管理和流程	组织结构的合理性（0.1551）	8	1.2408	7.5494
	流程的科学性和周期控制（0.3943）	8	3.1544	
	运行机制的有效性（0.4506）	7	3.1542	
外部效益	公共关系（0.5217）	7	3.6519	7.4775
	市场合作（0.1919）	8	1.5352	
	整体效益（0.2863）	8	2.2904	

注：＊各一级指标满分为 10 分
图表来源：根据调查数据的计算结果绘制

我们发现对 CALIS 在"管理和流程"、"外部效益"以及"服务和利用"三个方面的评估得分都明显高于 CALIS 当前总体绩效评估的结果分值，说明这三个方面的绩效对 CALIS 当前绩效有着正方向的影响；与此同时 CALIS 在提升自身的绩效过程中，在"投入和支出"、"资源"方面要特别加以强化。[①]

[①] 需要指出的是，本课题的调查完成于 2009 年。三年来，CALIS 在许多项目上都有改进或加强，因此，评估的分值会有较大的变化。限于条件，本文只能依据当时调查的数据进行分析。

上述的 CALIS 绩效评估结果验证了信息资源共享系统绩效评估模型的可用性、实用性。与此同时，笔者在应用信息资源共享系统绩效评估模型对 CALIS 进行实证研究过程中，对模型的普遍适用性也进行了进一步的分析。虽然在模型和指标体系的设计中考虑到了通用性和灵活性的问题，但是在实际应用过程中，仍然存在一些不可避免的应用障碍。

（一）绩效评估对象的管理组织障碍

对 CALIS 实施绩效评估的最大障碍是同一共建共享业务链的不同业务模块分属不同的子项目，不同子项目又由不同的成员参与共建，例如基础的共享业务中的联合目录数据库子项目，是馆际互借服务、文献传递、虚拟参考咨询和教学参考信息等服务的基础，而在建的教学参考信息子项目是由复旦大学图书馆承建，并成立了由复旦大学、北京大学、清华大学、上海交通大学等四所高校各方面专家组成的项目管理小组负责该项目的建设；52 所大学图书馆成员作为项目参建馆参加该项目的建设[①]。这在评估实施上就存在着一个评估项目数据需要从多个部门、多个成员中获得的问题，对绩效评估实施的时效性提出了挑战，同时，对各个部门在建设过程中及时备案重要的数据并反馈给责任承建单位提出了较高的要求，其重点是协调各个业务绩效评估工作的同步推进和规范评估数据的采集。同时，信息资源共享系统绩效评估模型和指标体系是具有通用性的，而对于不同的信息资源共享系统，其组织架构和业务流程设计也各有不同，必然在绩效评估数据的采集上也存在着差异，这也是绩效评估实施过程中需要克服的障碍。

（二）信息资源共享系统绩效评估应建立在完善的绩效评估机制基础上

信息资源共享系统绩效评估体系是一个循序渐进和不断推进的过程，其实施需要依托不同业务子项目、管理中心及其成员的通力配合和相互协作。确保绩效评估长期稳定的开展需要制度上的保证，开展全面而系统的绩效评估活动也要耗费相应的人力资源和时间成本。要想实现绩效评估的系统运作监控和调整，对绩效评估的时效性也要有较高的要求，如何根据各个系统实际合理安排各项评估工作的开展，需从评估制度着手。要使绩效评估的结果

---

① CALIS 教学参考信息子项目 [EB/OL]．[2009 - 01 - 16]．http：//www. calis. edu. cn/calisnew/calis_ index. asp? fid = 3&class = 8.

应用于实际的信息资源共享系统，评估数据有效地指导系统的业务流程和战略发展，实现整个信息资源共享系统边评估边调整，与其他机制如成员激励机制等有效衔接，以发挥绩效评估的最大效用。据此，建立信息资源共享系统绩效评估机制和信息资源共享绩效评估实施密不可分，并为开展有效的绩效评估活动提供了保障。

（三）信息资源共享系统绩效评估指标的绝对数据和相对数据的问题

通过调查直接获得的相关评估项目的结果为绝对数据，它是对信息资源共享系统绩效评估状况的客观描述。在对CALIS的调查中发现，单单依靠绝对数据难以衡量系统某一绩效状态高低水平，其原因是缺少可参照或可比较的数据。评估得到的绝对数据需要用适合的和合理的标准参考转化为相对数据，才能准确表达一个特定的绩效状态。以联合目录更新速率为例，当前CALIS联合目录的更新速率是日均上载1000条书目数据。1000条书目数据是一个绝对数据，是对当前联合目录更新速率的准确描述。如何判断其高低则需要将其转化为相对数据，主要有两个途径：一是用其与过去某一时间的CALIS联合目录日均上载书目数据数相比；二是将其与其他信息资源共享系统同类数据相比，如OCLC的WorldCat日更新书目数据约为8640条[①]，CALIS联合目录更新速率相当于OCLC的11.57%。这两种相对数据反映的绩效信息各不相同，前者能反映CALIS绩效的历史变化，而后者则反映出在同样的环境中，CALIS绩效优势的变化。这就使得一个评估指标体系需要具备双向表达：第一步是将信息资源共享系统整体实际绩效用不同的标准进行表达，尽量避免出现各界对信息资源共享系统绩效评估的期望与绩效评估实际操作之间不匹配；第二步是评估采集的数据能用评估标准进行诠释，以客观地反映特定标准的绩效状况，这不仅需要翔实的绝对数据支撑，还需要相对数据的客观表达。相对数据的计算可以参照该项目的历史数据和其他系统同一时间的相同指标数据，这种参考标准的选择十分关键。同时还要处理好绝对数据和相对数据的关系，要充分考虑到信息资源共享系统所处的动态环境，无论是成员和终端用户的需求、资源建设和保障、服务创新和技术研

---

① OCLC. WorldCat facts and statistic [EB/OL]. [2009-2-26]. http://www.oclc.org/asiapacific/zhcn/worldcat/statistics/default.htm.

发都是不断发展变化的，相对数据的参照也需要根据环境发展的实际和系统发展的变化而调整，这是开展信息资源共享系统的绩效评估不可回避的难题。

鉴于CALIS当前的绩效评估正处在发展完善的过程中，以评估为手段调整整个系统的运作与管理还处于尝试阶段，所以还未形成以战略目标为导向的全面绩效评估机制。自1998年启动以来，CALIS一直采用建设和服务并进的方式，单就投入而言，重建设轻维护，这对长期开展持续绩效评估提出了挑战。要解决这个问题，首先CALIS绩效评估需要处理好以下两个关系。

1. 正确处理建设投入、建设绩效和服务绩效的关系。CALIS作为一个由众多成员构成的共建共享系统，其资源和服务的提供有赖于成员之间有效的合作，特别是合作开发新的服务项目，在资源的建设上需要充足的经费投入保障。同时，人力成本和时间成本也有较大支出，而其经费的申请往往依据新项目建设预算，这直接导致了两个结果：一是新项目从投入建设和正常服务有时滞，即当年CALIS投入的产出不能以当年的服务绩效来衡量，当年的产出只能用当年新项目建设进度和已有项目的服务绩效来衡量。从调查中发现，当年用于已有项目的维护和更新（特别是对已建数据库的升级）的经费十分有限，存在CALIS当年投入和产出的不对等问题；二是由于五年一次的资金支持少，已有资源和系统如果维护更新不及时就很难保证其利用效率和服务效益，从而造成极大的资源浪费，更会流失巨大的终端用户潜在市场。这些已有资源和服务是CALIS开展新项目的基础和前提，是CALIS持续发挥绩效的依托，而经费支持中却缺乏专项资金的保证，所以存在CALIS投入和绩效的不对等问题。因此，需要制定CALIS建设和服务并行的"方针政策"，妥善处理投入偏重建设和绩效建设与服务两分的状况，客观评估CALIS系统运行的绩效。

2. 进一步明确绩效评估与战略实施的关系。CALIS每五年制订一次计划，明确五年后的预期目标，规划五年的时间和相关资源，制订各个项目的实施日程。绩效评估直接指向战略目标，服务于战略实施，其目的就是确保CALIS能够按照战略规划顺利地实现各项目标。为确保绩效评估战略实施落到实处，一是绩效评估的指标和评分标准要以战略目标为依据；二是绩效评估最终目的是绩效管理，评估结果要应用于 CALIS 战略管理、目标管理和项目管理。应用于战略管理是绩效评估与传统的投入产出评估的根本区别，这要求各项指标不能一味追求数据的攀升，而要考虑 CALIS 总体规划和项目之间的协调发展，建立适应 CALIS 可持续发展的绩效评估评分体系。

CALIS 在绩效评估中正确处理好上述两个关系，需要制定相应的 CALIS 绩效评估推进策略。按照绩效评估流程，CALIS 推进策略应包括以下几个组成部分：

1. CALIS 绩效评估数据采集。造成绩效评估失效的一个重要原因是缺少即时的数据计量、测量，因此，对信息资源共享系统运行中客观的数据进行采集。采集得当的数据要明确：

首先，采集什么数据，如何采集数据（从哪里获得、以什么方式、采集的时机），采集到的数据如何应用（如何计量、统计、反映出什么问题）。无论是 CALIS 的管理中心还是各个成员单位的管理者，都不可能投入过多的时间和精力采集数据并分析信息资源共享状况。因此，无论是 CALIS 整体还是其成员，都需要一种快捷、简单、有效且智能的绩效评估方式，经过统计分析并易于判断的数据能帮助控制、调整其规划和服务，同时还需要这些数据不仅能自动收集而且能连续自动被处理[1]。在前面的论述中，笔者已经强调了通过与数据库商达成 COUNTER 协议，由数据库商提供定期的相关数据库利用状况报表；CALIS 自建数据库特别是专题特色数据等，应采取统一的 COUNTER 标准进行统计。

其次，获取和分析 Webserver 接收请求以及运行状态的各种原始信息。通过对服务器日志的分析可以得到以下信息[2]：对访问时间进行统计，可以得到服务器在某些时段的访问情况；对访问者的 IP 进行统计，从中可以判断主要是哪些用户在访问 Webserver；对访问请求的错误进行统计和分析，可以找出有问题的页面加以改正；对访问者请求的 URL 进行统计，就可以判断出读者对哪些页面的内容最感兴趣，对哪些页面的内容不感兴趣，从而

---

[1] Charles R. McClure. "Key issues, themes, and future directions for evaluating networked service"[M] //John Carlo Bertot and Denise M. Davis. *Planning and Evaluating Library Networked Services and Resources*: 341.

[2] 马建霞：《图书馆数字资源后评估初探》，《情报资料工作》2005 年第 5 期，第 35—38 页。

对网站的内容和形式做出相应的调整，这一点对网站的维护人员来说显得尤为重要；从日志文件提供的信息中对访问时间段、访问请求 URL、状态代码、访问者的浏览器类型等信息进行统计和分析，就可以对整个网站有一个数字化的、精确的认识，从而对网站的设计和内容进行改善和调整。

CALIS 需要尽快制订面向系统及各级成员用于进行系统绩效评估的数据采集和统计细则，只有确保数据采集的有效性和持续性，才能保障绩效评估的进行，在成员和系统共识的基础上建立采集、提交和反馈机制；细则还应明确数据采集的频率和用途，避免造成浪费。

2. CALIS 绩效评估数据的理解和分析。对 CALIS 的绩效评估难点之一就是根据获得的数据统计和计算结果进行分析。当面对一个具体的信息，如"日更新书目记录 1000 条"，应该判断其表达的绩效含义，即"1000 条"相对于 CALIS 当前的运行状况是绩效高还是低，其程度又是如何。如果进行连续的数据采集后，获取"日更新书目记录 1050 条"数据，可以明确的是，从数据上看绩效得到了提升，那这增加的 5% 也是一个具体的信息，其隐含的意义也需要通过分析，明确绩效提高的原因是什么，如何保证 5% 的增长速度，并摸索增长的最大极限，增长遵循的规律。最为关键的是，对 CALIS 绩效评估数据的阐释应根据 CALIS 战略发展目标有重点地灵活调整。判断 CALIS 绩效状况对战略目标实施的支持状况是确定绩效高低的核心标准这需要选择合适的计量方法和评估方案。有些单个数据可以反映出 CALIS 绩效状况，有些数据经过综合、计算和比较时则能揭示 CALIS 更多的绩效信息。除此以外，还要和整个系统内外环境的变化相结合，和期望的变化相比较。例如，和整个系统及成员不断提高的要求相比其相对绩效状况如何等。可以辅以采用绩效评估标杆管理的方法，建立与其他信息资源共享系统横向比较的标杆系统。这可以由专门从事标杆绩效评估的公司来完成，如专门为图书馆提供标杆分析的 Library Benchmarking International 公司[1]是专门从事数字信息服务分析和评估的咨询顾问公司。

3. CALIS 绩效评估数据管理。绩效评估长期化、正规化要依托自动化

---

[1] 洪世昌．标杆分析与 ISO 11620 于图书馆绩效评估之运用 [EB/OL]．[2009 – 1 – 27]．http：//www.lib.ntnu.edu.tw/jory/j48/48context.htm．

的数据管理软件对数据实施长效的控制,主要包括①:(1)绩效评估数据直接进入 CALIS 综合管理信息系统或决策支持系统;(2)根据评估项目的数据定义自动采集、处理、保存计量数据;(3)采集向直属管理机构或经费支持单位汇报的数据;(4)将评估数据用描述信息表达,整合进入常规的系统中,使其能在项目运转中透明可见;(5)将绩效评估纳入正规的组织管理机制中,获得稳定的绩效评估预算支持并建立任务责任制;(6)对不同的目标群体(所属机构、政策制定者、成员和终端用户)定期发布绩效评估报告。

　　CALIS 面向成员编制的绩效评估手册是一种有效的 CALIS 系统内统一的绩效评估管理方式,它能帮助实现各自绩效评估数据的采集、分析和管理,指出当前绩效评估的进度并提出可操作和执行的改进步骤,便于所有的成员共同实施规范的和程序化的绩效评估协作,加之辅以适合不同成员的培训和指导,能对系统内完善绩效评估起到重要作用。具体涉及的培训主要包括:(1)统计方法的利用和应用;(2)目标用户研究;(3)在线和传统的抽样调查;(4)访谈调查;(5)网络日志分析;(6)达成共识的数据采集策略和技术;(7)报告撰写;(8)数据管理。

　　4. CALIS 绩效评估数据应用。CALIS 的发展是以成员和终端用户资源和服务的需求为导向的。在不断变化的环境中,CALIS 运行成本、效率、质量和服务之间的关系也在改变,对 CALIS 的绩效需要不断重新认识和调整,最主要的体现在当前信息资源共享系统的服务,正在从以印本互借传递方式的传统信息资源共享活动向以网络化的即时传递的方向发展,例如北京地区高校图书馆文献资源保障体系(BALIS)建立了实现馆际互借系统外借和返还双向记录以及跟踪网络平台②,因此绩效评估也要有所侧重,不论是评估对象还是指标权重。CALIS 应根据绩效评估的结果有针对性地改变 CALIS 战略实施策略,绩效评估的结果不仅要明确 CALIS 战略发展的方向,更应该用事实和数据指明 CALIS 改进的具体措施,即依据数据和事实建立系统各个项目运行、业务流程、成员协作、组织架构和管理机制逐层深入的绩效关

---

　　① Oliver Pesch. "Usage statistics from the vendor's perspective" [M] // Bertot J C, Davis D M. *Planning and Evaluating Library Networked Services and Resources*. Westport:Libraries Unlimited,2004:343.
　　② 北京地区高校图书馆文献资源保障体系[EB/OL]. [2009-1-31]. http://202.112.118.46/index.html.

联，然后从管理机制着手逐层进行调整和完善，推进具体项目的绩效提高，简言之，就是绩效分析要从表及里，绩效改进则从里及表。绩效是 CALIS 运作的表现，而组织架构和管理机制革新是绩效质变的根本，通过绩效评估不断优化组织深层次结构和运行机制。

同时，也需要认识到绩效评估不是一成不变的。对 CALIS 的绩效评估要随着环境的变化而发生改变，影响因素包括：（1）技术进步；（2）评估理论和方法的改进；（3）评估目标侧重点的转移；（4）新的服务和资源的出现。

五、提高 CALIS 绩效的策略

（一）以用户需求为导向强化共同建设

从 CALIS 绩效评估的结果看，资源在当前 CALIS 绩效评估结果中反映不佳，笔者认为提高 CALIS 资源绩效的关键首先需强化以用户需求为导向的共同建设。CALIS 经过"九五"、"十五"和"十一五"期间的建设，现已基本搭建了高等教育文献资源保障基础框架，与 OCLC 等世界著名信息资源共享系统发展相当。文献资源的联合目录和数字资源的联合采购是 CALIS 共建和共享活动的基础。因此，联合目录和联合采购是资源分布、协调、配置和利用的基础，联合目录和联合采购的绩效是保障 CALIS 成员开展共享活动的前提，简言之，共建绩效决定着共享绩效，没有共建作为基础，共享就很难发挥效益。信息资源共享系统的发展过程，就是共建共享组织所能提供的资源与服务不断深入发展的过程；而共建共享组织的根本目标是通过成员机构间的合作，为用户提供最具成本效益的资源访问方式[1]，具体包括以下三个方面：

1. 书目控制。书目控制是传统文献资源共享的手段，实现文献资源共享是书目控制的最终目的[2]。通过对 CALIS 的调查发现，CALIS 尚未实现文献资源和数字资源的有效整合，即将数字资源整合进 OPAC 中，以提升这两种资源的可获知能力和可获取能力。这使得各成员进行数字资源的开发和建

---

[1] 李晓东、肖珑：《国外信息资源共建共享可持续发展的比较研究》，《图书情报工作》2008 年第 5 期，第 6—10、94 页。

[2] 肖希明：《文献资源共享理论与实践研究》，广西教育出版社 1997 年版，第 150 页。

设如文献资源数字化等处于零散和无序状况，不利于提高文献资源共建的效率和利用的效益，势必会造成重复建设和资源浪费。对于 CALIS 联合目录而言，它是一个面向高等教育教学和科研的书目控制系统；提高联合目录的绩效关键是发挥联合目录揭示和报道成员馆藏书特点及其分布情况，将按照成员馆藏揭示的方式转变为按照需求和资源相结合的揭示方式，最大限度地扩充文献资源的报道范围，多维度、多层次揭示资源，联合国内外信息资源共享系统如 OCLC 的 WorldCat，在共同的国际标准上建立区域文献资源组织和保障等级网络，简言之，就是实现文献资源的数字书目控制，包括选择控制、描述控制、检索控制和传递控制。加强 CALIS 数字资源建设中的书目控制应做到：

首先，加强同国内外数字资源出版商和其他信息资源共享系统的合作，降低数字资源建设的成本、提高建设的效益。如 GIL Universal Catalog 是由 Endeavor Information Systems 开发的一个对多个图书馆联盟的多种数据库进行操作的集中式联合目录，现已连接佐治亚州大学系统中的 35 个大学图书馆。CALIS 可进行符合我国高等教育发展要求和成员资源建设实际的权威资源评估体系，有健全的数字资源评估指标体系和流程操作，打破现有的仅依靠专家对引进资源的评估，更为有效利用全球数字资源权威评估资源，优化集团采购的资源质量和针对性，如网络资源学科导航可与国外同类组织（如 INFOMINE、INTUTE）采用合作建设英文资源导航、数据资源共享的合作模式，与国内有关组织或机构（北京雷速、教图 OA 资源）采用直接购买或利用其部分初始数据资源的合作模式，以解决图书馆员兼职建库、工作量大、更新较慢的问题[①]。

其次，以资源揭示的标准应用推广进一步提高资源的互用性、可用性和易用性，扩大信息资源共建的成员参与度，发挥成员开发本机构资源的积极性和自主性。针对当前 CALIS 成员自建数据库的开放性和通用性低的问题，应实现 CALIS 范围内更为有效的数字信息资源的控制。目前，广泛普及的以元数据方式解释数字信息资源，就是利用元数据标准描述数字化一次信息

---

① 张西亚等：《从中外网络资源学科导航比较看 CALIS 导航库的完善与发展》，《大学图书馆学报》2008 年第 6 期，第 98—103 页。

的特征，对其内容进行压缩，使数字化一次信息进入二次信息，实现对数字信息资源的控制。采用书目记录功能需求（FRBR）简化网络信息著录、提高著录质量和促进书目数据共建共享。OCLC 已在 2003 年公布了一套将书目数据库转换成 FRBR 的算法，CALIS 可利用这套算法把基于 MARC 的书目数据库转换为 FRBR 模型。ROADS（Resource Organization and Discovery in Subject based Service）为不同类型的资源使用了不同的模板（记录格式），如文献、数据集（dataset）、图像等等，这些模板对记录资源的相关信息指定了合适的字段，确保不同的主题网关之间可以实现互用，而这些模板组成了基本的记录标准，可以实现用同一种方法进行跨网关检索[①]。

再次，利用 Web2.0 互动平台，形成开放存取数字目录扩充体系。通过为注册成员或终端用户提供个性化的信息空间，增加与 CALIS 用户和用户之间的交流和互动，为资源添加注释，拓展基于资源利用的知识共享，能让终端用户建立开放存取的资源关联和共享系统，所建立的开放存取数字目录则进一步提供了一个更为广阔的、免费的、有价值的网络资源。这些资源包括开放存取期刊、指南、电子期刊、常见问题集（FAQs）、邮件名单和博客等，是对不同主题资源的有效补充[②]，实现了对成员和终端用户智力资源以及网络可自由利用的资源的最大访问。例如，作为学科专题导航库，对于专业内新建网站以及有价值网站的发现往往是专业终端用户而非图书馆参与建设人员，CALIS 资源导航库可以采取开放式管理模式，即建立用户推荐新资源的机制，鼓励用户向数据库提交新的（导航库没有的）资源链接，让用户在使用导航库的同时，积极参与到数据库的建设中来[③]，既节省了导航库的维护成本，又提升了导航库的利用价值。

从当前 CALIS 三期的计划看，将在保持原有 CALIS 联合编目体系基础上，全面收取成员馆书目数据与馆藏，并与商家合作建立集中编目点，为成员馆免费提供数据下载与配送，在中（含古籍）、英、日、俄之外，增加其

---

① 彭斐章、邹瑾：《数字环境下的书目控制研究》，《图书馆论坛》2005 年第 6 期，第 10—15 页。
② 柯平、曾伟忠：《试论面向数字书目控制和数字资源控制的数字目录学》，《图书情报知识》2007 年第 5 期，第 34—41 页。
③ 刘莉：《CALIS 资源建设中存在的问题和思考——CALIS 重点学科网络资源导航库发展建议》，《大学图书馆学报》2008 年第 6 期，第 104—107、32 页。

他语种编目。这些均体现出开放和共建的思想。

2. 标准化和技术领先。CALIS 当前开发的专题特色数据库数量较为有限，一个很重要的原因是 CALIS 仍缺少对成员进行标准化和技术的培训，没能充分挖掘成员需求和资源开发潜力。标准化不仅是单个图书馆实现数字化、网络化的根本前提，对信息资源共享同样具有十分重要的意义。图书馆等信息机构实现资源共享，标准化正是减少甚至消除信息资源共享中的无序状态和重复加工以达到规范化、系列化和统一化，从而促进不同类型、不同内容、不同来源信息资源的交流和共享，实现管理科学化和现代化的重要手段。CALIS 作为我国公共服务体系的信息资源保障，理所应当在信息资源开发、建设、组织、传输包括图书馆业务工作的一般标准中扮演重要角色，主要包括：（1）向成员推广和实施国际和国家统一标准；（2）根据网络环境下资源共享和信息交流的需要，更改相关资源组织和应用标准；（3）根据高校图书馆信息资源建设和共享实际情况，制订相关业务标准；（4）制订系统评估、流程规范和服务质量的相关标准。只有这样才能为成员自主开发资源并提供广泛的共享创造条件。

从目前 CALIS 发展的现状看，CALIS 已制订并发布了数字图书馆建设中涉及的相关标准，并对国际通用标准及修订状况予以了密切关注。然而，标准化的过程往往涉及多个关键的步骤：一是制订标准，确保标准之间的兼容和统一，使得体系能保证顺利实现资源建设和服务的要求；二是推广标准，在成员进行资源共建和共享中实际运用这些标准，是实现标准化的关键，这除了要对成员进行周密的培训外，涉及成员综合实力、信息资源共建共享的参与度、根据标准要求配套的物资人员和业务流程重组。同时，CALIS 应该深刻认识到共建的标准化会影响到共享的效果和效率，是实施信息资源共享系统标准化中的重点；三是建立 CALIS 流程规范，保证 CALIS 运行的科学性和稳定性，提高流程运转的效率，指导成员正确和科学地进行业务操作，保证每个子项目建设和执行的力度，以确保项目又好又快地完成既定的目标，这正是目前 CALIS 最需要做出的努力。在 CALIS 年度报告中，联合采购、联合目录等已经建立了相关流程规范，但是其他如专题特色数据库建设和维护等规范尚未建立，这也是造成专题特色数据库维护不定期、资源陈旧的主要原因。 同时， CALIS 流程规范中需要将建设流程和服务流程加以区分,在各个项目运行的不同阶段,灵活地改变相应的流程规范。目前,CALIS 三期建设的重点在标准化方面,着重建立标准规范服务平台、发布 CALIS 各类标准规范和相关应用指南并提供各类标准认证测试服务,这也反映出标准先行的发展理念。

3. 成员培养。人员培养是成员参与共建共享所获得收益的重要部分。由于 CALIS 是采用边投入、边建设和边服务的发展模式,在构建关键竞争优势的同时,不仅要关注硬件的建设和效果,更为重要的是关注人力资源等相关软件的培养和建设。在前文的叙述中,笔者已经阐述了共建绩效是共享绩效的基础和保证,而成员的业务水平和素养更是直接与共建绩效息息相关。调查显示,面向成员方面,CALIS 将成员的编目水平划分为若干个等级,对不同编目业务能力的成员给予不同的联合目录参与权限;在面向成员业务人员方面,CALIS 联合目录也对其成员的编目业务人员组织培训,并鼓励他们参加相关职业资格认证考试,提高其编目能力,更好地参与到 CALIS 联合目录建设中。成员业务能力的提升是关乎成员能否有效地参与到 CALIS 各个项目共建和共享的重要因素:对于成员而言,它直接决定着成员在参与的过程中是否能取得共享的预期收益,达到事半功倍的效果;对 CALIS 而言,则关乎着资源建设和服务的质量和效益。因此,要实现 CALIS 和成员战略发展的协同和利益双赢,就必须强化 CALIS 的服务意识和成员的贡献意识。CALIS 管理中心作为 CALIS 核心协调机构,需要不断对成员以组织培训等方式进行业务指导和技术支持,通过成员整体业务能力的培训,实现整个 CALIS 人力资本的价值提升。从公布的 2010 年 5 月间 CALIS 在天津和广州举办的中西文图书编目培训情况看,获得认证资格的编目馆员呈现逐年递增的状况[1]。

CALIS 管理中心组织培训可以实现两种模式的知识转移。第一种方式是外部获取。利用合作伙伴,如数据库商、技术提供商等,将相关业务和技术培训纳入到对客户的服务中,通过加大对成员的宣传力度,鼓励成员积极主动地学习新知识和新技术,抓住业务提升和技术改进的时机,及时掌握成员的学习情况,并做好后续咨询和辅导工作,促进成员顺利地参与到系统各个

---

[1] CALIS 联合目录数据库建设项目大事记 [EB/OL]. [2011-5-4]. http://project.calis.edu.cn/calis/lhml/lhml.asp?fid=FA01&class=3.

项目的共建中，尽快从各项共享活动中获得更多的效益。第二种方式是内部学习。掌握和了解成员的业务优势和先进技术，组织成员中的优秀管理者对其他成员进行系统的业务辅导和技术指导，提高成员业务人员的信息素养，加强成员之间共建共享经验的交流，缩小成员之间意识上、业务上的差距，形成 CALIS 系统内浓厚的"比学赶帮超"学习氛围。CALIS 经过十余年的建设，已构筑了共建共享的核心网络，即：各个学科中心和地区中心，具有较强的业务能力和综合实力，核心成员是制定 CALIS 发展策略、参与 CALIS 项目建设、协调管理成员馆开展 CALIS 日常共享活动的中坚力量。为了充分调动核心成员的积极性，CALIS 要提供条件和资源，组织各地区其他成员的培训活动，提高成员参与共建共享的效果。

（二）加快数字图书馆建设，实现可组配式共享模式

在信息资源共享系统绩效评估指标权重中，利用和服务绩效权重值最高。从目前对 CALIS 绩效评估的结果看，利用和服务绩效状况对 CALIS 当前绩效的发挥有着正向作用，可视为是 CALIS 当前绩效的优势，在今后需要进一步加以强化。由于资源和服务密切相关，在 CALIS 绩效提高的过程中，应以 CALIS 发展战略为根本，将二者有效地结合，进一步提高 CALIS 资源建设和服务利用的效益。CALIS 的各项服务中，成员参与最为广泛的 CALIS 联合目录和集团采购，是 CALIS 发挥资源和服务绩效的基础。对于纸质资源而言，编目是图书馆基本业务中最为费时费力的工作，但又是每个图书馆资源组织和服务开展的基础，通过共享书目数据，避免重复编目，能节省大量的人力物力，为资源的协调采购、馆际互借和文献传递奠定良好的基础。联合编目现已成为各个成员参与信息资源共享系统最直接的需求，为参与成员带来最为直接的效益。从国外 OCLC、OhioLINK 等信息资源共享系统的成功经验看，无一不是从传统的印本资源的共建共享起步；NII 也是从印本资源及其书目信息的共建共享开始发展的；CDL 主要致力于数字图书馆的建设和发展，同时也提供包括联合目录（Melvy catalog）和馆际互借在内的书目服务；JISC 资助了联合目录系统 Copac 和期刊联合目录 SUNCAT[①]。

---

① 李晓东、肖珑：《国外信息资源共建共享可持续发展的比较研究》，《图书情报工作》2008 年第 5 期，第 6—10、94 页。

电子资源的集团联合采购作为电子资源建设的重点，现已成为成员馆参与最多的共建活动，它通过集团组织的谈判，为成员机构争取到最直接的实惠和最大的利益，能较好地体现共建共享组织的价值。从所属成员满意度的数据看，CALIS 开展的集团采购得到了参与成员的广泛认可，实现了整个系统成本优化和经济效益提升。除此以外，CALIS 需要将集团采购的重点从成本最优转向服务最优，即追求数字资源购买经济性的同时强调通过授权和许可的方式，增强可持续的资源利用，为资源的长期使用奠定基础。例如，JISC Collections 在 NESLI2（National Electronic Site Licence Initiative version 2）中，制订了图书馆电子期刊购买和许可协议的范本，在确保集团订购协议期满后，出版商将按照和购买资源的图书馆约定，通过以下三种方式之一，为该图书馆继续提供已购买过的资源全文[①]：（1）出版商无偿继续为图书馆提供以前购买的资源的存档；（2）数据库商无偿以电子媒介的形式为图书馆提供已购买过资源的存档数据，经过各方的协商，存档数据可直接转交给该图书馆，也可交给 JISC 进行集中式存档，还可交给除商业性出版商以外的其他机构存档；（3）数据库商通过 FTP 方式无偿为图书馆提供已购买资源的存档数据。

由此，印本资源的联合目录和电子资源的联合采购是成员加入信息资源共享系统参与的基本和最核心共享活动。CALIS 正是以这两项服务为发展成员的基础，并建立特色数据库、虚拟参考咨询等相关共享服务。在当前 CALIS 的发展战略中，数字图书馆建设成为首当其冲的项目，2008 年 12 月，CALIS 已经完成了开放式中国高等教育数字化图书馆的框架建设[②]，这是当前 CALIS 发展的战略核心和未来 CALIS 发展的战略基础，也是与一些著名的信息资源共享系统的发展，如 OCLC、OhioLINK、NII、NSDL、JISC、CDL 开展数字图书馆相关的研究与实践相一致。与以往 CALIS 建设的高校学位论文库子项目、专题特色数据库子项目、虚拟参考咨询子项目等不同，CALIS 所构建的数字图书馆涉及集成检索、门户建设、统一认证等技术开发

---

① National Electronic Site Licence Initiative version 2（NESLi2）［EB/OL］.［2009 - 01 - 15］. http://www.nesli2.ac.uk/.
② CALIS 十年结出硕果，开放式知识共享平台达到国际先进水平［EB/OL］.（2009 - 01 - 05）［2009 - 02 - 05］. http：//www.calis.edu.cn/calisnew/subnews.asp? id = 820.

难题，还有元数据、互操作、存档等标准规范问题。在数字图书馆框架下，CALIS 将吸纳更多的成员参与，将已有的联合目录、馆际互借、文献传递、高校学位论文库、专题特色数据库、重点学科导航数据库、教学参考信息数据库、虚拟参考咨询等整合到这个数字图书馆框架中，在这样的资源体系上，借助数字图书馆相关技术和网络技术（网格技术），深入开发和建设数字信息资源，建立开放式分布式资源网络和学习机制，不仅能进行智能检索、资源标引、联机注释、数字出版和数字保存归档，还能利用可视化等相关工具构建虚拟协同工作和协作学习的信息空间和共享空间。

CALIS 成员的积极性将在数字化空间中得以激发，参与到共建共享活动的将不再是成员所决定的，而是因为终端用户参与到了资源的建设和利用中，他们利用数字图书馆门户选择最适合自身需求的终身学习。CALIS 当前搭建的数字图书馆框架提供了基本的资源、技术和服务框架，就如同铺就了道路网络、设置了交通路线，而成员则需要在这样的道路上根据实际终端用户的需求，组配不同的服务项目和资源内容，为用户提供一站式的服务，如同道路上奔驰的车辆，完全根据"乘客"的需求行驶不同的路线。实现 CALIS 所铺设的"道路网络"的绩效最大化，须做到：（1）实现 CALIS 已有服务在数字图书馆框架下的兼容和发展，即拓宽已有的"道路"，能行驶更多的"车辆"；（2）开发新的服务项目，并让更多的成员获得这些服务的收益，即开辟新的"道路"，实现与已有"道路"的互联和互通，并能鼓励更多的"车辆在道路上运营"；（3）实现深度共享，在指导和引导成员参与共享活动的同时，给予成员根据需求自由选择和决策的权利，让成员在数字图书馆框架内开辟更多的服务项目以最大限度地满足用户的需求，即实现"乘客到哪里，路就修到哪里"，让"车辆"开辟更多捷径。

这就需要 CALIS 开展一种更为灵活的共享模式，即通过服务组配的方式，使得成员能基于 CALIS 的数字图书馆资源和技术框架开发针对自身用户需求的增值服务。CALIS 为其提供资源开发、组织和保存的资源保障和网络支持，而成员则根据 CALIS 提供的服务开发或组配新的服务项目，形成适应用户需求的个性化的服务平台，平台的资源是 CALIS 成员网络所形成的资源保障体系。从 CALIS 核心成员和外围成员的划分，到联合编目中 CALIS 对成员认定的不同业务等级，成员之间不论是用户需求还是资源、业务基础都各有不同。在高等教育体系中，各高校会受到区域、经济、文化等诸多因素的影响导致发展不平衡，而各个成员也因其所属的高校具体状况不同，对科研和教学有不同的侧重，办馆的硬件和软件也各有不同。在数字图书馆多样化的资源和服务中，各个成员会因各自的条件和用户需求对数字环境下的共享有不同的需求，当数字图书馆发展方向成为一种必然时，层次性、可组配的数字图书馆服务方式才能符合成员不同的选择需要。2009年，CALIS已经尝试在其成员馆中形成自组织的共享域，该模式可按地域、按学校类别、按共享内容、自定义进行构建CALIS的共享区域子系统，形成基于地理邻近优势的区域共享需求的共享域，并建立基于特定共享需求的共享域，如外语院校联盟。这些新建的共享子系统机制实质是按需共享的自下而上的共享思路，无疑可以增强成员馆开展共享活动的自主性和灵活性，提高CALIS的绩效。层次性、可组配的CALIS服务显然是适应成员馆按需共享、个性化需要的选择。

为实现数字环境下CALIS与成员战略的协同发展，在数字图书馆建设中，CALIS整体效益的发挥体现在新的信息技术能迅速在数字图书馆框架中得到应用，开发更多新的服务项目，给成员提供开发衍生服务和增值服务的条件，将成员之间的资源共享转为知识共享。CALIS应加快服务向产品的转化，利用先进的产品增强成员的凝聚力，形成以数字图书馆发展战略为依托的服务体系。新项目的重点是以用户知识需求和知识利用为导向，利用新的技术开发数字图书馆相关衍生和增值服务项目，将资源体系置于开放的网络环境中，使得信息资源共享系统的服务"无处不在"。

（三）稳定基础性投入和绩效，扩大融资渠道

调查结果显示，CALIS经费问题已经成为CALIS绩效的最重要制约因素，在制定CALIS绩效提高策略时，应予以特别关注。CALIS资金来源是单一的政府拨款，政府不仅能确保经费的稳定性，而且主导CALIS项目建设，并在政策上予以有力支持。通过集中投资建立的共建共享组织，能增强成员机构的凝聚力，保证成员机构从中受益，教学和科研人员通过平等的资源保障体系获取高质量的信息资源和服务，全国的教育和科研水准提升还能获得持续而稳定的资源和服务供给。有效的经费利用，直接决定着CALIS在高等教育发展中的资源与服务效益的发挥。国家根据CALIS五年项目建设计

划和预算确定投入，即国家拨付的经费要全部用于新项目的建设。根据当前的实际，CALIS 需要将拨付的经费划分为两块：一是用于已有项目的维护；二是进行新项目的建设。由于新项目的建设需要时间，所以对其投入往往依照申报经费的预算，而已有项目不及时维护更新就会对成员和终端用户利用造成较大的影响。因此，从目前的 CALIS 运行状况看，稳定已有项目的投入和运行绩效是当务之急。

而从经费的具体分配上看，成员馆参与 CALIS 建设的经费以自筹为主，以地方投资为辅，着重进行一次文献建设。而国家下拨给 CALIS 的经费主要用于[①]：

· 协调全国高校文献资源建设：联合采购、评估、引导性采购等

· 少量共享度高的商业化全文资源建设，如 PQDT 学位论文、Netlibrary 等

· Pay Per View、文献传递、馆际互借等全文获取

· 重要学术刊物的回溯

· 高校原生数字资源存档，如机构库、学位论文等

· 可共享文献资源（共享文献源）建设

· 以二次文献为基础的文献资源整合

显然，CALIS 的经费主要用于一次资源合作建设和二次资源开发等基础资源建设方面，未对激励成员利用 CALIS 提供的共建共享服务给予充分的保证，即尚未实现将成员馆自身发展和 CALIS 建设形成高度统一、共生发展的关系，因而，难以有效调动成员馆参与共建的积极性和主动性。以 CALIS 学科导航库为例，数据更新特别是重点学科网络资源的导航更新不及时的状况显得较为突出：软件平台检索不支持英文大小写模糊检索功能，内容质量和标引质量不高，体现在权威数据数量不全，学术价值不高的数据也较多，关键词数量明显不足，直接影响了检索效果[②]。改变已有子项目的经费资助状况是 CALIS 保证已有数据库质量和有效利用的关键，有了充足的

---

① 陈凌：CALIS 三期资源建设策略［EB/OL］. (2010－04) ［2011－02－11］. http：//calis. nju. edu. cn/document/JLS/2010032903. pdf.

② 刘莉：《CALIS 资源建设中存在的问题和思考——CALIS 重点学科网络资源导航库发展建议》，《大学图书馆学报》2008 年第 6 期，第 104—107、32 页。

经费对已有数据库不断进行软件升级、质量控制和数据维护，才能确保不造成 CALIS 系统资源的浪费，成员和终端用户的利益不受影响。在 CALIS《"十五"建设子项目经费管理办法》中明确规定了"子项目经费一般不予追加，并不设不可预见费。由于不可控的因素造成的经费欠缺，明显影响项目完成的，由承建单位提出申请，经专家认定属实，管理中心批准，可适当追加项目经费，但额度不超过原定经费的 5%，仍不足部分由承建单位负责解决。"①由此，改变项目一次投入而无追加经费资助的政策是提高已有项目绩效的根本。

CALIS 如果单从项目建设经费中划拨每年对已有项目的维护费用，难免会对新建项目计划实施产生资金紧缺的影响。从调查中发现，CALIS 对经费的充裕状况自评结果不高，也反映出了资金不足的问题。巧妇难为无米之炊。改变经费紧张和分配不佳的状况的另一个途径是"开源"。

第一个方案是走国家资助路线，即每年向国家申请已开服务项目的专项维护费用，按年及时拨用专款，为更新已有资源、升级已有服务奠定扎实稳定的经费基础，特别是联合目录、集团采购等核心 CALIS 服务。将上述专项费用资助 CALIS 已有数据库建设的负责单位，并建立质量标准以监督各个数据库的资源更新和系统升级维护。如"专项经费"能获得批准，将会得到国家持久的资助，有利于数字资源的长期保存和利用；若"专项经费"长时间得不到批准，则会使 CALIS 的发展处于被动，首当其冲的是服务升级、资源扩充及系统升级，所以只能利用数字图书馆项目建设，建立资源的整合平台以便于统一管理和维护，但是数字图书馆项目也同样面临升级和维护的问题。因此，上述经费方案只能作为优选方案。

第二个方案是通过 CALIS 自主扩大融资渠道，即以自我经营的方式，改变单一的经费来源，通过创新经营理念，提高服务质量，扩大成员单位融资渠道，解决资金缺口，以充足的经费储备积极应对新技术、新需求、新形势的挑战。CALIS 解决资金的双赢，不仅是系统和成员"优势互补、互惠互利、荣辱与共、共同发展"的双赢，也是优化服务、资源为发展积累丰富资金的双赢。例如，OhioLINK 通过让成员单位分担电子资源采购，缓解其

---

① 中国高等教育文献保障系统："十五"建设子项目经费管理办法（草案）[EB/OL].（2004 - 01 - 09）[2009 - 2 - 5]. http：//www.calis.edu.cn/calisnew/calis_ index. asp? fid = c3&class = 3.

资金不足的问题。根据调查，2004—2007 年电子期刊和参考数据库两项采购费用的情况如下：在电子期刊采购中，成员图书馆投资占绝大多数（在 81% 以上），而州政府投资比重很小；在参考数据库采购中，成员馆投资也要比州政府财政投资要高。随着联盟成员的逐渐加大，OhioLINK 将会获得更多来自联盟成员的投资，这为 OhioLINK 可持续发展提供了资金保障①。CALIS 作为一个国家项目，经费大多用于国家立项的基础建设，大量的系统升级维护、数据处理等后台工作只能由共享成员共同承担，以维持良性循环的运营环境。CALIS 管理者开始探寻以成员共同维护建设服务的道路，纠正成员"共享是免费的午餐"这个观念②。笔者认为，要想提高 CALIS 运行绩效，兼顾公平，以 CALIS 目前的状况，需要加快服务的产品转化。如馆际互借平台，CALIS 可将其形成成熟的产品，集成馆际互借利用、升级、使用统计和培训等服务配套向成员按年收取费用，并将这些费用用来保证馆际互借平台的更新和完善。这样，成员得到了 CALIS 的服务，就需要承担服务的维护费用，即实现共享和共建的对等和平衡。成员可根据实际情况，选择不同的服务产品，灵活地选择和参与。CALIS 只有获得稳定的成员共建经费的支持，才能保证产品的技术领先和服务升级，进一步强化服务的核心竞争优势。这种开放的方式，更能打破以往我国由于行政隶属体制造成的不同系统图书馆的条块分割、各自为政的状况，以资源利用和服务为基础，扩大共建共享的受益范围，真正提升 CALIS 公共服务保障的社会效益和经济效益。

  与这种新的经费改革相适应的是 CALIS 管理角色的转变和制度的优化。CALIS 在制定决策和进行子项目管理时，应更多地将现有集权制适度"分权"，即实现更多的成员自主管理，由成员"当家作主"对 CALIS 项目立项和战略决策提供参考和建议；在子项目开发和更新维护中，可根据实际需要在 CALIS 指导下自主寻求技术支持和引进技术。CALIS 管理中心更多地将履行绩效管理和流程控制的职能，保证 CALIS 投入产出和高效运作。可以预见，基于评估的绩效管理是 CALIS 管理中心未来的主要任务，用绩效支持战略更是确保 CALIS 可持续发展的关键。

  2009 年对 CALIS 进行绩效评估后的 3 年间，CALIS 在评估反馈后，加

---

① 盛小平：《OhioLINK 的成就及启示》，《大学图书馆学报》2008 年第 6 期，第 8—13 页。
② 王燕：《我国信息资源共建共享的主要问题》，《大学图书馆学报》2008 年第 2 期，第 74—78 页。

强了资源和成员方面的建设,在一定程度上验证了利用评估体系对 CALIS 进行绩效评估的有效性。目前,CALIS 数字资源的记录总条数超过 3280 万条,现拥有 342 万条书目与规范记录,2800 余万条馆藏信息[①];2010 年一年内,CALIS 数据中心还先后完成了 18 个中心馆馆藏期刊目次的维护工作,累计更新的馆藏期刊目次总量超过 500 万条,完成了 CASHL 外文文科图书联合目录 200 多万条数据的更新和维护工作。在数据规模居于国内领先地位的同时,CALIS 绩效评估后的改进和发展也带动了成员馆参与和利用的积极性。3 年间,CALIS 成员增至 1005 家,包括了所有 211 高校,覆盖了 93%的本科院校,还包括了 78 家非高校成员[②]。系统开放性进一步增强,辐射效益开始显现,这样能进一步刺激经费"开源"和多元的实现。成员利用和服务方面,到 2009 年 8 月,CALIS 联机编目中心已经提供书目数据下载服务 2800 余万条,2008 年月平均下载量约 45 万条。集团采购中,CALIS 在十余年中与成员馆逐渐建立了信任,2009 年 8 月,271 家成员馆和 CALIS 签署了集团委托协议,10 个全国和地区中心承担了 CALIS 集团采购牵头工作,172 个集团采购的方案在教育部进行备案,内部信息库中已有 199 份集团采购方案;参加 CALIS 集团采购的成员馆超过 24000 馆次[③]。同时,在经费方面,转向成员优惠的幅度加大,进一步提升了服务效益。2009 年,西文现刊目次数据库免费后,访问量增长了近一倍。

通过对 CALIS 进行绩效评估及 CALIS 战略策略调整的过程发现,CALIS 绩效评估体系中各一级指标和二级指标之间相互制约和相互影响,如资源建设会促进成员发展,建立成员的信任,进而促进利用和服务效益。在信息资源共享系统发展的整个过程中,需要依据绩效评价指标体系中的各级指标权衡战略发展影响因素之间的平衡,制定可持续发展的信息资源共享系统战略体系。

[①] 姚晓霞、陈凌、朱强:《CALIS 服务政策的解析与实践》,《大学图书馆学报》2011 年第 1 期,第 22—26、10 页。

[②] 姚晓霞、陈凌、朱强:《CALIS 服务政策的解析与实践》,《大学图书馆学报》2011 年第 1 期,第 22—26、10 页。

[③] 姚晓霞、陈凌、朱强:《CALIS 服务政策的解析与实践》,《大学图书馆学报》2011 年第 1 期,第 22—26、10 页。

第 七 章
信息资源共享系统绩效评估实证研究之二
——对珠江三角洲数字图书馆联盟的绩效评估

为深入贯彻落实国务院颁布的《珠江三角洲地区改革发展规划纲要（2008—2020年）》、广东省人民政府印发的《广东省建设文化强省规划纲要（2011—2020年）》和广东省文化厅印发的《关于推进珠江三角洲地区文化共建共享工作意见的通知》文件精神，积极推进珠江三角洲文化信息资源共建共享工作，广东省中心图书馆委员会牵头建立了珠江三角洲数字图书馆联盟[1]。2010年4月23日，在广东省委宣传部、广东省文化厅、广东省新闻出版局的主持下，联盟网站正式开通使用。珠江三角洲数字图书馆联盟网站是针对广东省公共、教育、科技三大系统图书馆普遍使用读秀系统的实际情况，在北京世纪读秀公司的大力协助下建立的，是我国公共、教育、科技系统图书馆建立的一个跨系统文献资源共享平台，目标是突破行政管理体制和网络版权的局限，实现三大系统图书馆信息资源共建共享的理想。珠江三角洲数字图书馆联盟的成员馆不仅包括珠江三角洲地区的图书馆，而且覆盖和辐射广东省东西两翼和粤北山区，是全省图书馆的信息资源共建共享的一项重大工程。

---

[1] "珠江三角洲数字图书馆联盟"联合目录平台正式开通［EB/OL］.（2009 – 09 – 17）.［2010 – 12 – 14］. http：//www. gddcn. gov. cn/index. php? controller = News&action = Index&art_ id = 492.

一、珠江三角洲数字图书馆联盟绩效评估
实施过程与调查项目

为全面了解珠江三角洲数字图书馆联盟运行以来的绩效情况,课题组于2011年3月14日至20日,对广东省立中山图书馆、广州市图书馆、佛山市图书馆、暨南大学图书馆、广东省科技图书馆、广东省人民医院图书馆进行了实地调研。通过这次调研,从珠江三角洲数字图书馆联盟主要负责人、广东省立中山图书馆莫少强副馆长处获得了大量关于联盟运行情况的第一手资料;对其他图书馆的信息资源共建共享工作也有了一定的了解,并得到了访谈对象对于珠江三角洲数字图书馆联盟的评价信息。

根据信息资源共享系统绩效评估指标体系的可选择性和可拓展性,并结合珠江三角洲数字图书馆联盟的实际情况,有针对性地进行如下绩效评估:

将珠江三角洲数字图书馆联盟绩效评估的目标设定为全面了解其运行以来的整体绩效状况,找出发展中存在的问题,以促进联盟的进一步发展。因此,从第3章提出的信息资源共享系统绩效评估模型和珠江三角洲数字图书馆联盟的实际出发,绩效评估对象涉及:

• 构成珠江三角洲数字图书馆联盟的各个要素

面向结果的珠江三角洲数字图书馆联盟绩效评估主要包括联盟的资源、服务、成员和终端用户、管理人员。

资源涉及:(1)联盟整合的各个成员馆的馆藏资源;(2)联盟购买的读秀数字资源;(3)联盟资源的共享体系和共享能力。

服务涉及:(1)联盟成员参与的各类共建和共享服务;(2)联盟各项服务产生的效果和效益。

成员涉及:(1)在联盟系统注册成员和参与联盟共建共享活动但没有注册的成员;(2)提供共建活动的成员与没有提供共建的成员。

终端用户指联盟成员的用户,包括直接享用联盟服务的用户和潜在的享用联盟的用户。

管理人员指联盟的管理机构——广东省中心图书馆委员会的负责人员和各个成员馆负责进行共建共享的人员。

- 珠江三角洲数字图书馆联盟运作要素

指联盟及其成员投入的人力、物力和财力,这部分有些也是联盟的构成要素,如人员。调查对象主要包括联盟投入的经费、相关技术引进和开发、联盟和成员对人力资源的培养状况。

- 珠江三角洲数字图书馆联盟流程和周期

联盟各项活动的开展和运作、各项服务运转的周期、联盟成员如何参与并实施配合和协调、管理的机制等。

根据第4章确定的信息资源共享系统绩效评估的标准体系,并结合珠江三角洲数字图书馆联盟的实际情况,制定出如表7-1所示的珠江三角洲数字图书馆联盟绩效评估指标体系。为了使珠江三角洲数字图书馆联盟的绩效评价工作更加科学和规范,参考《图书馆之城建设指标体系》测评表[①]等,确定测评项目的评价标准(见表7-2)。

表7-1 珠江三角洲数字图书馆联盟绩效评估指标体系

一级指标	二级指标	测评项目	备注
资源	更新速率	联合目录更新	馆藏资源联合目录的更新速率
		读秀资源更新	购买的读秀资源的更新速率
	覆盖率	元数据数量	各种类型元数据的数量
		全文数量	各种类型全文的数量
	结构和布局	资源来源	资源的建设方式
		资源类型	资源的类型数量
	可知晓性	联盟资源整合状况	网络平台对馆藏信息资源的整合程度
		分类导航的科学性	
		资源检索的功能性	
	可获取性	资源满足率	信息资源满足用户需求的程度
		服务及时性	获取信息资源全文的时间长度

---

① 《图书馆之城建设指标体系研究》课题组:《图书馆之城建设指标体系研究》,国家图书馆出版社2010年版,第19—26页。

续表

一级指标	二级指标	测评项目	备注
成员	成员结构	成员数量	成员数量占地区图书馆资源总数的比例
		成员类型	成员的类型数量
	成员就绪度	经费就绪度	成员支持信息资源共建共享的经费状况
		人员就绪度	成员开展信息资源共建共享的人员情况
		设备就绪度	成员辅助信息资源共建共享的设备状况
		培训与宣传	成员进行信息资源共建共享的宣传情况
	成员参与度和使用度	参与联盟服务的成员数量	
		成员参与联盟服务的状况	
	成员收益	经济收益	参与联盟为成员节约的各类信息资源建设成本
		服务收益	参与联盟对成员的资源建设和服务利用的影响
服务和利用	服务内容和项目	面向成员单位的服务项目	
		面向终端用户的服务项目	
	服务基础和利用保障	系统的故障率	信息资源共建共享设备年均发生故障的次数
		应对故障能力	服务器的安全性能和危机处理预案制定情况
	资源和服务利用状况及其效率	用户访问次数	
		信息检索次数	
		参考咨询数量	
		文献传递数量	

续表

一级指标	二级指标	测评项目	备注
服务和利用	服务效益和利用效果	联盟的服务效益	资源价值的发挥和用户的受益情况
		终端用户满意率	
	满意度	资源整合满意度	
		服务平台满意度	
投入和支出	经费来源	经费稳定性	
		经费充裕度	
	成本控制	经费使用的规范性	经费的使用是否有章可循
		经费分配的合理性	经费的分配是否科学灵活
	资源利用成本核算	成本核算机制	是否形成了成本核算机制
		服务平均成本	联盟各项服务的平均成本
管理和流程	组织结构的合理性	联盟管理机制	
		管理人员构成	
	流程的科学性和周期控制	流程设计合理性	联盟的发展目标、工作计划、规章制度等情况
		流程监控和反馈	联盟服务的数据统计及对成员反馈的处理情况
	运行机制的有效性	沟通渠道	沟通渠道是否畅通
		激励机制	激励机制是否健全
		绩效评估	绩效评估是否完善
外部效益	公共环境	用户调查	是否建立了长效的用户调查机制
		公共形象	是否形成了良好的服务品牌
		公共活动	联盟活动在更大范围产生的影响
	市场合作	商业性合作关系	与各种商业公司的合作状况
		政府部门的支持	政府部门对联盟建设的各种支持
		社会各界的参与	用户等第三方参与联盟建设的状况

续表

一级指标	二级指标	测评项目	备注
外部效益	整体效益	行业示范效益	在解决知识产权、资源长期保存等行业发展问题中，所发挥的示范作用
		增值服务效益	利用联盟的先进技术或全新理念等，衍生开发出新的服务

资料来源：根据第 4 章"信息资源共享系统绩效评估指标体系"制定

表 7-2　珠江三角洲数字图书馆联盟绩效评估指标评分标准

一级指标	二级指标	测评项目	指标分值	评分标准
资源	更新速率	联合目录更新	5 分	年度更新资源数量占资源总量的比例（≥3%，5 分；每减少 0.5%，扣 1 分）[1]
		读秀资源更新	5 分	同上
	覆盖率	元数据数量	5 分	人均条数（≥2，5 分；每减少 0.5 条，扣 1 分）[2]
		全文数量	5 分	千人拥有全文数量（≥5 篇，5 分；每减少 1 篇，扣 1 分）[3]
	结构和布局	资源来源	5 分	购买（2 分），自建（2 分），其他（1 分）
		资源类型	5 分	印刷型资源（2 分），虚拟数字资源（2 分），实体数字资源（1 分）
	可知晓性	联盟资源整合状况	4 分	现实馆藏资源整合（2 分），虚拟馆藏资源整合（2 分）
		分类导航的科学性	3 分	分类科学（1 分），容易操作（1 分），界面美观（1 分）
		资源检索的功能性	3 分	检索途径（1 分），查全率（1 分），查准率（1 分）

续表

一级指标	二级指标	测评项目	指标分值	评分标准
资源	可获取性	资源满足率	6分	资源对用户需求的满足率（≥95%，6分；每减少5%，扣1分）④
		服务及时性	4分	获取信息资源速度（即查即得，满分；每延迟24小时，扣1分）
成员	成员结构	成员数量	6分	成员馆数量与本地区图书馆总数的比例（≥50%，6分；每减少5%，扣1分）⑤
		成员类型	4分	成员馆的类型数量（1种类型1分，最高4分）
	成员就绪度	经费就绪度	3分	设置有专项经费（2分），经费充裕（1分）
		人员就绪度	3分	配备有专门人员（2分），技能娴熟（1分）
		设备就绪度	3分	配置有专门设备（2分），性能优良（1分）
		培训与宣传	1分	开展了相关的培训或宣传活动（1分）
	成员参与度和使用度	参与联盟服务的成员数量	5分	参与联盟服务的成员数量占成员总数的比例（≥30%，5分；每减少10%，扣1分）⑥
		成员参与联盟服务的状况	5分	服务的次数（3分），服务的种类（2分）
	成员收益	经济收益	6分	节省的信息资源建设成本（2分），节省的设备成本（2分），节省的人力成本（2分）
		服务收益	4分	优化了资源结构（2分），提升了服务效率（2分）

续表

一级指标	二级指标	测评项目	指标分值	评分标准
服务和利用	服务内容和项目	面向成员单位的服务项目	5分	面向成员单位的服务项目数量（1个服务项目1分，最多5分）
		面向终端用户的服务项目	5分	面向终端用户的服务项目数量（1个服务项目1分，最多5分）
	服务基础和利用保障	系统的故障率	5分	服务设备年均发生故障的次数（年均1次故障，扣1分）[7]
		应对故障能力	5分	专项安全措施（2分），危机处理预案（1分），数据备份功能（2分）
	资源和服务利用状况及其效率	用户访问次数	3分	千人访问门户网站次数（≥20，2分；每减少1次，扣1分）[8]
		信息检索次数	3分	千人检索信息次数（≥10，2分；每减少1次，扣1分）
		参考咨询数量	2分	千人参考咨询次数（≥10，2分；每减少1次，扣1分）
		文献传递数量	2分	千人文献传递数量（≥10，2分；每减少1次，扣1分）
	服务效益和利用效果	联盟的服务效益	5分	提高了资源利用率（2分），减轻了读者负担（3分）
		终端用户满意率	5分	终端用户满意率（≥95%，5分；每减少5%，扣1分）[9]
	满意度	资源整合满意度	6分	现实馆藏资源整合（3分）；虚拟馆藏资源整合（3分）
		服务平台满意度	4分	服务功能（2），易用程度（2）

续表

一级指标	二级指标	测评项目	指标分值	评分标准
投入和支出	经费来源	经费稳定性	5分	列入主管部门财政预算（3分），经费数额稳定(2分)
		经费充裕度	5分	经费充裕程度（非常充裕，5分；比较充裕，4分；刚刚够用，3分；比较紧张，2分；非常紧张，1分）
	成本控制	经费使用的规范性	5分	制订有经费预算方案（2分），定期检查执行情况（2分），定期发布经费使用分析报告（1分）
		经费分配的合理性	5分	资源建设方面的投入（2分），服务提供方面的投入（2分），宣传培训方面的投入（1分）
	资源利用成本核算	成本核算机制	5分	制定有成本核算方法（3分），定期进行成本核算（2分）
		服务平均成本	5分	次均服务成本（非常低，5分；比较低，4分；可以接受，3分；比较高，2分；非常高，1分）
管理和流程	组织结构的合理性	联盟管理机制	5分	设有实体管理机构（3分），民主决策（1分），民主管理（1分）
		管理人员构成	5分	管理人员结构（3分），管理人员数量（2分）
	流程的科学性和周期控制	流程设计合理性	5分	明确的发展目标（2分），完备的规章制度（2分），定期检查制度执行情况（1分）
		流程监控和反馈	5分	服务的实时统计（3分），反馈意见能够得到快速有效解决（2分）

续表

一级指标	二级指标	测评项目	指标分值	评分标准
管理和流程	运行机制的有效性	沟通渠道	4分	正式沟通渠道（2分），非正式沟通渠道（2分）
		激励机制	3分	制定有激励办法（2分），激励方式多样（1分）
		绩效评估	3分	定期进行绩效评估（2分），根据评估结果改进工作（1分）
外部效益	公共环境	用户调查	3分	定期进行用户调查（2分），根据调查结果改进工作（1分）
		公共形象	3分	品牌形象知名度（世界知名，3分；全国知名，2分；地区知名，1分）
		公共活动	4分	公共活动的范围（全国范围，4分；地区范围，2分）
	市场合作	商业性合作关系	4分	合作伙伴的数量（2分），合作的紧密度（2分）
		政府部门的支持	4分	相关政策（2分），政策数量（2分）
		社会各界的参与	2分	参与方式（1分），参与程度（1分）

续表

一级指标	二级指标	测评项目	指标分值	评分标准
外部效益	整体效益	行业示范效益	6分	资源建设（3分），用户服务（3分）
		增值服务效益	4分	资源的增值利用（2分），服务机制的推广（2分）

注：①"联合目录更新"和"读秀资源更新"的评分标准根据《北京市普通高等学校图书馆（C级馆）评估指标体系》①对"馆藏情况"的评分标准设计。

②"元数据数量"评价标准根据《图书馆之城建设指标体系》测评表②对"人均藏书量"的参考指标设计。

③"全文数量"评价标准根据《图书馆之城建设指标体系》测评表③对"数字资源"的参考指标设计。

④我国公共图书馆资源建设的目标是基层图书馆满足80%的资源需求，地区级大型图书馆满足其余15%的资源需求，国家图书馆满足最后5%的资源需求。珠江三角洲数字图书馆联盟是地区性联盟，所以参考上述标准，设定"资源满足率"评价标准。

⑤CALIS成员数量占全国高校总数的52.6%，④参考此标准，设定"成员数量"的评价标准。

⑥CADLIS中参建成员数量占成员总数的34.73%，⑤参考此标准，设定"参与联盟服务的成员比例"的评价标准。

⑦"系统的故障率"的评价标准参考《普通高等学校图书馆评估指标》⑥对"操作系统"的评分标准设计。

⑧宁波市数字图书馆是国内第一个综合性、跨系统的区域性数字图书馆。其年均用户访

---

① 北京市普通高等学校图书馆（C级馆）评估指标体系 [EB/OL]. [2011-06-17]. http://wenku.baidu.com/view/21207a37a32d7375a4178006.html.

② 《图书馆之城建设指标体系研究》课题组：《图书馆之城建设指标体系研究》，国家图书馆出版社2010年版，第19页。

③ 《图书馆之城建设指标体系研究》课题组：《图书馆之城建设指标体系研究》，国家图书馆出版社2010年版，第20页。

④ 李卓：《信息资源共享系统绩效评估研究》，武汉大学学位论文，2009年，第173页。

⑤ 李卓：《信息资源共享系统绩效评估研究》，武汉大学学位论文，2009年，第173页。

⑥ 普通高等学校图书馆评估指标（修改稿）[EB/OL]. [2011-06-18]. http://lib.hfuu.edu.cn/ypzl/pgwj/wj01/3.doc.

问率是39次/千人，文献传递率是35篇/千人。① 由于珠江三角洲数字图书馆联盟是广东省的地区性跨系统信息资源共享系统，无论是用户覆盖面、用户的信息素养，还是成员馆的规模、数量都与宁波市数字图书馆有较大的差异。所以将宁波市数字图书馆的标准适当降低，作为珠江三角洲数字图书馆联盟的"用户访问次数"、"信息检索次数"、"参考咨询数量"、"文献传递数量"的评价标准。

⑨"终端用户满意率"的评价标准根据《图书馆之城建设标准指标体系》测评表②对"读者满意度"的参考指标设计。

二、珠江三角洲数字图书馆联盟绩效评估调查结果分析

课题组根据上述珠江三角洲数字图书馆联盟绩效评估指标体系及评价标准，并结合实地调研中获得的大量第一手资料，课题组邀请了联盟管理人员以及部分成员馆相关负责人，对联盟绩效评价指标体系中部分测评项目打分，来确定各项绩效评价指标的得分情况。

（一）资源

1. 更新速率。珠江三角洲数字图书馆联盟是广东省中心图书馆委员会利用读秀平台建立的。在珠江三角洲数字图书馆联盟中，读秀通过与图书馆系统挂接，将本地区图书馆现有的馆藏纸书、馆藏电子资源以及各种图书馆异构资源和读秀资源整合于同一平台上，实现了珠江三角洲地区图书馆信息资源建设与服务的整体升级，成为立体式知识型图书馆联盟。截至2009年12月，读秀已拥有280万种中文图书、200万种图书原文、6亿页资料，占1949年以来出版图书的95%以上，年更新图书10余万种③，读秀资源的年度更新率达到了3.6%，更新速度较快。由于珠江三角洲数字图书馆联盟刚刚起步，并且是全国规模最大的数字图书馆联盟，成员馆数量众多，实现所有馆藏资源的整合和统一检索需要较长的时间和较大的投入，所以联盟将

---

① 宁波市数字图书馆年度工作会议召开 [EB/OL]．[2011 – 06 – 18]．http：//www.nbdl.gov.cn/abo/info/info.action？&id = 1975782.

② 《图书馆之城建设指标体系研究》课题组：《图书馆之城建设指标体系研究》，国家图书馆出版社2010年版，第24页。

③ 北京超星数图信息技术有限公司 [EB/OL]．[2011 – 03 – 22]．http：//124.16.170.251/xkkb/chaoxing.doc.

"进一步整合全省数字资源"列入 2011 年工作规划①,计划在 2011 年 5—10 月由联盟的成员馆集中进行馆藏数据的整合。根据评价标准对联盟资源的更新情况进行综合考察,"更新速率"一项应得 5 分。

成员馆藏资源和读秀资源是珠江三角洲数字图书馆联盟的主要资源构成。珠江三角洲数字图书馆联盟一个很大的特色是终端用户可以通过联盟网站的"我的图书馆"功能上传文献,参与到联盟的信息资源建设中。这极大地扩展了联盟信息来源渠道,丰富了联盟信息资源内容。截至 2011 年 3 月,联盟终端用户上传的数据已达 2000 多万条。这一部分资源构成了联盟的辅助性信息资源。但由于用户上传资源具有很大的不稳定性,并且资源的质量参差不齐,还可能会涉及知识产权问题,所以不将这一部分资源纳入绩效评价体系。

2. 覆盖率。珠江三角洲数字图书馆联盟的联合目录基本覆盖了广东省三大系统主要图书馆的馆藏,但并未揭示资源的具体馆藏地点。联盟网站开通时,可检索的元数据已达 1.47 亿条、囊括 416 万种中外文图书、9953 万篇中外文期刊、668 万篇博硕士论文、1481 条中外文专利、54 万条中外文标准。并可以提供 180 万种图书,4000 万篇期刊论文,200 万篇学位论文,30 万篇会议论文的原文传递,其资源种类超过了任何一家传统图书馆的馆藏②。根据第六次全国人口普查,广东省已成为国内第一人口大省,常住人口数量达到了 1.043 亿。联盟元数据的人均拥有量是 1.4 条,千人拥有图书数量 17 册,因此这两项测评指标分别得 3 分和 5 分。

联盟网站以"读秀学术搜索"为基础,主要包括读秀中文搜索和 Metalink 外文搜索(分别与网站的"中文文献搜索"和"外文文献搜索"相对应)两大模块。读秀中文搜索将图书馆纸质中文书刊、电子中文书刊等各种资料整合于同一平台上,统一检索。Metalink 则整合了读秀成员图书馆的各种外文数字资源、馆藏资源和应用系统,提供包括外文电子图书、外文电子期刊、外文论文、外文专利、外文标准、互联网免费资源等的统一元数据检索。已经整合了包括 SpringerLink、IEEE、ScienceDirect、EBSCO、

---

① 广东省中心图书馆委员会 2011 年工作会议文件之二。
② 珠江三角洲数字图书馆联盟联合目录 [EB/OL]. (2010 – 02 – 11). [2011 – 03 – 22]. http://www.zslib.com.cn/html/zxt/20100211/622.html.

ProQuest 等在内的 125 个国外最流行的外文数据库[①]。到 2009 年 12 月，读秀中文搜索和 Metalink 外文搜索整合的资源情况见表 7-3。

表 7-3 读秀中文搜索和 Metalink 外文搜索整合的资源情况

知识库系统	整合内容	元数据	全文
读秀中文搜索	中文图书	280 万种	200 万种
	中文期刊	5300 万条	CNKI、万方、维普中文期刊
	中文报纸	2500 万条	成员馆已购买的报纸数据库
	中文学位论文	400 万条	成员馆已购买的学位论文数据库
	中文会议论文		成员馆已购买的会议论文数据库
	中文专利	290 万条	无
	中文标准	35 万条	无
	视频	100 集	超星名师讲坛
	中文信息资讯		国研网与中经网资讯
Medalink 外文搜索	外文图书	146 万种	无
	外文期刊	5100 万条	成员馆已购买的期刊数据库
	外文报纸	建设中	极少
	外文学位论文	400 万篇	成员馆已购买的学位论文数据库
	外文会议论文		成员馆已购买的会议论文数据库
	外文专利	1200 万条	极少
	外文标准	40 万条	无

资料来源：吴云珊：读秀学术搜索与 Medalink 述评 [J]．农业图书情报学刊，2010（6）：70—73

[①] 北京超星数图信息技术有限公司 [EB/OL]．[2011-03-22]．http://124.16.170.251/xkkb/chaoxing.doc.

3. 结构和布局。如上所述,珠江三角洲数字图书馆联盟的资源主要有三种来源渠道:联盟整合的成员馆资源与读秀资源,以及用户借助联盟网络平台上传的信息资源。可见,联盟的资源来源涵盖了自建、购买、终端用户参建三种渠道。通过联盟主导推进成员馆的资源整合,借由联盟网络平台的个性化服务,激发用户参与联盟信息资源建设的兴趣,加之读秀已有的海量资源,共同推动了联盟信息资源的共建共享。联盟的资源类型也十分全面,涵盖了图书、期刊、报纸、学位论文、会议论文、专利、标准、视频等。此外,用户上传了各种格式的文档,包括网页资料、Word 文件、PDF 文件、CAJ 文件、压缩文件、图片、PPT 文件,等等。但目前能够提供共享的还主要是读秀的虚拟数字资源。综合评估了联盟的资源来源与资源类型之后,为"结构和布局"指标打 7 分。

4. 可知晓性。资源的可知晓性直接影响到联盟信息资源的利用率和信息资源经济、社会效益的发挥。根据北京世纪读秀公司提供的数据,通过珠江三角洲数字图书馆联盟网站能够一站式检索的现实馆藏信息资源占联盟现实馆藏信息资源总量的比例为 70%;通过联盟网站能够一站式检索的中文和外文虚拟馆藏信息资源分别占联盟虚拟馆藏中外文信息资源总量的 95% 和 86%。可见,珠江三角洲数字图书馆联盟网站对本地区图书馆虚拟馆藏信息资源的整合状况较好,但是对现实馆藏信息资源的整合还有待提高。根据评分标准,"联盟资源整合状况"的得分为 3 分。

联盟网站的检索界面类似于 Google、百度等通用搜索引擎,界面简单美观,易学易用。网站将资源分为图书、期刊、报纸、学位论文、会议论文、专利、标准、视频 8 大类,为用户提供分类检索,并且具有图书和期刊的高级检索功能(如图 7-1 所示)。不但能显示图书的详细信息,而且还提供图书部分原文显示(包括封面页、版权页、前言页、目录页、正文前 17 页等)。难能可贵的是,系统还具有深入内容的章节和全文检索功能,读者通过联合目录搜索,就能检索到一句话出现在哪本书的哪一页,同时知道该文献藏在哪个图书馆,可以通过馆际互借和文献传递等网上图书馆服务形式,在十多分钟内很快获得所需要的图书、期刊、报纸、专利等文献①。"分类导航的科学性"得分为 3 分。

联盟网站的检索途径很多,并且对不同类型的文献,分别设置了不同的检索途径。例如,可以通过书名、作者、主题词、出版社、ISBN、分类、年代等途径进行图书搜索;学位论文的检索途径包括了全部字段、标题、作者、授予单位、关键词;专利的检索途径则有全部字段、专利名称、申请号、发明人、IPC 号。课题组成员通过检索实践,发现联盟网站的资源查全率和查准率都较高,而且检索速度非常快。并且,联盟网站还具有多面搜索功能,即检索任何一种资源时,可以同时得到相关的人物、工具书、图书、期刊、报纸、会议论文、学位论文、网页、图片、视频、专利、标准等信息,检索一个面的同时获得其他各方面的揭示内容。因此,测评项目"资源检索的功能性"应得 3 分。

图 7-1　珠江三角洲数字图书馆联盟网站的多面搜索示意图
资料来源: 根据读秀多面搜索示意图②绘制

5. 可获取性。资源的满足率是考察联盟绩效的关键指标之一。据统计,到 2011 年 1 月,联盟共接收馆际互借和文献传递请求 224488 次,并且涉及了许多的文献语种和文献类型。其中图书 151026 册次,中文期刊 38855 篇,外文期刊 15842 篇,中文学位论文 13662 篇,外文学位论文 272 篇,中文会议文献 1707 篇,外文会议文献 443 篇,中文标准文献 1014 篇,外文标准文

---

① 珠江三角洲数字图书馆联盟联合目录 [EB/OL]. (2010-02-11) [2011-03-22]. http://www.zslib.com.cn/html/zxt/20100211/622.html.
② 读秀学术搜索 [EB/OL]. [2011-04-03]. http://lib.hunnu.edu.cn/szzy/UploadFiles_4043/200903/2009031315292190.ppt.

献 32 篇。总的文献满足率为 80.2%，其中外文期刊的满足率高达 92%。根据评分标准，"资源满足率"的得分为 3 分。

从提供服务的成员馆来看，平均每个图书馆利用联盟平台开展馆际互借、文献传递等资源共享活动 1,066 次。信息资源共享业务开展的较好的高校图书馆和公共图书馆见表 7-4 和表 7-5。利用联盟平台开展馆际互借和文献传递，最快的 5 分钟，最慢的 2 天，平均 6.2 小时读者就可以在自己的邮箱收到所需要的文献原文[①]。由于要借助于原文传递，并且时滞 6.2 小时，而非即查即得，因而"服务及时性"测评项目得 4 分。

表 7-4　开展资源共享业务较好的高校图书馆

排名	图书馆	文献传递数量（篇）
1	广东体育职业技术学院	21560
2	中山大学图书馆	20734
3	南国商学院图书馆	10118
4	广东机电职业技术学院	9437
5	深圳大学城图书馆	8431
6	广东金融学院图书馆	7422
7	深圳大学图书馆	7278
8	华南理工大学图书馆	7227
9	广东交通职业技术学院图书馆	6526
10	广州中医药大学图书馆	5366
11	华南农业大学图书馆	5277
12	华南师范大学图书馆	5034
文献保障率平均达到 80% 以上

资料来源：广东省中心图书馆委员会 2010 年工作总结

---

① 广东省中心图书馆委员会召开 2011 年工作会议 [EB/OL]. (2011-03-01) [2011-03-22]. http://www.zslib.com.cn/html/guanqingtongbao/2011/2011niandiyiqi-zongdisan0siqi-/20110301/743.html.

表7-5 开展资源共享业务较好的公共图书馆

排名	图书馆	文献传递数量（篇）
1	深圳图书馆	6696
2	湛江市图书馆	6300
3	广东省立中山图书馆	5810
4	东莞图书馆	2283
文献保障率平均达到80%以上		

资料来源： 广东省中心图书馆委员会2010年工作总结

（二）成员

1. 成员结构。联盟涵盖了文化、教育、科技、党校四个系统的图书馆。截至2010年12月20日，参加珠江三角洲数字图书馆联盟的图书馆已达182个，其中，公共图书馆30个，高校图书馆145个，科技图书馆2个，党校图书馆5个，成为全国规模最大的数字图书馆联盟。

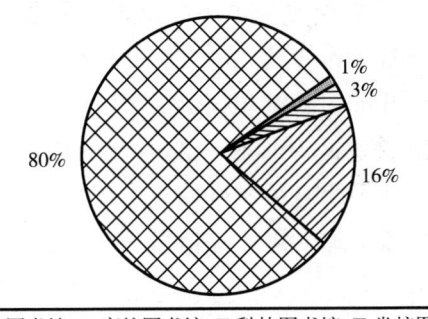

图7-2 珠江三角洲数字图书馆联盟成员结构
资料来源： 根据调查数据绘制

至2008年年底，广东省共有县级以上公共图书馆机构132个，其中，省级图书馆1个，市级图书馆25个，县级图书馆106个[①]。虽然参加联盟的

---

① 我省公共图书馆建设存在问题及对策分析 [EB/OL]. (2009-11-30) [2011-04-03]. http://www.gdwht.gov.cn/shownews.php? BAS_ID=23148.

公共图书馆只占到广东省县级以上公共图书馆总数的 22.7%，但考虑到联盟的数字图书馆性质以及县级图书馆数字技术和数字资源发展能力有限，这一比例已非常令人鼓舞。广东省目前共有普通高等学校 144 所①，此外，北京师范大学、哈尔滨工业大学等均在广东设有分校，所以，联盟高校成员馆的数量不止 144 所。广东省的科技图书馆数量较多，达到了 46 家②，但参与珠江三角洲数字图书馆联盟的仅有 2 家，占 4.3%。这主要是由于科技系统图书馆大都参加了科技系统内部的图书馆联盟，并且各馆本身数字资源丰富、专业性强，而珠江三角洲数字图书馆联盟信息资源的专业性相对较低，对科技系统图书馆的吸引力有限。广东省共有省级党校 1 所，市级党校 15 所③，县级党校 100 多所④，参加珠江三角洲数字图书馆联盟的党校图书馆占市级以上党校图书馆的 31.3%。

综上可知，联盟的成员馆不仅数量较多，类型多样，并且联盟中各类型图书馆对本地区同类型图书馆的覆盖比率也较高，联盟对地区内图书馆的总体覆盖率达到了 41%，因此为"成员结构"评 8 分。

2. 成员就绪度。成员就绪度主要考察联盟成员馆在信息资源共建共享活动方面所做的各种准备工作。数字图书馆联盟建设是一项系统性工程，联盟平台的搭建只是一个开端，后续建设仍需要大量人、财、物的投入，成员馆是否安排有信息资源共建的专项经费对联盟的可持续发展具有决定性影响。但实地调研发现，几乎所有被调查的成员馆都没有设置信息资源共建共享的专项经费，所以，联盟迫切需要在信息资源共建经费投入方面对成员馆进行敦促和引导。

课题组所调查的各馆均配备了专人负责本馆的信息资源共建共享工作，并且会不定期参加信息资源共建共享方面的相关会议、活动和培训等。广东省中心图书馆委员会和广东省图书馆学会、广东省科技情报学会、广东省高校图工委每年联合举办两期培训班，对数字化信息资源共建共享和网上参考

---

① 普通高校 [EB/OL]．[2011 - 04 - 03]．http：//www.gdhed.cn/main/zwgk/ptgx.html.
② 广东省中心图书馆委员会简介 [EB/OL]．[2011 - 04 - 03]．http：//web.zslib.com.cn/cn/weiyh.asp? tid = &ttid = 28.
③ 本省党校网站 [EB/OL]．[2011 - 04 - 03]．http：//www.gddx.gov.cn/.
④ 广东党校系统改革初战告捷"三板斧"打破旧格局 [EB/OL]．(2007 - 01 - 15) [2011 - 04 - 03]．http：//www.gd.gov.cn/govpub/gdyw/0200701150011.htm.

咨询从业人员进行联合参考咨询、外文期刊联合目录、馆际互借与文献传递等业务培训。此类培训都有着很强的针对性，有效提高了珠江三角洲数字图书馆联盟各成员单位工作人员的业务技能。

为了更方便地开展资源共建共享活动，大多数成员馆都购置了用于信息资源共建共享的专门服务器或开通了专用服务平台，如有近40所图书馆采用了广州达伯文科技信息有限公司开发的实时咨询系统 Dbwin WebTalk V2。此外很多图书馆还通过读者教育宣传月、图书馆使用培训讲座、印刷或电子版的图书馆使用手册，以及在主页设置"珠江三角洲数字图书馆联盟"网站链接等方式，向读者宣传和介绍联盟的资源和服务，但宣传力度还有待提高。统筹考虑以上情况，给予"成员就绪度"6分。

3. 成员参与度和使用度。虽然珠江三角洲数字图书馆联盟成员馆的类型不同，规模不一，但是各馆对信息资源共建共享的参与意识都很高。据统计，联盟中有141个图书馆经常利用联盟的网络平台进行馆际互借和文献传递活动，占全部加盟图书馆的72%。参与数字图书馆联盟的服务需要具备一定的网络、技术和人员条件，有如此高比例的成员经常性参与联盟服务实属不易。

通过表7-6也可以看出，成员图书馆对联盟的参与度和使用度非常高，参与的服务项目包括解答咨询、文献传递、实时咨询等。虽然各馆受自身客观情况的限制，提供服务的次数存在很大差别——潮州图书馆和虎门图书馆2年总共仅提供了15次咨询服务，而同期内广东省立中山图书馆的服务次数达到了200多万次，但从中可以看出，联盟成员对信息资源共建共享投入了极大的热情。所以为"成员参与度和使用度"评9分。

表7-6 广东省三大系统图书馆2009—2010年度参与
联合参考咨询和文献传递服务情况统计

序号	图书馆	解答咨询（例）		文献传递（篇/册）		实时咨询（人次）		其他咨询（例）	
		2009	2010	2009	2010	2009	2010	2009	2010
1	广东省立中山图书馆	377666	308152	729801	425768	15571	5509	456215	412690
2	广州图书馆	6568	13439	12938	23884	323	751	205	494

续表

序号	图书馆	解答咨询（例） 2009	解答咨询（例） 2010	文献传递（篇/册） 2009	文献传递（篇/册） 2010	实时咨询（人次） 2009	实时咨询（人次） 2010	其他咨询（例） 2009	其他咨询（例） 2010
3	深圳图书馆		2668		2668			295	
4	东莞图书馆		67		117		32	213	224
5	佛山图书馆	18258	2587	37681	7869		2	439637	796
6	珠海图书馆	4448	3145	19085	11382	732	139	90	64
7	湛江图书馆	46	33	118	99	2	5	66	42
8	肇庆图书馆	47144	8697	149683	19755	1230	246	892	308
9	汕头图书馆	58559	26449	162133	68563	3856	3454	447	590
10	潮州图书馆								8
11	广州越秀区图书馆		8		9		784		75
12	顺德图书馆	7635	9138	22351	20967	2569	1593	121	121
13	肇庆端州图书馆	114	16	586	36	39	37	55	69
14	深圳罗湖区图书馆						12	125	342
15	江门五邑图书馆	15785	12880	27848	22834	235	197	86	143
16	新会景堂图书馆	12	3	17	9	27	6	57	7
17	虎门图书馆								7
18	深圳大学城图书馆		1548		6050		102		717
19	中山大学图书馆	7044	2005	6755	2074			1013	1891
20	暨南大学图书馆	1882		858				303	456
21	深圳大学图书馆		2668		2668				
22	汕头大学图书馆		6		6				780
23	华南理工大学图书馆	1981		945				532	1478
24	华南师范大学图书馆	3134	1536	3300	1503		6	118	287
25	华南农业大学图书馆	18904	37157	18543	37598		5	233	1000

续表

序号	图书馆	解答咨询（例） 2009	解答咨询（例） 2010	文献传递（篇/册） 2009	文献传递（篇/册） 2010	实时咨询（人次） 2009	实时咨询（人次） 2010	其他咨询（例） 2009	其他咨询（例） 2010
26	广东工业大学图书馆		22		22				
27	广东外语外贸大学图书馆	216		215				72	387
28	南方医科大学图书馆							31	287
29	广东金融学院图书馆		5		5				250
30	广东技术师范学院图书馆								27
31	广东广播电视大学图书馆								16
32	广东机电职业技术学院图书馆		1488		6		2	24	93
33	广州城市职业学院图书馆		601		601				
34	深圳职业技术学院图书馆		689		689				
35	韶关学院图书馆		80		239		2		23
36	韶关学院韶州师范分院图书馆	2	2	11	8	2		39	38
37	中山职业技术学院图书馆		1		2				18
38	广东省委党校图书馆						4	20	80
39	广东省科技图书馆		493		234773				
40	广东省科技情报研究所	24105	14110	38423	26079	891	674	244	670
41	广东省医学情报研究所	4017	1548	8541	6050	111	102	142	717
42	广东省农业科学院图书馆								341
	合计	597520	451241	1239832	922333	25606	13646	901275	425536

资料来源：根据广东省中心图书馆委员会2009年、2010年工作总结整理

4. 成员收益。据统计, 2000 年以来各级政府对广东省公共、教育、科技系统图书馆共投入经费 12 亿元, 引进各种服务器、存储器、核心交换机和计算机等设备 3 万多台套, 建立了 32 个大型数字图书馆, 采购和引进中外全文数据库 389 个, 自建数据库 100 多个, 数据总量达 100 多 TB。但是, 由于行政体制和网络版权法的限制, 绝大部分资源只能在本馆局域网或校园网内使用[①], 导致严重的资源重复订购和经费浪费现象, 信息资源闲置与读者需求无法满足现象并存。珠江三角洲数字图书馆联盟通过对区域内人力资源和文献资源的有效整合, 为各馆节省了大量的文献资源建设经费, 优化了文献资源配置; 利用原文传递和文献互助方式, 扩大了文献资源共享的范围, 提高了文献资源共享的效率。成员单位直接使用联盟的"珠江三角洲数字图书馆联盟"网站等平台开展信息服务, 节省了软件系统的开发或购买成本。但是鉴于成员单位难以对参与联盟所获得的收益进行精确核算, 也没有形成科学的成员收益评价机制, 所以为"成员收益"一项打 8 分。

(三) 服务和利用

1. 服务内容与服务项目。联盟面向成员馆的服务项目主要包括合作编目、集团采购、馆际互借与文献传递、业务培训、技术支持等。如部分成员馆参加了广东省文献编目中心或者各系统内、地区性的印刷型文献资源联合采购; 电子文献的联合采购也被提上日程, 联盟计划由广东省高校图工委牵头, 联合有条件的公共图书馆在整合共享馆藏文献资源的基础上, 开展电子资源的联合采购或集团采购。为了保证联盟信息资源共建共享的顺畅运行, 广东省中心图书馆委员会和广东省立中山图书馆负责为成员馆提供业务培训和技术支持。它们年均向成员馆提供的业务培训次数约 1 次, 年均接受培训的馆次约为 20 馆次, 年均接受培训的人次约 40 人次。联盟年均为成员馆提供技术支持的次数约 30 次, 年均接受技术支持的馆次约 15 馆次。鉴于集团采购是信息资源共享系统的一项核心业务工作, 而珠江三角洲数字图书馆联盟的集团采购尚未全面铺开, 因此为"面向成员单位

---

① 莫少强: 珠江三角洲数字图书馆联盟的建设与发展 [EB/OL]. [2010-12-14]. http://library.jxau.edu.cn/doc_d/zhusanjiao.ppt.

的服务项目"评 4 分。

联盟面向终端用户的服务项目有馆藏文献查询、数据库检索、参考咨询、原文传递、信息推送、用户教育与培训、个人数字图书馆服务等，尚未开展定题服务。其中，通过电子邮件为用户传送电子文献是联盟的主要的和特色化的服务。个人数字图书馆服务则包括"我的图书馆"和"专题图书馆"，囊括了收藏资料、创建专题、上传文件、与好友共享收藏等多种功能。由此可见，联盟面向终端用户的服务项目非常全面，按照评分标准，为这一测评项目打 5 分。

2. 服务基础和利用保障。由于珠江三角洲数字图书馆联盟网络平台的开通时间较短，联盟的服务器等信息资源共建共享设备的运行并不是非常稳定，年均发生故障的次数约为 4 次。为了应对网络病毒或黑客攻击，联盟制定有专项措施，包括为服务器安装防病毒软件、进行必要的安全设置、修改一些默认的端口和地址以减少隐患，以及安装防火墙软件等。除此之外，联盟还针对服务器硬件故障导致的无法启动、系统被严重破坏情况下的服务器功能重新部署、域名重定向、数据库转移等制订有危机处理预案。并且联盟的服务器还具有非在线备份功能。联盟技术管理人员对联盟服务系统安全性能的评价为"很好"。

联盟服务系统年均发生故障次数在可接受的范围内，并且制订了危机处理预案和一系列的安全保障措施，再结合联盟自评，为"服务基础和利用保障"打 6 分。

3. 资源和服务利用状况及其效率。从 2010 年 4 月 23 日珠江三角洲数字图书馆联盟网站开通至同年 12 月 22 日，联盟联合目录平台的总访问量为 2113865 次，全文检索 543215 次，跨库检索与馆藏揭示 561633 次。联合参考咨询与文献传递网近 3 年共解答参考咨询问题 2405526 例，传递文献 4119127 篇/册，具体情况如图 7-3 所示。截至 2010 年 12 月 22 日，全年联盟所有成员馆网上参考咨询与文献传递共解答咨询 862433 例，远程传递文献 1815600 篇。中文文献传递满足率达到 95%，外文文献传递满足率为 63%。经计算，联盟网站的用户访问率为 30 次/千人，信息检索率为 16 次/千人，参考咨询率是 9 次/千人，文献传递率是 18 次/千人。用户访问次数、信息检索次数、参考咨询数量、文献传递数量的得分分别为 3 分、 3 分、 1

分、2分。综合以上情况，为"资源和服务利用状况及其效率"评9分。

从上述统计数据可以看出，联盟资源和服务的利用状况良好，中文文献的服务状况十分突出，外文文献资源共建共享有待改进，尤其要加强外文文献的建设和整合力度，提高文献满足率。为了弥补省内三大系统图书馆外文数字资源的不足，广东省中心图书馆委员会从2010年10月22日起，在全国范围招聘了30多位兼职外文咨询员，利用互联网为广大读者提供免费的网上参考咨询与文献传递服务。每为联盟成员馆上传1篇外文文献，由广东省中心图书馆委员会付给1元劳务费。从2010年10月22日至12月22日，兼职外文咨询员共传递外文原文42683篇，平均每天上传700多篇，抽查优秀率为96%，省中心图委员会为此共投入费用42683元，社会经济效益极为显著。

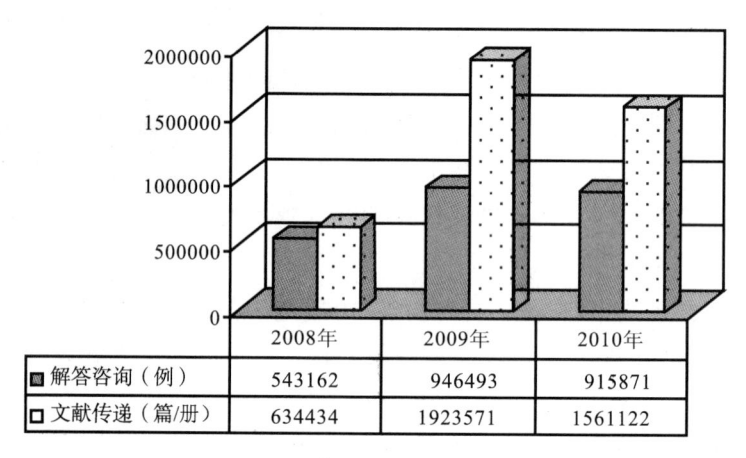

	2008年	2009年	2010年
解答咨询（例）	543162	946493	915871
文献传递（篇/册）	634434	1923571	1561122

图7-3 联合参考咨询与文献传递网服务状况

资料来源：根据调查数据绘制

4. 服务效益和利用效果。广东省公共、教育、科技系统图书馆借助珠江三角洲数字图书馆联盟的网络平台，使过去被局限在各馆局域网内使用的大量电子文献资源，通过合理利用的方式传递给需要的广大读者，大大提高了文献的利用率，减轻了读者订购中外文文献的经济负担。按照国家图书馆文献提供中心价格，通过Ariel系统传输文献，10页以内收费20元，超过10页，2元/页计算，全省2009年免费提供中文文献1978285篇（册），为读者节省

39565700 元；2010 年免费提供中文文献 1611997 篇（册），为读者节省 32239940 元。按英国大不列颠图书馆文献提供中心传送电子文献 16 英镑/篇的价格计算，全省 2009 年免费提供外文文献 36255 篇（册），为读者节省 8121120 元；2010 年免费提供外文文献 194289 篇（册），为读者节省 43520736 元。两项合计，2009 年共为读者节约订购费用 47686820 元，2010 年共为读者节约费用 75760676 元。资源利用率的提高情况无法具体衡量，故而为"联盟的服务效益"评 4 分。

联盟开展的公益性文献传递服务，受到了全国乃至全球读者的欢迎和高度评价，2009 年收到感谢信 300 多件，2010 年收到感谢信 600 多件[①]。表 7-7 是 2011 年 1 月 1 日至 3 月 25 日期间，用户对联盟部分成员馆回复咨询（包括解答咨询和文献传递）和实时咨询的反馈情况统计。可以发现，用户对各成员馆两项服务的满意率都在 97% 以上，其中，回复咨询的平均满意率为 98.77%，实时咨询的平均满意率达 99.64%，说明用户对于联盟的服务非常满意。结合评价标准，给予"终端用户满意率"5 分的评分。

表 7-7 珠江三角洲数字图书馆联盟部分成员馆的用户反馈情况统计

序号	图书馆	回复咨询				实时咨询			
		很满意	满意	不满意	满意率	很满意	满意	不满意	满意率
1	广东省立中山图书馆	10538	1133	347	97.11	232	1	4	98.31%
2	广州图书馆	1490	42	7	99.55	322	0	0	100.00%
3	佛山图书馆	408	14	6	98.60	44	0	1	97.78%
4	珠海图书馆	149	9	1	99.37	17	0	0	100%
5	汕头图书馆	2498	68	69	97.38	672	0	0	100%
6	肇庆图书馆	723	22	5	99.07	38	0	0	100%
7	顺德图书馆	1082	6	9	99.18	165	0	0	100%

---

① 广东省中心图书馆委员会召开 2011 年工作会议 [EB/OL]．(2011-03-01) [2011-03-22]．http://www.zslib.com.cn/html/guanqingtongbao/2011/2011niandiyiqi-zongdisan0siqi-/20110301/743.html.

续表

序号	图书馆	回复咨询				实时咨询			
		很满意	满意	不满意	满意率	很满意	满意	不满意	满意率
8	江门五邑图书馆	131	6	4	97.16%	5	0	0	100%
9	肇庆端州图书馆	13	5	0	100%	33	0	0	100%
10	华南农业大学图书馆	13	0	0	100%				
11	韶关学院图书馆	3	0	0	100%	1	0	0	100%
12	广东省科技情报研究所	1180	56	27	97.86%	44	0	0	100%

资料来源：根据联合参考咨询与文献传递网的"加盟馆回复统计报表"和"加盟馆实时咨询报表"整理

5. 满意度。课题组就联盟资源整合和门户网站，对广州图书馆和佛山图书馆的管理人员进行了调查。他们对联盟信息资源整合的评价均为"一般"，这可能与联盟尚处于建设的初级阶段有关。联盟接下来将进行元数据仓储系统建设和跨库统一检索系统建设、资源调度系统建设，加大对联盟资源的整合力度。相信随着联盟信息资源共建共享工作的推进，联盟的信息资源体系将逐步完善。

图7-4 珠江三角洲数字图书馆联盟门户网站

资料来源：http://dlib.gdlink.net.cn/

联盟门户网站延续了读秀一贯的风格，界面清晰简洁，各功能模块一目了然。而且各项检索功能非常实用，加之联盟丰富的资源，以及"我的图书馆"、"专题图书馆"、"文献互助"等特色化功能，使其受到了广大用户的青睐。成员馆对联盟门户网站的整体满意度较好，分别给予了"非常满意"和"一般"的评价。根据以上两项调查结果，给"满意度"打7分。

(四) 投入和支出

1. 经费来源。广东省财政厅每年下拨给广东省中心图书馆委员会200万元专项经费，用于包括珠江三角洲数字图书馆联盟在内的信息资源共建共享活动，支持跨系统信息资源共享平台建设、资源建设、人员培训等。但用于珠江三角洲数字图书馆联盟的具体数额不确定。除此之外，联盟并没有其他稳定的经费来源。经费来源渠道过于单一，缺乏成员馆和其他社会力量的支持无疑会限制联盟的长效发展。虽然联盟运行经费列入了政府部门的财政预算，但是通过对联盟经费充裕度的调查发现，联盟管理部门认为建设经费"刚刚好"，可见经费并不充裕，而且联盟经费并未逐年增长，联盟建设的经费保障机制亟待完善，因此给"经费来源"评6分。

2. 成本控制。信息资源共享系统建设是一项庞杂的工程，除了系统软硬件建设、信息资源建设等基础性工作之外，还包括技术人员培训、专题研讨会、调研、学术会议等方方面面的工作。在珠江三角洲数字图书馆联盟建设的成本控制方面，可能是由于刚刚起步的原因，联盟并没有制订年度经费预算方案，也没有成文的经费使用分析报告。这对联盟经费的科学分配和合理利用是非常不利的。目前，联盟的经费主要用于购买超星的读秀学术搜索服务，另外，还为成员馆提供了很多免费的信息资源共建共享方面的培训活动，而在服务提供方面的投入较少。因为今后还会进行外文文献资源共享和远程传递、中外文文献元数据整合和系统维护等，故而制定细致入微的成本控制方案对联盟是必不可少的，因此为联盟的"成本控制"评4分。

3. 资源利用成本核算。鉴于联盟各项服务都要涉及包括资源采购、资源整合、人力、系统维护，乃至网络通信、时间等等在内的各种各样的成本，若想准确地核算各项服务的成本，难度极大。所以联盟并没有制定具体的成本核算方法。联盟亦没有为参考咨询和文献传递等提供专项经费，为了推动联盟的资源共建共享工作，广东省中心图书馆委员会将文献资源共建共享与文献远程传递服务列入了广东省各级各类图书馆和科技情报机构评估体系，作为考核的重要依据之一。成员馆主要是在信息资源共建共享和图书馆服务普遍均等理念的驱动和广东省中心图书馆委员会的大力推动下，全力参与珠江三角洲数字图书馆联盟的建设。基于以上分析，为"资源利用成本核算"打5分。

（五）管理和流程

1. 组织结构的合理性。为了改变广东省公共、教育、科技系统图书馆自成体系、各自为政的状况，广东省文化厅于2009年4月下发了《关于调整广东省中心图书馆委员会及其办公室组成人员的通知》，调整了广东省中心图书馆委员会成员，确立了广东省中心图书馆委员会的组织机构与章程，建立起跨系统的信息资源共享管理机构。省中心图书馆委员会由省文化厅领导，省文化厅、教育厅、科技厅主管领导分别担任主任和副主任委员，有成员馆27个，委员35位。珠江三角洲数字图书馆联盟直接受省中心图委员会管理和领导。因为省中心图书馆委员会多年没有系统正规地开展图书馆协调协作活动，导致各图书情报机构对其认知度不高，给省中心图书馆委员会各项工作的正常开展带来了一定的困难。省中心图书馆委员会的日常办事机构为广东省中心图书馆委员会办公室，办公室的工作人员均为专职人员，并且是清一色的专业技术人员，负责"广东省文献资源共建共享协作网"、"联合参考咨询与文献传递网"、"珠江三角洲数字图书馆联盟"的平台建设与技术支持。

此外，广东省文化厅牵头，财政厅、教育厅、科技厅等有关部门组成了广东省文献信息资源共建共享联席会议制度，联席会议各成员单位按照职能分工，密切配合，共同推进包括珠江三角洲数字图书馆联盟在内的地区文献资源共建共享工作。综合以上情况，给"组织结构的合理性"评8分。

2. 流程的科学性和周期控制。由于行政体制和网络版权法的限制，珠江三角洲地区绝大部分数字图书馆的资源只能在本馆局域网和校园网内使用，跨系统的信息资源共建共享一直未能取得全面突破。针对这种情况，珠江三角洲数字图书馆联盟将建设目标定位为：以建立统一平台和免费公益服务模型为基础，合力打造一个布局合理、服务高效、运行良好、节约经济、整体和谐的信息服务环境，更为有效地利用珠江三角洲地区图书馆的信息资源，实现资源共建、共享，通过集中调配管理资源，实现重点馆扶助中小馆，共享图书馆资源、人员统一协调，提高图书馆资源利用率，减少重复建设。为实现上述目标，联盟制定了多项具体措施和办法，以及年度工作计划。珠江三角洲数字图书馆联盟建立了资源共建共享的规章制度，这是其重要的制度创新。广东省中心图书馆委员会制定了资源共享的6个政策性文件，保障资源共享的顺利实施，并且每年都会检查各项规章制度的执行情况[①]。

联盟的各项服务都具有实时数据统计功能，为评估联盟服务提供了重要的技术保障，而且有助于根据统计数据对联盟服务进行相应改进。联盟成员意见的反馈机制也较为健全，联盟管理部门一般会在1个工作日之内对成员提出的意见和建议，以及遇到的问题予以回复。由此可知，联盟运作流程的科学性和周期控制状况较好，给予8分的评价。

3. 运行机制的有效性。作为珠江三角洲数字图书馆联盟的管理机构，广东省中心图书馆委员会通过定期例会、电话、电子邮件以及短信等多种方式与成员馆沟通。联盟还制定了非常详细的成员激励办法，如为了进一步提高图书情报机构公益性社会服务的影响力，有效协调全省图书情报工作者爱岗敬业和服务大众的积极性，推进全省图书情报事业的可持续发展，广东省中心图书馆委员会专门设立了"广东省图书情报创新服务奖"。为推进广东省文献资源共建共享的发展，提高共建共享工作的理论水平和工作质量，省中心图书馆委员会特别设立了"广东省文献资源共建共享协作网科研项目基金"。为了激励先进，树立典型，广东省中心图书馆委员会还专门设立了广东省文献资源共建共享杰出贡献奖和优秀服务奖。2010年获得两项提名的单位和个人分别见表7-8、表7-9。并且省中心图委员会每年还会对联盟绩效进行一次评估。这些措施共同保证了联盟运行机制的有效性，因此为其评9分。

---

① 莫少强：《建立珠三角数字图书馆联盟 实现跨系统文献资源共建共享——广东省推进跨系统文献资源共建共享的经验和今后设想》，《图书馆论坛》2009年第6期，第121—124页。

表7-8 "广东省文献资源共建共享杰出贡献奖"提名

序号	图书馆	解答咨询（例）	文献传递（篇/册）	实施咨询（人次）	其他咨询（例）
1	广东省立中山图书馆	308152	425768	5509	412690
2	广东省科技图书馆	493	234773		

资料来源：授予广东省文献资源共建共享杰出贡献奖和优秀服务奖的决定（讨论稿）

表7-9 "广东省文献资源共建共享优秀服务奖"提名

序号	账号	解答咨询（例）	文献传递（篇/册）	单位
1	天下文章	38866	39183	广东省立中山图书馆
2	拥有	19185	49064	汕头市图书馆
3	东东	18125	27302	广东省立中山图书馆
4	华女	10259	10336	广东省科技情报研究所
5	吟唱天堂	17176	26605	广东省立中山图书馆
6	冰莹	17040	21053	广东省立中山图书馆
7	蓝西	16751	23032	广东省立中山图书馆
8	紫苏	16529	25855	广东省立中山图书馆
9	知源	16141	25125	广东省立中山图书馆
10	陈刚	14974	29876	广东省立中山图书馆
11	丫丫	11189	18307	广东省立中山图书馆
12	君子兰	14025	19832	广东省立中山图书馆
13	罗枫	8760	16066	江门市五邑图书馆
14	小龙	5820	6984	顺德图书馆
15	小贝	4590	12905	汕头市图书馆
16	彼得	4396	6723	顺德图书馆
17	天地人	4349	6141	江门市五邑图书馆
18	德昌	4041	3507	广州图书馆
19	亮亮	3853	4458	肇庆图书馆
20	在晨	2310	6777	珠海市图书馆

资料来源：授予广东省文献资源共建共享杰出贡献奖和优秀服务奖的决定（讨论稿）

（六）外部效益

1. 公共环境。满足用户的信息需求是信息资源共建共享工作的出发点和落脚点，全面及时了解用户信息需求则是提高信息资源共建共享工作针对性的必然要求。广东省中心图书馆委员会在"联合参考咨询与文献传递网"首页的显著位置设有"用户调查问卷"。从调查人次来看，用户的参与度很高，截至 2011 年 3 月 25 日已有 664 人接受了调查。问卷的"用户个人信息"一栏，调查用户的性别、年龄、学历、职业等信息，调查结果有利于联盟了解不同类型用户的信息需求，从而提供相适应的服务。

珠江三角洲数字图书馆联盟是我国公共、教育、科技系统图书馆建立的大型跨系统文献资源共享平台，标志着广东省跨系统文献资源共建共享迈出了历史性的步伐，为本省各类型图书馆和科技情报所实现资源共享创造了良好的机遇，提供了功能卓越的工作平台[①]，在地区性文献资源共建共享活动中发挥了很重要的作用。其以政府为主导，以需求为驱动，以资源共建共享为目标，以"读秀"为统一支撑平台建设资源共建共享网络的经验，受到国内外图书馆同行的瞩目，树立起了非常好的公共形象和服务品牌。

在公共活动方面，联盟管理人员认为联盟在国家性或地区性文献资源共建共享活动中发挥了"很重要的作用"。具体而言，联盟搭建的珠江三角洲数字图书馆联盟联合目录平台，为地区性乃至全国的文献资源共建共享打下了良好的基础。其利用超星的读秀和 Metalink 工具实现地区内文献资源共知共享的思路，具有很好的实践价值和借鉴意义。因此，给予"公共环境"的评分为 8 分。

2. 市场合作。珠江三角洲数字图书馆联盟十分重视与信息内容服务商、数据库商、IT 公司的合作，并且合作关系非常紧密，如联盟的网络平台即是在北京世纪读秀公司的大力协助下建立的。为了破解电子信息资源共享中面临的资源合理使用的难题，联盟在购买电子资源时与 CNKI、维普、万方等所有数据库商签订授权书，同意在网上参考咨询业务中为读者免费提供原文传递服务。

[①] "珠江三角洲数字图书馆联盟"联合目录平台正式开通 [EB/OL]. (2009 – 09 – 17). [2010 – 12 – 14]. http://www.gddcn.gov.cn/index.php? controller = News&action = Index&art_ id = 492.

2009年，广东省文化厅转发了《文化部、教育部、科技部关于进一步加强文献信息资源共建共享服务基层的意见》，并结合本省实际提出了实施意见，成为珠江三角洲数字图书馆联盟可持续发展的重要保障。同年4月，为了开展文献资源共建共享，优化文献资源配置、提高文献利用率、节约成本，充分发挥全省图书情报等机构的文献资源优势、信息技术优势、人才队伍优势，提高全省文献资源的保障能力，广东省文化厅、财政厅、教育厅、科技厅联合发布了《关于开展广东省文献资源共建共享的通知》，成为珠江三角洲数字图书馆联盟建设和发展的纲领性文件。这些政策文件，给联盟的资源共建共享活动提供了重要的支持和规范。

用户通过珠江三角洲数字图书馆联盟的"我的图书馆"功能，可以收藏各种类型的内容，创建自己的知识库，通过短消息、馆吧和其他用户交流。而且用户上传的文件，可以直接被其他用户下载，极大地丰富了系统的资源。对于无法从联盟获取的文献，用户还可以通过"文献互助"，在线发帖寻求帮助或者为其他用户传递文献，充分体现了Lib2.0时代信息资源共建共享的理念。专题图书馆不仅仅有网络展览馆的网络展示部分、网友提供图片上传部分、网友互动部分，而且还设置有即时交流、在线咨询、视听演示等专用模块。联盟的上述服务都聚集了大量的人气，终端用户对联盟资源建设与服务的参与度特别高。给予联盟的"市场合作"一项8分的评价。

3. 整体效益。版权问题是全球数字图书馆发展面临的首要难题，也是制约国内图书馆实现信息资源共建共享的重要因素。珠江三角洲数字图书馆联盟采用点对点的馆际互借方式将文献发送至用户邮箱，同时在购买电子资源时与所有供应商签订授权书，同意在网上参考咨询业务中为读者免费提供原文传递服务。据不完全统计，联盟已通过网络远程传递文献数百万篇，未发生一起有关版权的投诉，更未发生诉讼。事实证明，联盟对数字图书馆资源合理利用的措施是很成功的，得到了社会各界的广泛认可。

全国参加联合参考咨询与文献传递网的公共、教育、科技系统图书馆已达700多家，形成了一个具有全国影响力的图书馆服务品牌。广东省中心图书馆委员会于2010年组织了全国图书馆联合参考咨询联盟门户网站的研发，强化了Web2.0各项功能，并与珠江三角洲数字图书馆联盟平台实现无缝连接,为建立全国图书馆参考咨询联盟打下了良好的基础①。珠江三角洲数字图书馆联盟自运行以来,已实现了多项创新,具体而言,包括体制创新——建立地区性跨系统资源共建共享协作组织;技术创新——建立广东省文献资源共建共享协作网;服务创新——建立了国内规模最大、参与成员最多、服务面最广、传递文献速度最快、社会效益最好的"联合参考咨询与文献传递网";方法创新——通过点对点文献传递和获得资源供应商授权等方法,成功破解数字图书馆文献合理利用难题;制度创新——建立资源共建共享的规章制度②。但美中不足的是,联盟尚未利用本身的建设经验和服务机制衍生开发新的服务。综合以上情况,为联盟的"整体效益"评7分。

4. 珠江三角洲数字图书馆联盟绩效评估结果计算。根据第四章的信息资源共享系统绩效评估二级指标加权值计算公式($Y_{ij} = W_{ij} \times P_{ij}$),得到珠江三角洲数字图书馆联盟各个二级指标的加权值,根据加权值最后计算得到本次珠江三角洲数字图书馆联盟绩效评估结果为74.23分,具体得分情况见表7-10。

表7-10 珠江三角洲数字图书馆联盟绩效评估分值结果

一级指标	二级指标	综合权重 W_{ij}	评分分值 P_{ij}	加权值 Y_{ij}
资源	更新速率	0.0331	5	0.1655
	覆盖率	0.0283	8	0.2264
	结构和布局	0.0222	7	0.1554
	可知晓性	0.0581	9	0.5229
	可获取性	0.0738	7	0.5166
成员	成员结构	0.0219	8	0.1752
	成员就绪度	0.0295	6	0.1770
	成员参与度和使用度	0.0657	9	0.5913
	成员收益	0.0594	8	0.4752

---

① 广东省中心图书馆委员会2010年工作总结。
② 莫少强:《建立珠三角数字图书馆联盟 实现跨系统文献资源共建共享——广东省推进跨系统文献资源共建共享的经验和今后设想》,《图书馆论坛》2009年第6期,第121—124页。

续表

一级指标	二级指标	综合权重 W_{ij}	评分分值 P_{ij}	加权值 Y_{ij}
服务和利用	服务内容和项目	0.0244	9	0.2196
	服务基础和利用保障	0.0286	6	0.1716
	资源和服务利用状况及其效率	0.0462	9	0.4158
	服务效益和利用效果	0.0612	9	0.5508
	满意度	0.1308	7	0.9156
投入和支出	经费来源	0.0800	6	0.4800
	成本控制	0.0469	4	0.1876
	资源利用成本核算	0.0225	5	0.1125
管理和流程	组织结构的合理性	0.0155	8	0.1240
	流程的科学性和周期控制	0.0395	8	0.3160
	运行机制的有效性	0.0452	9	0.4068
外部效益	公共环境	0.0350	8	0.2800
	市场合作	0.0129	8	0.1032
	整体效益	0.0192	7	0.1344
珠江三角洲数字图书馆联盟绩效评估结果	加权求和评估得分			7.4234
	按绩效满分100分的评估得分			74.23分

资料来源：根据调查数据的计算结果绘制

珠江三角洲数字图书馆联盟绩效评估得分为74.23分，似乎并不尽如人意。但考虑到联盟门户网站开通尚不足一年，运行时间较短，这样的绩效分数已经相当不错。尤其是联盟在"服务和利用"方面做得较好，有3个二级指标的得分均为9分，接近满分。此外，还有7个二级指标得8分，4个二级指标得7分，占到了23个二级指标的60.87%。6分以下的二级指标有3个，其中"投入和支出"一项的有2个二级指标得分均在6分以下，而"投入和支出"直接关乎联盟的生存和发展，所以珠江三角洲数字图书馆联盟今后要努力在这一方面予以改善。

三、指标体系的可行性分析与适应性改造

（一）指标体系的可行性分析

检验信息资源共享系统绩效评估指标体系的可行性如何，可以从以下三个方面入手：（1）指标体系是否与信息资源共享系统的发展程度相适应，对不同类型的信息资源共享系统是否具有普适性，即指标体系对于评估对象的可行性；（2）指标体系能否全面、准确地反映信息资源共享系统绩效的各个方面，具体指标概念的内涵与外延是否科学，即指标体系具体评估指标的可行性；（3）指标体系在实际应用中是否具有可操作性，各项评估指标所测评的数据和内容是否具备可获取性，即指标体系对于实施条件的可行性。

1. 指标体系对于评估对象的可行性。随着我国图书情报工作的不断发展和成熟，各种级别、各种性质的信息资源共享系统不断涌现：国家级的信息资源共享系统，如全国文化信息资源共享工程、中国高等教育文献保障系统（CALIS）；地区级信息资源共享系统，如宁波市数字图书馆、东莞集群图书馆；单一系统内的信息资源共享系统，如国家科技图书文献中心（NSTL）、河北省高等学校数字图书馆；跨系统的信息资源共享系统，如上海市中心图书馆、珠江三角洲数字图书馆联盟。本研究所设计的指标体系是在对各类信息资源共享系统本质予以抽象和总结的基础上所构建的，所以对于不同级别和不同性质的信息资源共享系统的绩效评估均具有可行性。信息技术的飞速发展使信息资源共享系统的资源类型和服务方式等都发生了重大变革，实现了纸质资源与数字资源的融合，本地服务与远程服务的结合。本研究设计的指标体系并未针对信息资源共享系统的资源类型或服务方式等设计具体指标，而是用"资源"与"服务和利用"等对这些绩效内容进行了高度概括，使其具有很强的开放性和拓展性。

2. 指标体系具体评估指标的可行性。本研究在对绩效评估相关理论和方法进行研究的基础上，选择和设计信息资源共享系统绩效评估模型，进而将模型中所界定的影响因素作为一级指标：资源、成员、服务和利用、投入和支出、管理和流程、外部效益。这六个一级指标完整地囊括了信息资源共

享系统绩效的各个方面。然后通过对信息资源共享系统的实地调查和专家访谈，确定最终的指标体系。该指标体系的二级指标从不同角度对一级指标进行说明，由于其同样具有一定的抽象性，所以又专门设计关键测评点，具体列举其所测评的内容以供在实践中进行选择，增强了指标体系应用于不同信息资源共享系统时的可行性。通过对 CALIS 和珠江三角洲数字图书馆联盟的实证研究也可以发现，指标体系的一级和二级指标对两者完全适用，唯一区别仅在于所采用的关键测评点不同。

3. 指标体系对于实施条件的可行性。信息资源共享系统绩效评估是一项理论与实践高度融合的社会性工程，因此指标体系不仅需要具备理论上的完整性，更为关键的是还要具备实施条件上的可行性。绩效评估涉及到信息资源共享系统的主管机构和成员单位两类调查对象，指标体系并未对两者的评估内容严格区分，评估主体可以根据自身条件和实际需要灵活选择调查对象和测评指标。另外，本研究所设计的指标体系的一个重要特征就是定量指标与定性指标相结合。出版商和数据库商的产品使用统计报告，信息资源共享系统的工作总结和年度报告，以及系统服务器的各种统计数据为定量指标的测定提供了保障，数据大都能够方便获取，而且不需要额外的成本。对定性指标的评估则可以通过问卷调查、实地走访、专家评估、用户座谈等多种方式进行，只需付出一定的人力、财力和时间成本即可实施。因此，指标体系在实施条件方面也具有很好的可行性。

（二）指标体系的适应性改造

信息资源共享系统绩效评估指标体系为评估信息资源共享系统的绩效提供了一个标准框架，供各系统、各地区的信息资源共享系统参照使用。各类信息资源共享系统在管理体制、建设模式、运行机制等方面存在差异，在绩效评估实践中需要对指标体系做出适当改造，提高其对本系统的适应性。

1. 指标体系改造的原则。

（1）个性化原则。对指标体系的改造是为了使其更加符合特定信息资源共享系统的现实情况，这就要求指标体系的改造遵循个性化原则——改造后的指标体系在覆盖了信息资源共享系统共性特征的同时，还要突出特定的信息资源共享系统的个性化特征，实现指标体系与信息资源共享系统客观现实情况的无缝对接。只有坚持个性化原则才能充分体现构建指标体系的意义与实施绩效评估的价值。

（2）实践性原则。指标体系改造的目的是将其应用于特定信息资源共享系统绩效评估的实践，所以其实践性就显得至关重要。信息资源共享系统绩效评估指标体系改造的实践性原则要求：首先，改造后的指标体系要具有实用性，即各项指标的定义科学，所指向的评估内容清晰；其次，与指标所对应的具体内容、数据具有可获取性，信息收集方式、统计分析方法具有可操作性。实践性原则是实现绩效评估由理论走向实践的必然要求。

2. 指标体系改造的内容。

（1）定性与定量指标的相互转化。信息资源共享系统绩效评估包括对组织结构、运行机制、公共环境等定性内容的评估，也包括对更新速率、覆盖率、资源利用成本核算等定量内容的评估。不同类型的信息资源共享系统，建设模式和服务方式差别很大，定性和定量评估信息的获取难易程度也较大。因此，从信息资源共享系统的实际出发，根据指标信息的可获取性，对定性与定量指标进行灵活转化，就成为了指标体系改造的一项重要内容。例如河北省高等学校数字图书馆集中于数字资源建设，主要业务有建设各高校特色数字信息资源，引进外文数字图书资源和国内外期刊数字资源等，由于主要借助网络开展服务，各类实时统计数据全面规范，且可获取性强，在设计指标体系时就可以将"服务效益和利用效果"、"整体效益"等定性指标转化为定量指标，用具体的数据对相应的评估内容予以说明，使评估结果更加客观、精确。东莞集群图书馆资源共建共享的重点是传统文献资源，运行过程中所涉及的工作主体和工作环节等均较多，增加了定量数据的获取难度，或者很多内容难以量化，这就要用定性指标代替定量指标。如对定量指标"成员收益"的评估可以通过考察成员具体从哪些方面获得了收益等定性内容来评估。

（2）关键测评标准的适应性改造。信息资源共享系统绩效评估指标体系在每个二级指标下都设计了关键测评标准，但并未穷尽所有测评标准，只是提供了一种规范化参照。针对某个具体的信息资源共享系统制定绩效评估指标体系时，仍需结合本系统的个性化特征和评估的角度，筛选或扩展关键测评标准。以二级指标"更新速率"为例，本研究设计的关键测评点是"馆藏联合目录更新速率"和"自建数据库维护更新速率"，第一项测评标准对于纯数字图书馆联盟性质的信息资源共享系统无法适用,第二项测评标准则不适用于仅局限于传统文献资源共建共享的信息资源共享系统。有些信息资源共享系统除了购买的信息资源和自建的数据库之外,还包括用户主导建设的信息资源,如珠江三角洲数字图书馆联盟即具有该项功能,因此就要增加一项测评标准"用户建设资源更新"。此外,信息资源共享系统是动态发展的,即使是同一共享系统,不同时期对其进行绩效评估时,在测评标准的选择和设定上也要与时俱进。

四、基于实证研究的指标体系完善和优化

通过对 CALIS 和珠江三角洲数字图书馆联盟的实证研究,验证了信息资源共享系统绩效评估指标体系的可行性和适应性。此评估指标体系能真正运用于信息资源共享系统的绩效评估、发挥其价值,仍需不断地在各类型、各阶段信息资源共享系统发展中进行实践检验和完善优化,以此进一步发挥指标体系绩效评估的预测和导向的功能。

(一)指标体系完善和优化的依据

1. 信息资源共享系统的战略规划。在不同的发展阶段,信息资源共享系统战略是不同的,系统的战略目标始终是信息资源共享系统实施绩效评估的重要依据,即绩效评估的结果验证该信息资源共享系统发展是否与其战略规划相吻合,是否达到了该系统的战略目标。CALIS "九五"、"十五"两期的发展目标是建成开放式中国高等教育数字化图书馆的框架。而其三期项目建设的目标则是"全面挖掘、整合国内高校图书馆以及其他各级各类文献信息服务机构的资源和服务,有重点地整合国际相关机构的各类信息资源与服务,提高高校图书馆文献资源的总体保障率,提升高校图书馆现代化服务能力"。可见,伴随着信息资源共享系统的发展过程,必然需要根据自身发展的实际调整战略目标和规划。因此,在对同一系统的不同阶段进行绩效评估时就应使战略目标和评估指向协调一致,可以对指标体系的权重进行适当的调整,有所侧重,以反映出信息资源共享系统在不同发展阶段的特征,进一步优化绩效评估体系。同时,可适当调整信息资源共享系统的绩效评估指标体系的关键测评标准以强化共享系统战略目标中的重点。

2. 信息资源共享系统的服务定位。当前，我国信息资源共享系统虽多数属于公共服务体系的范畴，但性质和目标各有差别，使得信息资源共享系统的服务对象和定位也具有差异，信息资源共享系统在进行绩效评估时，根据其服务宗旨、服务对象和服务内容进行适应性调整和优化。例如，在对区域信息资源共享系统进行绩效评估时，对指标体系中的"成员"、"服务与利用"和"外部效益"的关键测评指标的选择，应更多偏重于采集对本区域内成员的服务、利用的效果和产生的效益，在此前提下考虑对本区域外的影响和辐射。按照我国当前"条块分割"的信息资源配置模式，伴随着各种合作共享的壁垒日益打破，跨区域跨系统的信息资源共享系统绩效评估则更应考虑从合作各方的服务定位出发的绩效状况。

服务定位还决定了数据采集的层次和深度，"服务和利用"的一级指标如果涉及的服务主要是面向终端用户的，那么还应关注各个成员的用户满意度和体验度，并保证从不同成员用户数据采集的统一标准。通过此种方式，可以优化信息资源共享系统绩效评估的指导功能。

3. 信息资源共享系统涉及行业发展趋势。信息资源共享系统的发展趋势将更为开放，其效益的发挥将吸纳更多的成员参与并使得成员间的合作朝着纵深方向发展。本项目探讨的信息资源共享系统多为图书馆信息资源共享系统，伴随着共享系统的开放和公共信息服务体系的完善，跨行业跨系统多元化信息资源共享系统的产生已是大势所趋。就当前图书馆信息资源共享系统而言，系统本身已经成为特定行业的"代言人"。例如2003年，为了共同解决和满足数据库采购的需要，积极应对数据库涨价的问题，共同规避售后服务、知识产权等问题的风险，CALIS成员自发组织开展集团采购（DRAA），主要工作包括：数据库评估、组织专家进行数据库谈判、集团采购方案审核与发布、组织培训、集团采购代理商选择、数据库商和代理商售后服务监督等[①]。CALIS系统的这项服务，从成员图书馆的共同利益出发，提升资源采购的效益和服务的质量，体现出图书馆行业发展的集中诉求，CALIS绩效评估的主要内容就涵盖了DRAA服务的成员满意度。信息资源共

---

① 高校图书馆数字资源采购联盟章程［EB/OL］（2012 - 11 - 10.）http：//www. libconsortia. edu. cn/Spage/view. action？ pagecode = glgf_ 1.

享系统绩效评估应能揭示和反映出行业发展的趋势，侧重考察信息资源共享系统在对成员能力提升方面的绩效，例如，CALIS 在 2009 年就正式将云计算技术作为 CALIS 三期项目的核心技术之一。CALIS 三期项目在 2010 年 9 月正式向全国高校图书馆推出了基于云计算技术的两级云数字图书馆共享服务平台——国家级云服务中心和省级云服务中心，致力于为 1800 所高校图书馆提供普遍云服务，截至 2011 年 10 月，CALIS 云服务平台已推广到 30 个省级共享域中心，越来越多的高校图书馆开始整合和使用 CALIS 两级云服务[①]。在对 CALIS 的绩效评估指标体系中，就可考虑在"资源"一级类目中的"可获取性"、"成员"一级类目中的"参与度和使用度"以及"成员收益"、"服务和利用"一级类目中的"服务基础和利用保障"、"资源和服务利用状况及其效率"、"服务效益和利用效果"和"满意度"、"外部效益"中的"整体效益"中都可有侧重地增设关键测评指标。

从目前图书馆行业的发展来看，信息资源共享系统还可针对性地引领成员转型升级，在数字资源长期保存、开放获取运动、公共信息服务和文化服务保障等问题上有所侧重地进行绩效评估，促进整体信息资源共享系统的开放性和先进性。

（二）指标体系完善和优化的策略和方案

1. 建立以"事件"为中心的绩效评估子指标体系。以信息资源共享系统战略规划为依据，对系统进行绩效评估时，可以分别对系统内不同合作子项目按照一二级指标设置绩效评估指标，进行测评。此时，信息资源共享系统可以根据战略发展的不同阶段的特征，有重点地选择与其相应的子项目开展全面评估，一方面可以了解不同子项目建设和其效益情况，建立以"事件"（项目）为中心的时序评估体系，跟踪子项目产生、发展和效益情况；另一方面，仍以指标体系的一二级指标为依据，使得子项目的绩效评估可以完全和整个系统的绩效评估并行不悖，相辅相成。仍以 CALIS 引进数据库项目为例，经过十年的发展和专项绩效评估，已演变成为成熟的 DRAA 服务平台，而 CALIS 的其他子项目未进行跟随式绩效评估，相比之下，其发

---

① 2012 全国高校图书馆技术发展研讨会 [EB/OL]（2012-11-10）http://www.hy.calis.edu.cn/.

展稳定性和影响力则略为逊色。建立以"事件"为中心的子项目绩效评估体系有助于信息资源共享系统的合作项目可持续发展。

顺应信息资源共享系统开放性特征，跨区域跨领域的合作日益增多，例如公共图书馆信息资源共享系统以公共信息服务体系为依托，可能会整合博物馆、档案馆、文化馆和科技馆的资源，建立以合作"事件"为中心的绩效评估子指标体系会更有助于更广泛的合作和更多元的资源共享。

2. 普查和抽查相结合的方式。对于成员和终端用户数量较多的信息资源共享系统可以采用普查和抽查相结合的方式，按照指标体系设计普查指标体系，并周期性采集数据，定期发布报告，如 OhioLINK 的方式，可以向州财政争取更多的资金和政策支持。同时，可以进行专项抽查，比如"资源"、"成员"以及"服务和利用"三个一级指标都可以按照设计进行抽查，以动态实时揭示信息资源共享的绩效，发现成员合作行为的规律，进而开展针对性强的培训活动。普查方式适用于定期相对稳定的关键测评项目，抽查适用于专项跨部门跨系统的合作项目，或普查数据量过大的测评项目。

3. 开发协同开放式的测评平台。优化信息资源共享系统绩效评估指标体系还可借用信息化的手段，首先，在数据的采集方面，特别是资源和服务的测评方面可以设定计数器，可客观真实统计关键测评指标；其次，在满意度测评方面，需要掌握成员和终端用户的实际体验，开通可即时评价的平台或入口，可以获得第一手的体验事实；第三，通过建立网站增加合作共享的信息公开，有助于产生更好的社会效益，定期公布绩效评估结果，也有助于获取成员对绩效评估的反馈。

第 八 章
信息资源共享系统的运行机制及其绩效评估

一个系统组织结构组成部分之间相互关系与相互作用的过程和方式即是机制。在任何一个系统中，机制都起着基础性的、根本性的作用，信息资源共享系统也不例外。在理想状态下，有了良好的机制，甚至可以使一个社会系统接近于一个自适应系统——在外部条件发生不确定变化时，能自动地迅速作出反应，调整原定的策略和措施，实现优化目标。由此可见，对信息资源共享系统绩效的探讨离不开其运行机制的建设和绩效评估。根据对机制定义的分析，可以认为，信息资源共享机制是指共享系统各组成要素相互联系、相互作用的关系及其功能，包括以下三个方面：系统各组成要素；要素之间相互联系、相互作用的关系；系统要实现的功能。

一、我国图书馆信息资源共享机制现状的调查分析

当前的社会环境对图书馆信息资源共享机制建设提出了新的要求，我们必须创新共享机制，才能保证共享活动的高效开展。但图书馆信息资源共享机制创新具体目标和方向的确定，则必须建立在对机制现状了解的基础上。因此，笔者于2010年11月15日至12月30日进行了"我国图书馆信息资源共享机制现状的问卷调查"，以期为我国图书馆信息资源共享机制创新提供更具实践性的指导。

（一）调查设计

在大量文献调查、访问国内外图书馆信息资源共享组织网站及访谈相关

领域专家的基础上，笔者设计了调查问卷，问卷问题主要涉及图书馆及其参与信息资源共享的情况、图书馆信息资源共享机制的运行现状两个方面。

在本次调查中，笔者使用专业调查网站 My3q 生成问卷网页，通过邮件将网址发给调查对象，调查对象只需点击网址链接即可在网上填写问卷。对调查对象的选取，笔者选择了 150 位来自全国公共图书馆、学校图书馆、科研专业图书馆的馆长、副馆长及部分研究馆员，其中，公共图书馆主要为省级、副省级图书馆及发达地区市级图书馆，学校图书馆也多为高校图书馆。以大中型图书馆为主要调查对象，是因为这些图书馆作为我国图书馆事业发展的代表，相对来说参与信息资源共享活动较多，且主动性较高，对我国信息资源共享的现状比较了解。调查期间，笔者曾两次发送问卷，最终回收问卷 51 份。由于每道题回答的人数不同，而对每道题的回答都是有效的。因此所有回收问卷均作为有效问卷，在结果分析时我们以每题的回答人数为基数进行分析。

（二）调查结果分析

1. 我国图书馆信息资源共享的现状。本次调查所回收的 51 份问卷共涉及我国 43 所图书馆（如图 8-1 所示），其中包括国家图书馆、23 所公共图书馆、17 所高校图书馆、2 所科研专业图书馆及 1 所中学图书馆，分布在我国华东、华中、华南、东北、西北等各个区域。

图 8-1 被调查图书馆的类型分布

根据图书馆所反馈的信息资源共享参与情况，除了 3 所图书馆没有参与任何共享活动外，其他 40 所图书馆共参与全国性、地方性资源共享组织或项目 44 个，此外，还有两所省级公共图书馆参与了国际性共享组织 OCLC。目前，我国图书馆信息资源共建共享组织类型多样，全国性的组织或项目有 NSTL、CALIS、CASHL、全国文化信息资源共享工程、全国公共图书馆讲座联盟等 15 个，其中，CALIS 和全国文化信息资源共享工程是参与图书馆最多的共享活动。我国区域性的共享组织或项目发展也十分活跃，上海市文献信息资源共建共享协作网、湖北省高校数字图书馆、联合参考咨询网及文献传递网、广东流动图书馆、佛山市联合图书馆、珠江三角洲数字图书馆联盟、浙江网络图书馆、厦门市公共图书馆服务联合体、陕西高校图书馆联盟、西藏数字视频资源建设等共享组织或项目正在为全国各地区图书馆及信息用户提供服务。这些共享组织或项目不仅有系统内信息资源共建共享，也有跨系统信息资源共建共享（如上海市文献信息资源共建共享协作网）；不仅有一省信息资源共建共享，也有跨省的信息资源共建共享（如广东省立中山图书馆牵头的联合参考咨询网，由福建、广西、天津、吉林、山东等省市的 60 个公共图书馆合作建立，目前，咨询队伍约 400 人，每天平均处理咨询 6000 例，远程传输全文信息约 10000 篇，全部免费提供，满意率为 96%[1]，已成为我国图书馆网上参考咨询的著名品牌）。根据我国国情，我国的信息资源保障体系建设宜采用过渡型模式，即"在国家的宏观调控下，以国家级信息资源网络为主导，东西部地区分别分步实施，先系统内共建，后地区性共建，实现集中与分散管理的过渡型信息资源共建共享。待这一过渡型模式实现后，再建立全国性跨系统、跨地区的真正无边界信息资源共建共享网络，形成全国性的信息资源保障体系"[2]。目前，我国图书馆信息资源共享正是采用的这种发展模式。

2. 我国图书馆信息资源共享机制的运行现状。

（1）图书馆信息资源共享的动力现状。在参与共享的 40 所图书馆中，共有 48 人对"推动图书馆参与信息资源共享的因素"这一问题作出了选择。本题要求调查对象从 9 个选项中选出推动图书馆参与信息资源共享最优先的 3 项因素，但在回收的结果中，有两位被调查者的选择少于 3 个选项，而六位被调查者的选择多于 3 个选项。由于调查对象的选择是他们真实想法的反映，笔者在结果统计中都算为有效回答。结果如图 8-2 所示。

---

[1] 本信息由广东省立中山图书馆提供。
[2] 肖希明：《信息资源建设》，武汉大学出版社 2008 年版，第 346 页。

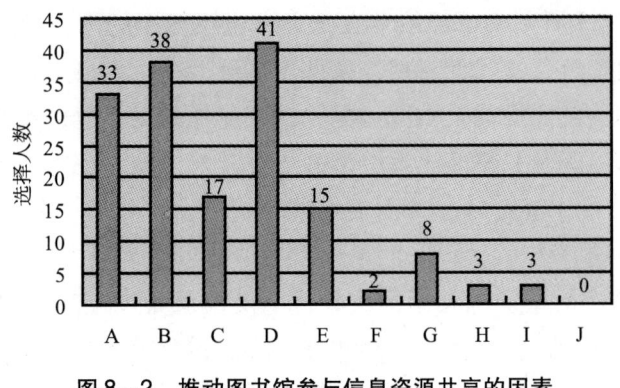

图 8-2 推动图书馆参与信息资源共享的因素

注：A 社会发展要求资源共享；B 提高用户需求满足率；C 提高图书馆竞争力；D 资源优势互补；E 共享效益的吸引；F 激励措施完备，投入与回报相平衡；G 共享系统的模式先进；H 行政要求；I 政策环境良好；J 其他。共有 48 人回答了该问题

由上图可知，有 41 名调查对象认为"资源优势互补"是图书馆参与当前信息资源共享组织优先考虑的因素，占回答人数的 85.42%，这表明，加强各图书馆特色馆藏、优势馆藏的建设是推动图书馆信息资源发展的不二法门，资源优势互补也是图书馆选择共享组织的首要标准。38 名被调查者选择了"提高用户需求满足率"这一选项，占回答人数的 79.17%，可见，"满足用户信息需求"这一共享原动力已深入图书馆人的思想观念，这也是图书馆事业、图书馆信息资源共享发展的最大价值体现。"社会发展要求资源共享"也被 33 个调查对象选为推动图书馆参与共享的主要因素，占回答人数的 68.75%，这反映了图书馆在社会发展中的主人翁意识，图书馆人的社会视野越来越开阔，认识到信息资源共享是现今社会发展、国家进步的重要条件，图书馆应当在其中贡献自己的力量。由此可见，图书馆表现出较强的信息资源共享需求，在创建、参与共享组织方面主动性较高。

在被调查的 43 所图书馆中，有 3 所图书馆没有参与任何信息资源共享活动，笔者设计了 6 个选项请调查对象说明未参与的原因。分别是：不需要，自己可以满足用户需求；没有合适的共享系统可以参与；不了解如何参与；没有这个意识；条件不足，缺乏资金、技术等的支持；其他。2 所图书馆选择"条件不足，缺乏资金、技术等的支持"，1 所图书馆选择"不了解如何参与"。这3所图书馆都是本次调查中规模偏小的图书馆，信息资源共享的实现需要资金、技术的支持，条件不足可能是大部分中小型图书馆不能参与资源共享的主要原因。由此可见，国家应加强对信息资源共享的宏观调控功能，使信息资源共享能惠及更多的图书馆及民众。此外，虽然只有1所图书馆因"不了解如何参与"而失去共享机会，但这也表明，我国需要在信息资源共享的宣传方面多下工夫，以消除这不应该存在的发展障碍。

（2）图书馆信息资源共享的决策现状。决策是图书馆信息资源共享的一个重要管理职能，决策活动贯穿共享实践的各个环节。在调查中，笔者对图书馆信息资源共享的决策方式、决策部门的设置、具体的计划决策手段的使用情况等进行了了解。

①图书馆所参与的信息资源共享组织的决策方式。决策方式主要反映图书馆信息资源共享的决策主体是谁，而决策主体及决策角色的设置与现今社会经济体制的趋势是否一致将决定图书馆信息资源共享的发展活力。笔者设计了5个选项，调查结果如图8-3所示。

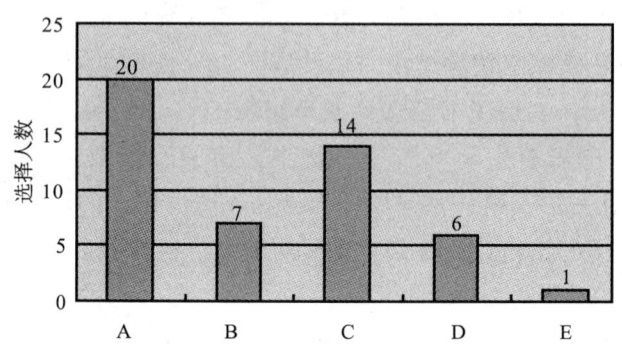

图8-3 图书馆信息资源共享组织的决策方式

注：A 自主决策；B 政府或主管部门决策；C 自主决策为主，政府或主管部门决策为辅；D 政府或主管部门决策为主，自主决策为辅；E 其他。共有48人回答该问题

从调查对象的选择来看，目前，我国图书馆信息资源共享的决策方式使用较为分散，但"自主决策"、"自主决策为主、政府或主管部门决策为辅"两个选项的选择人数明显多于其他选项，分别有20人和14人选择，占回答人数的41.67%和29.16%。这说明图书馆信息资源共享组织在发展过程中

已具有较大的自主性，政府或主管部门在一定程度上对共享决策发挥了辅助作用。图书馆信息资源共享应根据组织的具体情况以及在不同阶段所面临的具体问题采用合宜的决策方式，但从我国信息资源共享整体来说，"自主决策为主、政府或主管部门决策为辅"的决策方式应成为我国图书馆信息资源共享的主导方式，将图书馆的自主性与国家宏观调控较好地结合起来。以其他决策方式为主导的图书馆信息资源共享可能不利于推进信息资源共享活动的开展。

②图书馆所参与的信息资源共享组织决策部门的设置情况。决策部门的设置是指各决策角色权力的分配、辅助组织体系的建立等。笔者设计了三个有关共享组织决策部门设置的描述项，请调查对象说明这些描述是否符合实际情况。结果见下表8-1。

表8-1 图书馆信息资源共享决策部门的设置情况

描述项	回答人数	是	百分比	否	百分比
决策部门设置合理，权力分配适当	47	44	93.62%	3	6.38%
成员馆的角色在决策制定中被充分体现	46	37	80.43%	9	19.57%
智囊团、信息系统等辅助组织体系完备	45	27	60%	18	40%

对三个描述项持肯定意见的被调查者均占多数，特别是有93.62%的调查对象认为所参与的信息资源共享组织"决策部门设置合理，权力分配适当"。成员馆在决策制定中的参与程度与共享决策的可行性有较大关系，有80.43%的调查对象认为成员馆的角色在共享决策制定中得到充分体现。相比来说，较多调查对象（40%）认为智囊团、信息系统等决策辅助体系需要进一步完备，以使共享决策得到更充分的智力和信息支持。除此之外，被调查者还提出决策部门引导性不够；决策缺乏执行力；决策成员应加强沟通，相互平等；实施决策监督；重视决策前的调查研究，关注成员图书馆的需要，使决策更符合实际等意见和建议。

③图书馆所参与的信息资源共享组织对计划决策手段的选用情况。图书馆信息资源共享在实际的运行过程中，根据所要解决问题的类型会选用不同

的决策手段，主要有临时决策、短期决策（一年以内）、中期决策（一年至三年）和长期决策（三年或五年以上）。笔者在调查中询问了调查对象所参与的信息资源共享组织对这几种决策手段的使用情况。由于对每种决策手段的反馈人数不同，笔者使用百分比来反映目前的现状①。具体结果如图 8-4 所示。

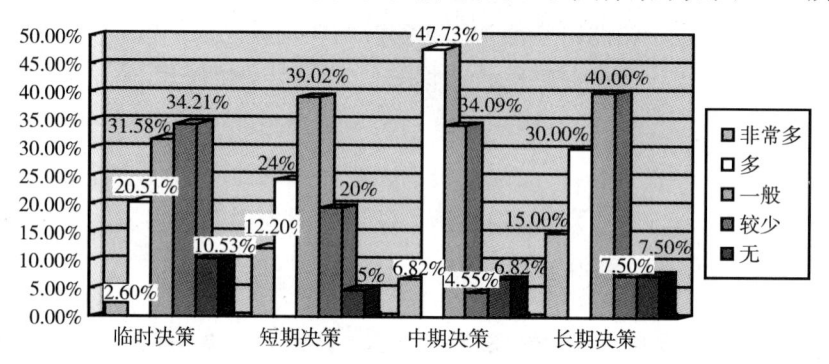

图 8-4　图书馆信息资源共享对决策手段的使用情况
图表来源： 笔者绘制

总体来说，中期决策是图书馆信息资源共享使用最多的决策手段，有 54.55% 的调查对象选择了"非常多"或"多"。而认为对临时决策、短期决策、长期决策使用较多的比例分别是 23.11%、36.2%、45%。由此可见，使共享组织更具竞争力的中长期计划是多数图书馆信息资源共享决策制定的重点，而适当使用临时决策和短期决策也是共享发展的必需。

④图书馆所参与的共享组织中长期计划的实施情况。数字信息环境下，信息市场竞争越来越激烈，中长期计划的制定和实施情况对图书馆信息资源共享组织有较大影响。笔者考察了目前共享组织中长期计划的制定是否脱离社会、图书馆事业的实际情况以及计划的实施情况如何，均有 46 人作出回答。36 人（78.26%）认为，所参与共享组织的中长期计划是以社会、图书馆事业的发展实际为基础制定的。计划的实施情况见图 8-5。有 42 人认为所参与共享组织的中长期计划基本实施或完全实施，占回答人数的 91.30%。可见，当前我国图书馆信息资源共享中长期计划的实施效果较为乐观。

---

① 分别有 39 位、41 位、44 位、40 位调查对象对共享组织使用临时决策、短期决策、中期决策和长期决策的多少情况进行了回答。

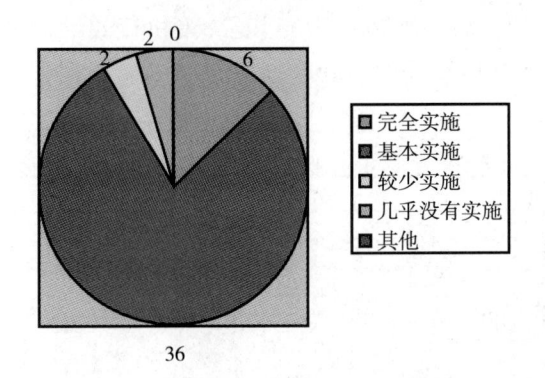

图 8−5　图书馆信息资源共享中长期计划的实施情况

（3）图书馆信息资源共享的信息传递与交流现状。信息传递与交流存在于任何组织内部及组织与外部环境之间，是图书馆信息资源共享组织有效运行所不可缺少的活动。笔者设计了两个问题来调查共享组织对信息交流方式及交流工具的使用现状。

①图书馆所参与的信息资源共享组织对各种信息传递与交流方式的使用情况。完备的共享组织信息传递与交流网络既要有自上而下指令性的信息传递与交流，也要有自下而上反馈性的信息传递与交流及共享组织成员之间、成员单位的馆员之间的同级横向信息传递与交流；既要有共享组织内部的信息传递与交流，也要有共享组织与外部环境的信息传递与交流。图书馆信息资源共享对各种信息传递与交流方式的使用情况如图 8−6 所示。由于对每种交流方式的反馈人数不同，笔者使用百分比来反映目前的现状①。

图书馆信息资源共享使用较多的信息传递与交流方式是共享组织内部的信息传递与交流、自上而下指令性的信息传递与交流、共享组织成员之间及成员单位的馆员之间的同级横向信息传递与交流，分别有 65.85%、63.42% 和 55.82% 的调查对象认为共享组织对这些交流方式的使用属于"非常多"或"多"。而对自下而上的反馈性交流及与外部环境的交流相对较少，只有 22.4% 的调查对象认为共享组织与外部环境的信息传递与交流较多，且有 12.5% 的调查对象认为共享组织无反馈性信息传递。在市场环

---

① 分别有 41 位、40 位、43 位、41 位、41 位调查对象对共享组织使用以上五种信息传递与交流方式的多少情况进行了回答。

境下，这两种交流方式对提高决策质量及决策执行效果，提高组织竞争力有重要意义，因此，这种情况应引起共享组织的重视，并实施改善。

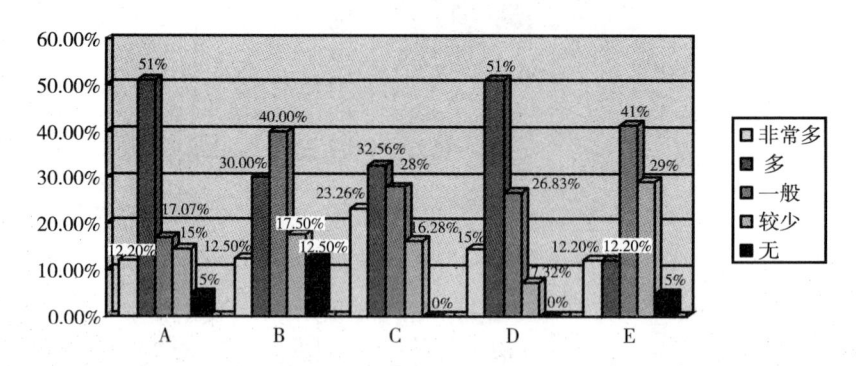

图 8-6 图书馆信息资源共享对各种信息传递与交流方式的使用情况

注：A 自上而下指令性的信息传递与交流；B 自下而上反馈性的信息传递与交流；C 共享组织成员之间、成员单位的馆员之间的同级横向信息传递与交流；D 共享组织内部的信息传递与交流；E 共享组织与外部环境的信息传递与交流

②图书馆所参与的信息资源共享组织对各种信息传递与交流工具的使用情况。在数字信息环境下，共享组织信息传递与交流的效果和交流工具的选用关系密切。现代化的信息交流工具能够为共享组织构建更加快捷的交流渠道，提高信息交流的广度和深度。笔者设计了 9 个选项，基本涵盖了各种传统交流工具和现代化交流工具。共有 48 人回答该问题。调查结果如图 8-7 所示。

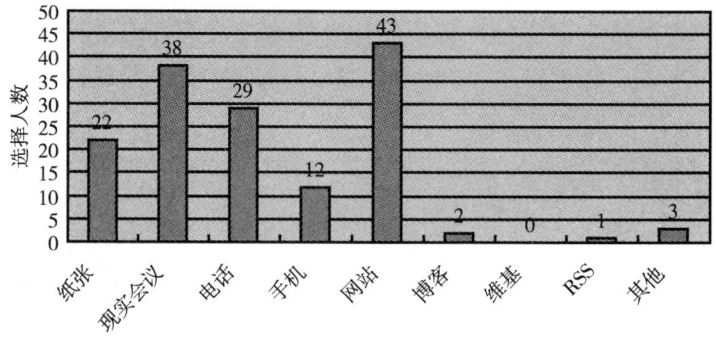

图 8-7 图书馆信息资源共享对各种信息传递与交流工具的使用情况

通过网站进行信息传递与交流是网络环境下大多数共享组织的必选途径,有43人选择,占回答人数的89.58%。其他被共享组织重点使用的交流工具分别是现实会议(79.17%)、电话(60.42%)、纸张(45.83%)。从整体上来说,共享组织对传统交流工具的使用依然多于网络交流工具。极少有共享组织在信息传递与交流中使用博客、维基、RSS等Web2.0工具,有调查对象在"其他"选项中补充了即时通信软件和电子邮件。

(4) 图书馆信息资源共享的市场参与现状。图书馆信息资源共享的目的是最大限度满足全社会的多元化信息需求。虽然任何共享组织均是以公益性为主,但在目前的社会环境中,共享组织无法摆脱"市场"的影响而孤立存在,只有以合理的方式参与"市场",才是图书馆信息资源共享的发展之道。由于图书馆信息资源共享的市场参与和完全商业化组织不同,其主要表现为市场意识的增强。因此,笔者设计了5个有关市场意识的描述,通过调查信息资源共享组织在这些意识上的强弱来反映组织的市场参与现状。由于对每种市场意识的反馈人数不同,笔者使用百分比来反映目前的现状①。具体结果如图8-8所示。

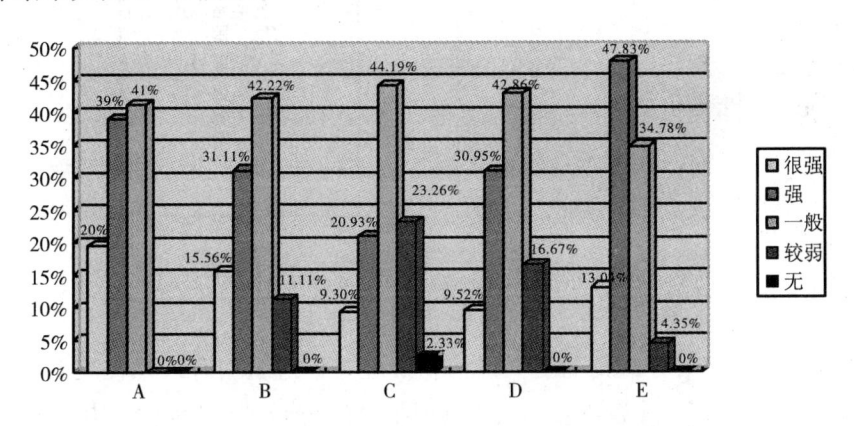

图8-8 图书馆信息资源共享市场意识的强弱情况

注:A 追求组织效率最大化;B 促进共享组织成员类型多样化;C 追求与外部机构的合作;D 定期规范的共享活动评估;E 共享组织进展的宣传报道

---

① 分别有46位、45位、43位、42位、46位调查对象对共享组织的以上5种市场意识作出了反馈。

由上图可知，大多数调查对象认为所参与共享组织的效率最大化意识以及宣传报道意识较为强烈，分别有59%和60.87%的被调查者针对这两种意识选择"很强"或"强"选项。而共享组织的"追求与外部机构的合作"意识相对较弱，只有30.23%的调查对象认为共享组织的外部合作意识"很强"或"强"，比例较其他意识低。而有25.59%的调查对象认为共享组织没有外部合作意识或意识较弱，比例较其他意识高。可见，图书馆信息资源共享组织应在与外部机构的合作方面加强实践，为共享组织的发展提供更多机遇。

（5）图书馆信息资源共享的监督现状。监督是图书馆信息资源共享组织健康发展的重要环节。共享组织的监督现状与监督制度的内容和制度的执行情况有关，笔者设计了四个选项来调查图书馆所参与的信息资源共享组织在运行过程中监督制度的现状。共有46人回答该问题。结果如图8-9所示。

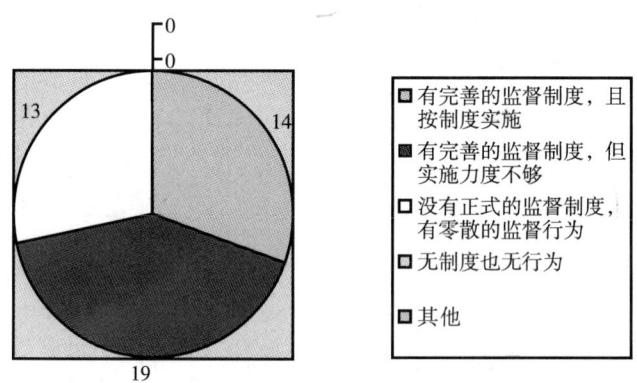

图8-9　图书馆信息资源共享监督制度的现状

从选择情况来看，我国图书馆信息资源共享组织均有某种程度的监督行为。14人（30%）认为所参与的共享组织有完善的监督制度，并且在共享实践中能够按制度实施监督。19人（42%）认为所参与共享组织有完善的监督制度，但是实践中实施力度不够，没有充分发挥监督制度的功能。此外，有28%（13人）的调查对象认为所参与共享组织缺乏正式的监督制度，只有零散的监督行为，不足以支撑共享实践的良好快速发展。由此可见，监督实施不力以及缺乏监督制度使得我国图书馆信息资源共享的整体监督状况较为薄弱。现阶段，完善监督制度，并加强已有制度的实施力度是图书馆信息资源共享做好监督工作的重点。

（6）图书馆信息资源共享的政策保障现状。图书馆信息资源共享的标准化、规范化及稳步持续发展需要制定涉及多领域的法律法规，为其提供保障。对图书馆信息资源共享政策保障现状的了解将为政策保障能力的提高提供参考。

①图书馆信息资源共享的政策体系及政策制定主体。完整的图书馆信息资源共享政策体系应包括国家政策、地区政策、共享组织政策及本馆政策等各级信息政策，来为图书馆信息资源共享的发展提供全方位的政策支持和指导。共有47人对图书馆信息资源共享的现有政策体系建设情况进行了回答。如图8-10所示。

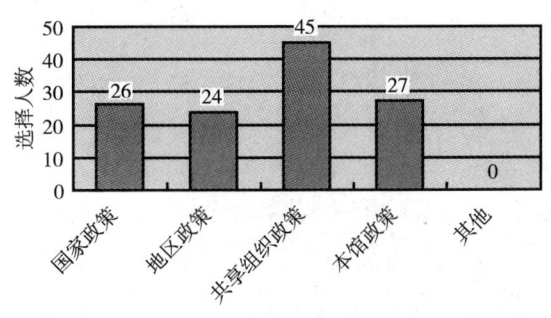

图8-10 图书馆信息资源共享政策体系的现状

大多数的共享组织都对自身管理及服务标准作出了明确规定，有45人认为所参与的信息资源共享组织制定了本组织的相关政策，占回答人数的95.74%，对国家政策、地区政策和本馆政策支持信息资源共享的认可比例相对较低，但也都超过了半数，分别为55.32%、51.06%、57.45%。这在一定程度上表明我国应加强宏观层次的国家信息政策、中观层次的地区信息政策和微观层次的图书馆信息资源共享政策的制定，使图书馆信息资源共享既有国家级权威信息政策的支持，又有其他信息资源共享政策的具体指导。

有45人对现有各级共享政策的制定主体做出了选择。结果如图8-11所示。有21人认为图书馆管理者是目前共享政策的制定主体，占回答人数的47%。分别有10人（22%）认为共享政策的制定主体是政府或主管部门、各领域人员组成的政策小组。笔者认为，为保证共享政策的权威性和实践性，由政府或图书馆主管部门、图书馆管理者、相关领域专家组成的政策小组应成为各级共享政策的制定主体。

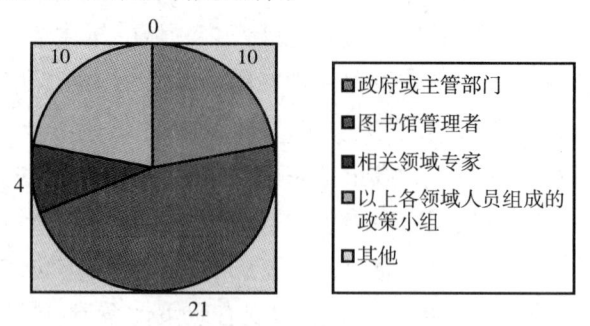

图8-11 图书馆信息资源共享的政策制定主体

②现有图书馆信息资源共享政策的相关问题。图书馆信息资源共享政策的保障效果涉及诸多方面的问题，例如政策内容体系的完善性、政策内容的适应性、政策的权威性、政策执行保障等。笔者设计了有关共享政策的6个问题，请调查对象依据共享政策的实际情况对这些问题进行回答。由于对每项问题的反馈人数不同，笔者使用百分比来反映目前的现状①。具体结果如图8-12所示。

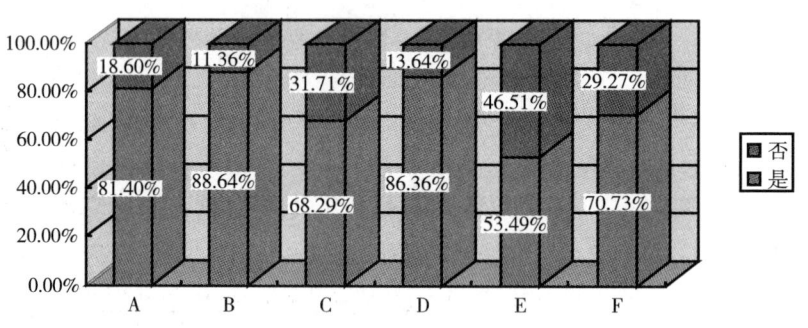

图8-12 图书馆信息资源共享政策的相关问题

注：A 内容体系是否完善；B 内容是否符合目前共享实践的发展；C 是否具权威性；D 是否具操作性；E 是否被严格执行；F 是否足够支持目前的共享活动开展

---

① 分别有43位、44位、41位、44位、43位、41位调查对象对此6问题进行了反馈。

对这 6 个问题作出肯定回答的人数均占回答人数的半数以上，按比例从高到低依次是：内容符合目前共享实践的发展（88.64%）；具操作性（86.36%）；内容体系完善（81.4%）；足够支持目前的共享活动开展（70.73%）；具权威性（68.29%）；被严格执行（53.49%）。这说明我国图书馆信息资源共享在政策保障方面基本值得肯定，但以上各个问题都有完善的空间，特别是政策的执行力度，需要多方面采取措施进行加强。

（7）图书馆信息资源共享的服务现状。为用户提供更符合需求的服务是图书馆开展信息资源共享的最终目的。笔者调查了图书馆参与共享组织所提供共享服务的现状，共有 47 人回答了该问题。结果如图 8-13 所示。

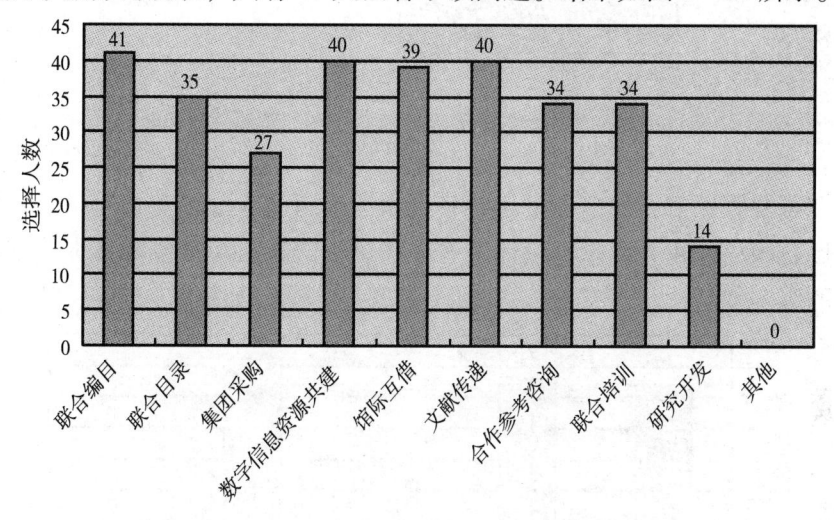

图 8-13 图书馆信息资源共享提供的服务类型

除了研究开发，其他选项均有超过半数以上的调查对象选择。其中，联合编目（87.23%）、数字信息资源共建（85.11%）、文献传递（85.11%）和馆际互借（82.98%）服务是图书馆信息资源共享主要提供的服务类型。对于图书馆信息资源共享组织来说，并不是要追求涵盖所有的服务类型，重要的是根据共享组织的目标和使命，确定自身的服务内容。

①图书馆所参与的信息资源共享组织的服务创新现状。创新是任何组织不断发展的活力之源，图书馆信息资源共享组织应将服务创新作为核心内容，以保证组织所提供服务能够满足不断多元化的用户信息需求。共有 47

人回答该问题。从图 8-14 可知，基本上所有调查对象（98%）都认为共享组织较为重视服务创新，其中选择"非常重视"和"重视"的被调查者占回答总人数的 74.47%。

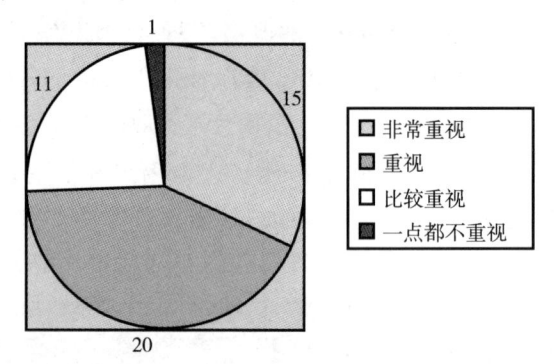

图 8-14 图书馆信息资源共享对服务创新的重视程度

在重视服务创新的前提下，共享组织都采用哪些途径实施创新呢？笔者通过调研国内外相关文献，设计了五个选项，请调查对象说明其所参与共享组织的服务创新途径。有 46 人回答了该问题。结果如图 8-15 所示。

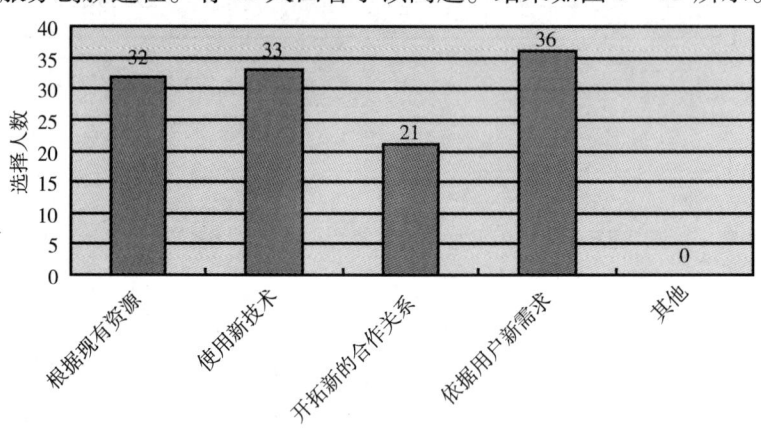

图 8-15 图书馆信息资源共享服务创新的途径

以上四种创新途径中，"依据用户新需求"是图书馆信息资源共享组织最多采用的创新思路，有 36 人选择，占回答总人数的 78.26%。其次是"使用新技术"（71.74%）和"根据现有资源"（69.57%）。这表明，用户需求永远是图书馆信息资源共享服务的最终依据。而在数字信息环境下，随着信息技术日新月异的发展，将新技术融入共享服务也成为服务创新的必然途径。"根据现有资源"进行服务创新也被较多的调查对象选择，最大限度地利用共享组织已有的各种资源是任何阶段共享组织提供服务的明智之举。通过"开拓新的合作关系"进行服务创新也有 21 人（45.65%）选择，但相对其他选项则明显较低。在开放的市场环境下，"合作"是组织发展的重要策略，建立适宜的合作关系将为组织带来更多的发展机会。

②图书馆所参与的信息资源共享组织的服务收费现状。目前，图书馆信息资源共享组织所提供的收费服务有哪些呢？有 35 位调查对象回答了这个问题。从图 8-16 可知，较多图书馆所使用的文献传递和馆际互借服务属于收费服务，分别有 20 人和 18 人选择。其次是联合编目（14 人）和联合培训（10 人）服务。其他各类共享服务也都有少数调查对象选择。由于不能确定其他调查对象对本题不做选择的原因，笔者在此不使用百分比统计。

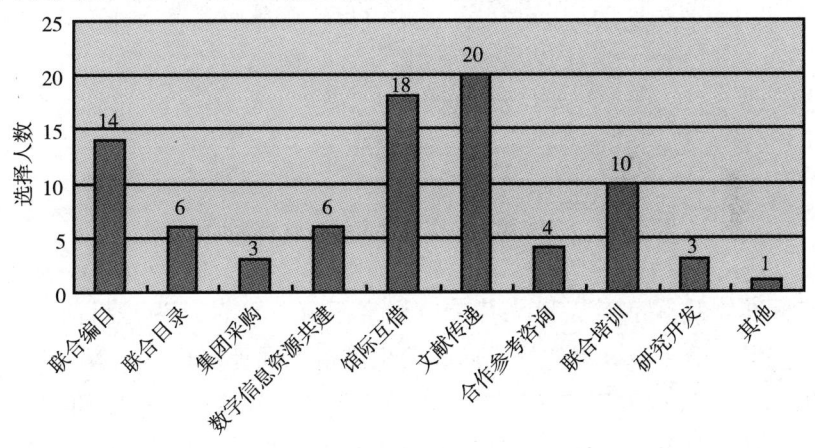

图 8-16 图书馆信息资源共享所提供的收费服务

此外，笔者还调查了图书馆信息资源共享组织服务收费标准的制定情况。共享服务收费有面向图书馆用户和面向终端用户两种情况，由于面向图书馆的收费标准主要通过图书馆与共享组织的协商确定，图书馆在协商中有相应的团体优势。而终端用户相对来说在标准制定中处于弱势地位，一般只能接受收费标准。因此，笔者在调查中只设计了有关面向终端用户的服务收费问题。有 16 位调查对象①指出所参与的共享组织有面向终端用户的服务收费标准。在有关满意度一题中，13 位调查对象②对已有标准表示满意，8 位调查对象认为收费标准存在不足。由于以上两个问题出现的回答不一致现象③，笔者在此不做百分比统计。

最后，笔者设计了 5 项有关收费标准不足的描述，请对收费标准不满意的调查对象指出原因。有 12 人对该问题作出了回答（依然与上题结果出现不符现象）。结果如图 8-17 所示。

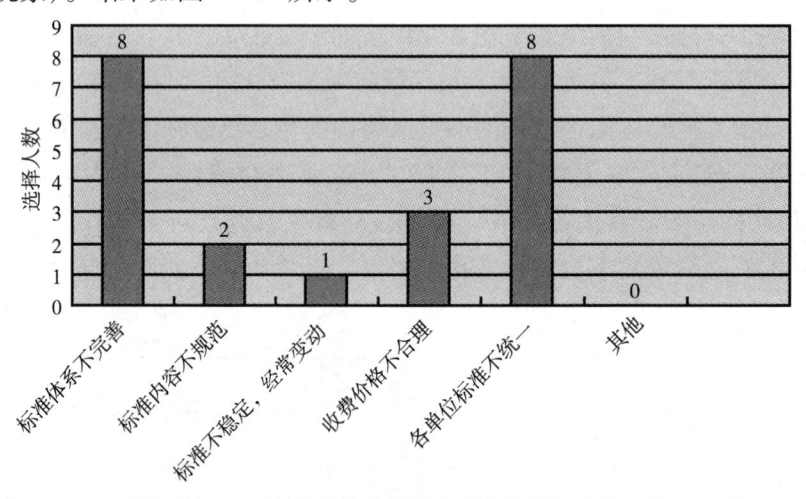

图 8-17 图书馆信息资源共享服务收费标准的不足

"标准体系不完善"和"各单位标准不统一"被认为是目前收费标准的最大问题，分别有 8 人选择。而收费标准也不同程度地存在着"收费价格不合理"、"标准内容不完善"和"标准不稳定，经常变动"等问题。为保障用户权益，以及图书馆信息资源共享组织的可持续发展，共享组织应追求制定合理、规范、完善的服务收费标准。

3. 调查结论。通过对以上调查结果的分析可以发现，我国图书馆信息资源共享机制建设取得了一定的成果，但也存在着不足。只有适应社会发展

---

① 有 45 位调查对象回答了该问题。
② 有 21 位调查对象回答了该问题。
③ 16 位调查对象所参与的共享组织有服务收费标准，但却有 21 人对标准的满意情况进行了回答。

趋势、符合信息资源共享内在规律的机制才能促进共享的持续发展。目前，我国图书馆信息资源共享机制的优势主要体现在：

（1）使图书馆及信息资源共享组织的主观能动性得到发挥。在计划经济时代，国家统管一切事务的计划和组织，图书馆信息资源共享的发展不需要积极性和主动性。进入市场经济时代，发挥主观能动性成为现代组织发展的基础。目前，我国图书馆信息资源共享各种机制在发挥图书馆的自主性方面运行良好。如从图书馆参与信息资源共享的动力因素来看，图书馆追求与其他馆通过资源优势互补来满足用户的复杂信息需求，图书馆乐于通过参与信息资源共享来推动社会的大发展，"行政要求"已不是建立图书馆信息资源共享组织或项目的主要因素。再从信息资源共享组织的决策现状看，共享组织自主决策已成为决策的主要方式。在服务机制中，重视服务创新已成为我国图书馆信息资源共享的重要特点。

（2）使图书馆信息资源共享的可持续发展性增强。可持续发展的主要思想在于具有长远的发展眼光，摒弃只顾眼前的局限性。首先，图书馆信息资源共享对中长期计划的重视是其可持续发展的一大保障，中长期计划，特别是战略性计划的制定需要决策者有广阔的视野，结合众多因素为共享组织描绘更具竞争力的未来。其次，市场意识的强弱也是市场经济环境下组织可持续发展性的体现。目前，我国图书馆信息资源共享组织已表现出较强的效率最大化意识以及宣传报道意识，并且已注意到建立成员多样化的共享组织及开展共享评估以提高共享绩效的重要性。此外，主观能动性的发挥也是图书馆信息资源共享可持续发展性增强的一个重要体现。

明确优势，把握不足对提高图书馆信息资源共享机制建设的效果有重要意义。我国图书馆信息资源共享机制建设的不足主要体现在以下两个方面：

（1）图书馆信息资源共享的开放性不足。任何系统都应是一个开放的系统，不仅系统内部各要素之间存在物质、能量、信息的流动，系统与外部环境之间也应进行物质、能量与信息的流动，任一流动渠道的堵塞都将影响系统的健康发展。调查结果表明，图书馆信息资源共享与外部组织有关的机制建设均较为薄弱，如为提高图书馆竞争力而参与信息资源共享、共享组织与外部环境的信息传递与交流、通过拓展新的合作关系进行服务创新的被选比例与同级选项相比均不高。这导致图书馆信息资源共享存在开放性不足的问题。

（2）图书馆信息资源共享的保障措施薄弱。监督机制和政策保障机制都是保证图书馆信息资源共享规范有序发展的保障机制。有关图书馆信息资源共享的监督现状和政策保障现状的调查结果表明，不管是监督机制还是政策保障机制，两者在内容和执行力度方面都需要采取进一步的完善和加强措施。此外，各级信息资源共享政策还需要确定更加合理的政策制定主体。

4. 我国图书馆信息资源共享机制创新的战略方向。在分析我国图书馆信息资源共享机制创新的社会环境及机制建设现状的基础上，笔者探讨了机制创新的两个战略方向。

第一，构建完备的图书馆信息资源共享机制体系。日益复杂的社会环境对图书馆信息资源共享机制的建设提出了更高的要求，只有构建完备的机制体系，才能为图书馆信息资源共享按规律发展提供根本的指导。在有关图书馆信息资源共享机制的文献调研中就已指出，目前，我国缺乏对此问题的综合性研究，缺乏系统性共享机制体系的构建。而在问卷调查分析中发现，虽然各个问题都得到了答案，但存在诸多不一致现象，如对同一类问题的回答前后不一致（对服务收费标准现状的调查），不同图书馆对同一共享组织认识的不一致，同一图书馆不同管理者对共享组织认识的不一致。这些不一致现象除了表明信息传递与交流机制建设的不完善外，也在一定程度上体现出图书馆信息资源共享缺乏对机制的清楚认识，在机制建设实践中缺乏系统观念。因此，我国需要构建完备的图书馆信息资源共享机制体系，来指导共享机制的建设。

第二，改革现有机制建设中的不足，建立与环境相适应、实践性强的共享机制。笔者在上节已经概括了目前图书馆信息资源共享机制建设的不足，本文对调查结果的分析更是对机制存在的问题进行了较为详细的反映。在掌握当代社会经济、信息、政策环境的基础上，借鉴国内外成功的机制建设案例，以建立适应性强、实践性强的共享机制为指导来改革现有机制建设中的不足是我国图书馆信息资源共享机制创新的战略方向之一。

二、信息资源共享系统运行机制创新的内容

根据信息资源共享系统的运行特点，可建立包含动力机制、决策机制、信息传递与交流机制、市场机制、服务机制、有效监督机制及政策保障机制在内的共享机制体系。机制创新的具体内容如下。

（一）动力机制创新

信息资源共享是人类的理想，但共享不会自动实现。合理有效的动力机制是建立和发展图书馆合作与信息资源共享的关键。图书馆信息资源共享的动力归根到底来自于共享系统内部不同行为主体对自身利益的追求。而图书馆信息资源共享的动力机制就是通过激发共享系统各参与者的利益动机来形成其运行所必需的动力。社会道德及行政权力在一定程度上会促进合作与共享的开展，但一个卓有成效的共享系统，其可持续发展不可能建立在参与者无私奉献或外力强迫的基础之上，只有有效地激发图书馆的内在动力才能造就一个有持久活力的信息资源共享系统且推动其不断向前发展。从图书馆自身来说，其参与信息资源共享的内在动力包含满足用户信息需求的价值实现动力、在信息经济时代的竞争中取胜的生存发展动力以及效益获取动力。对利益的追求是任何个人或组织自然而然的一种行为动机。现阶段，我国完全的计划经济环境已经转变为社会主义市场经济环境，全社会都可参与到图书馆信息资源共享动力机制的构建中，通过提高图书馆对社会环境和信息资源共享的认识以及图书馆评估、权威机构的协调等外部力量，激发图书馆在新环境下发挥主观能动性，积极追求自我价值的实现、追求更好的生存与发展、追求获取更高的效益。目前，保证图书馆信息资源共享的利益平衡是构建动力机制的重点和难点。

在计划经济体制下，图书馆合作与信息资源共享通过行政手段组织运行，缺乏对各参与方利益关系的考虑。在资源共享的初级阶段，共享的资源和范围都非常有限，参与各方的利益容易保持均衡，但在数字信息环境下，信息资源共享突破空间的限制，开始面向全国甚至整个世界，共享系统成员之间的利益关系逐步复杂起来。在我国，资金充足、资源丰富的图书馆只是少数。一般来说，规模大、基础好的图书馆在资源共享中投入人力物力多、

获益少，而部分图书馆则存在依赖心理，在付出较少甚至不付出的情况下，获得较大利益。投入与产出的不对等必然使一些图书馆对资源共享持消极态度。资源共享的动力机制要求其实施有效的利益平衡措施，保证参与各方在共享中的投入均得到相应的回报，使信息资源共享拥有持续的发展动力。虽然在现状调查中，极少图书馆因为"激励措施完备，投入与回报相平衡"而参与共享，但共享的可持续发展必须要有利益平衡措施来保障。信息资源共享的利益平衡方式有协议合作、政府主导、市场调节和法律调控[1]。也有人提出构建包括市场平衡机制、政府平衡机制、社会平衡机制的文献信息资源共建共享利益平衡机制体系[2]。不管使用何种利益平衡方式，合理有效的利益补偿措施都是其核心内容。即使是以奉献精神、无偿使用为中心的社会平衡机制，在缺少利益补偿的情况下，也难以长期运行。利益补偿可以通过以下两种途径进行。一是直接的资金支持。政府对共享系统特别是在资源共建共享中承担主要责任的成员单位给予财政拨款或专项基金投入。二是实施有偿服务。这种方式的关键是对系统中各项服务和产品制定合理的价格和收费方式。有偿服务已被越来越多的图书馆和用户所接受，CALIS、NSTL等信息资源共享系统分别制定了自己的收费标准，如CALIS制定的联机合作编目收费标准、馆际互借和文献传递收费标准等。成员单位和用户在使用本馆以外资源时均需付出一定费用，但与被满足的信息需求相比代价是较小的，特别是在服务优惠期间，成员单位的用户能获得较多的费用补贴甚至享受免费服务。

（二）决策机制创新

信息资源共享决策机制是指决策主体、决策权、决策组织和决策方式等共享决策系统各要素之间的相互关系和内在机能。它客观地反映着决策机体的运动变化规律，并决定着共享组织决策行为的有效性程度。决策机制在图书馆信息资源共享系统运行机制中处于主要地位，它不仅是设计其他机制的基础，而且又贯穿于其他各机制运行的始终。

一直以来，我们较多使用行政手段来组织图书馆信息资源共享活动，这

---

[1] 莫泽瑞：《信息资源共享的内在机制——利益平衡》，《冶金信息导刊》2006年第4期，第28—32页。
[2] 楼靖华：《文献信息资源共建共享的利益平衡机制研究》，《图书馆杂志》2006年第5期，第20—23、32页。

在一定时期一定程度上推动了信息资源共享的开展,但由于单一的行政手段使得决策时较难充分考虑各相关主体的自身基础、实际需要及主体间利益关系,由此建立起来的信息资源共享缺乏持久的内在动力,不能有效地发挥作用。在数字信息环境下,为满足用户需求,图书馆信息资源建设与服务对合作与共享的要求更为迫切,只有建立新的决策机制,才能保证信息资源共享的有效性。在机制现状的调查中发现,共享组织在决策中已表现出较强的自主性。在社会主义市场经济条件下,应当建立图书馆自主决策为主、政府行政决策为辅的决策机制。各图书馆是信息资源共建共享中独立的利益主体,应当鼓励他们根据自身的实际情况及用户需求对是否参与共建共享及参与何种形式的共建共享进行自主决策。实施共建共享后,系统要建立结构合理的决策部门,制定系统的发展计划,任一决策行为都要保证各参与方在充分协商和自愿互利的基础上开展合作。同时,政府行政手段在合作与共享的宏观调控方面也能够发挥重要的辅助作用。例如,为了获取更多利益,一些资金充足、资源丰富的大馆倾向于和同等条件的馆达成合作,这就使得多数规模小、基础弱的图书馆难以享受资源共享的益处。在保证利益平衡的条件下,适当运用行政决策手段也是维护社会公平的必要选择。

在以图书馆为决策主体的决策机制中,应有清楚的责权利关系。决策者的行为由利益推动,由责任约束,由权力保证。为了保证决策者决策行为的合理化,要建立起一定的权力结构以及与其相适应的责任结构和利益结构,正确处理责权利的关系。在计划经济环境中,图书馆并非信息资源共享活动的决策主体,缺乏责权利意识。而新的信息环境下图书馆信息资源共享决策机制的建立应重视这一关系的明确。首先,图书馆信息资源共享决策者应做好每项决策的利益评估、利益平衡,确保各参与者利益的获得;其次,共享系统各参与方应清楚自己在信息资源共享活动中应负的责任,每个图书馆都应是"主动"而非"被动"的参与者;最后,责任的履行和利益的获取都需要相应的权力来保证,信息资源共享是涉及资金、技术、资源等多个领域的复杂活动,国家应当在政策法律中对相关需要作出规定以保障图书馆决策权的行使。

此外,建立结构合理的信息资源共享系统组织保证体系是决策机制的重要内容。决策主体要行使其职能,除了要有权力保证以外,还要依托组织保证。完善的组织保证体系中，不仅要有决策中心，还要有智囊团、咨询机构、信息系统等来为决策者出谋划策，做好方案评估、方案论证和决策宣传，提供及时、准确、适用的信息支援等等。在此机制中，共享系统成员作为主体将更多参与系统的各项决策。美国联机计算机图书馆中心（Online Computer Library Center，OCLC）的成功运行就得益于其所建立的由监管会员图书馆、会员委员会和理事会组成的由下至上的制度化监管机制。理事会是 OCLC 的最高权力机构，而监管会员图书馆和会员委员会则发挥智囊团、信息系统的功能，帮助理事会做出更有效的决策。目前，我国的信息资源共享系统决策也有相应的组织保证体系建设。NSTL 实行理事会领导下的主任负责制，理事会是其领导决策机构，由著名科学家、情报信息专家和有关部门代表组成。主任负责 NSTL 各项工作的组织实施。科技部代表 6 部委对中心进行政策指导和监督管理[1]。CALIS 则建立了较为复杂、功能完备的组织结构，共享系统的决策职能分布在领导小组、专家委员会和 CALIS 管理中心。其中，领导小组是 CALIS 的最终决策部门，由教育部相关领导以及北大、清华主管校长组成。专家委员会专家则由 CALIS 管理中心根据工作需要推荐，主要是系统内外的图书情报专家、信息技术专家，均由 CALIS 领导小组聘任，受管理中心领导。专家委员会根据 CALIS 的发展需要，开展相应的调查研究，并协助 CALIS 管理中心制订相关的发展规划和工作方案、技术方案，对管理中心负责。CALIS 管理中心是 CALIS 项目的职能部门，负责对系统的发展规划与评估、资源发展与系统开发、事业发展等实施全局管理和调度。在全国/地区/省中心均设置管理委员会及专家委员会，将收集到的 CALIS 成员馆意见和建议转达 CALIS 管理中心[2]。虽然我国图书馆信息资源共享决策的功能部门较为齐全，但都缺乏成员图书馆的参与。我国急需改变这种倾向于"专家和领导"的决策部门人员结构不合理的现象，建立"自下而上"的决策管理机制，使得图书馆在决策中起主导作用，各领域专家及政府领导则更多发挥咨询功能。决策部门的设置应简单而清晰，职能明确，要保证决策权的合理分配，不能太过集中或分散。

---

[1] 关于我们［EB/OL］．［2009-6-1］．http：//www.nstl.gov.cn/index.html.
[2] 关于 Calis 组织结构［EB/OL］．［2009-6-1］．http：//www.calis.edu.cn/calis_index.asp?fid=2&class=2.

（三）信息传递与交流机制创新

信息是经过加工整理后的数据，任何组织和个人的决策及实施都是在一定信息的支持下进行的，尤其是在信息经济时代，信息成为管理的基础、决策的依据、竞争的第一要素。信息的获得和使用是决定社会主体在竞争中成败的关键，而信息只有在传递与交流中才能发挥其无可比拟的价值。本文所讲的信息传递与交流，是指为图书馆信息资源共享制定决策及维持日常运作服务并促进发展所需要的相关信息，在实现其支持功能的过程中所经过的途径[1]。信息资源共享的信息传递与交流机制就是通过构建畅通的传递与交流渠道使共享系统各类信息向需要的方向传输。这是使信息被共享系统最大限度地传递使用的机制，包括信息传递交流的对象、内容、途径、工具等要素。

在我国，受计划经济的影响，在行政决策手段为主的环境下，主要是自上而下的信息传递与交流模式，传递内容多是指令信息，缺乏自下而上的信息反馈和同级横向信息交流，这与我国缺乏效益观念有极大的关系。数字信息环境为信息传递与交流提供了更为便捷的途径，再加上市场经济对效率和效益的追求，图书馆合作和信息资源共享有必要变革旧有的信息传递与交流机制，建立一个完备的信息传递与交流网络，既有自上而下和自下而上的纵向信息传递，又有同级横向信息交流。按照信息传递与交流的范围，可将其分为共享系统内部信息传递与交流和共享系统外部信息传递与交流。下文也将从这两个角度构建数字信息环境中的图书馆信息资源共享信息传递与交流机制。

1. 系统内部信息传递与交流。共享系统内部信息传递与交流包括系统与各参与主体、各主体之间、各主体内部的信息传递，传递内容主要有决策信息、反馈信息、协调信息、资源信息、一般事务信息、业务相关知识信息等。（1）系统与各参与主体。共享系统与各主体之间主要是自上而下的指令信息传递和自下而上的意见和建议信息传递。系统管理部门将各项有关资源共建共享的规划、决策和其他规章制度通过文件、会议等方式传递给各参与主体，而各参与主体应当被鼓励主动对自身情况及用户需求、系统决策的执行效果、共享系统运行存在的问题及建议等进行反映，建立系统与参与主

---

[1] 冯欣：《基于信息传递机制的企业变革研究》，《科技情报开发与经济》2006年第6期，第79—80页。

体间充分的互动关系。共享系统与各参与主体之间的信息传递与交流宜采用较为正式的文件、会议等形式进行。在网络环境下,电子文件、电子会议等方式的使用将极大地提高信息传递与交流的效率。(2) 各主体之间。系统自上而下传递的信息很大一部分要靠成员的横向交流来消化,成员主体之间的横向信息交流有助于各主体对共享系统运行状况的了解,促进彼此在合作与共享中关系的协调,加强对系统决策的理解和接受。此外,在信息反馈方面,横向交流可以帮助成员向系统提供更有价值的反馈信息。知识信息尤其是隐性知识的交流对各成员图书馆及共享系统人力资源的发展更是大有裨益。共享系统可以成立会员俱乐部,定期或不定期地举办大型会员交流会议。除了电话、邮件等通讯工具,建立QQ群、专门的网络讨论室或交流网站也是良好的选择,以此为成员提供更多交流机会。(3) 各主体内部。在各主体图书馆内部存在以下两种信息传递与交流的需要:图书馆管理层与相关各部门之间的纵向信息传递,各部门之间的横向信息传递。它的目的是推进各部门之间的配合,保证信息资源共享的最终实现。

2. 系统外部信息传递与交流。机制现状的调查结果表明,共享系统外部信息传递与交流方式相比系统内部的信息传递与交流较少被使用。信息资源共享系统需要建立基于公共关系的外部信息交流与传播。一个组织建立公共关系的目的在于树立良好的社会形象,赢得社会各界对自身的了解和信任,以便进行广泛的社会交往和互助,从而促进组织事业的成功。这不仅决定了组织的社会地位,还决定了组织的发展[①]。共享系统的外部信息交流包括系统与相关组织和用户的交流、用户之间的交流。(1) 系统需要与政府、信息生产者、知识组织者、各类信息服务者、物流等组织建立关系,在通过网站获得各组织机构相关发展信息、政策信息的同时,传递自己的发展规划、发展需求等信息,以获得更多资金支持、政策支持和合作机会。与用户进行信息交流的目的是掌握用户信息需求、获得用户建议,同时帮助用户对图书馆及共享系统有更多认识。这是系统存在的生命线。一般情况下,图书馆信息资源共享系统主要通过网站信息发布或某些问卷调查、宣传活动来与用户信息交流。用户可以通过各种手段,如口头、意见簿、电话、电子邮

---

① 胡昌平:《现代信息管理机制研究》,武汉大学出版社2004年版,第203页。

件、BBS 技术或其他方式向共享系统传递意见、问题等信息。图书馆在回应用户的过程中，增进用户对共享的认识。（2）用户之间的信息交流对信息资源共享也起着举足轻重的作用。信息商品具有团体消费的特性，用户之间的交流可能会最终促进偶然消费向必然消费的转变。所以，信息资源共享的社区化建设显得更加重要，比如论坛和增值服务等[①]。

（四）市场机制创新

所谓市场机制，是市场机体内诸因素如商品价格、供求状况、竞争关系等相互联系、相互制约，调节市场系统运行和组织经营活动的过程与方式的总称，是组织的运行机制。市场机制对社会资源的配置和经济的运行，起着重要的调节作用。市场机制一直被认为是营利性组织的专利，图书馆作为公益性组织，其合作与资源共享一直受计划经济体制的影响，存在着共享系统盲目求大，忽视共享成员个体差异；重技术和投入，忽视市场效率；资源共建分配不合理，容易失去相互间的信任和动力等问题[②]。整体上发展动力不足，缺乏社会影响力，需求不旺。而图书馆合作与信息资源共享除了扩大资源获得外，更重要的是赢得规模和范围经济以及市场竞争力[③]。因此，引入市场机制成为数字信息环境下我国图书馆合作和信息资源共享的迫切需要。图书馆信息资源共享建立市场机制并不意味着图书馆放弃其公益性。OCLC 的市场运行机制就是其成功的重要因素之一。OCLC 非营利的性质决定了 OCLC 必须自始至终以"扩充获取世界信息的途径，降低获取信息的费用"为自己的使命，使会员图书馆和用户从协作中获得最大的益处，同时也决定了 OCLC 在信息资源的投入和产出的评价上，不能沿用纯粹的市场模式，不能片面追求利润的最大化。比如，在经费的投入上，不仅要考虑到效率问题，而且还要考虑到公平问题；在经费的筹措和使用过程中，严格遵循公开、公平、公正的原则，由权威性的机构按照法律和行政法规进行独立的运作。OCLC 作为一个自治的独立法人实体，不仅通过推行公益服务的有偿分

[①] 马费城：《信息资源共享的市场规制》，《中国图书馆学报》2004 年第 3 期，第 5—10 页。

[②] 张会田：《市场意识下图书馆信息资源共享关键问题探析》，《情报资料工作》2006 年第 3 期，第 50—52 页。

[③] Lawrence, Gary S. "Radical change by traditional means: deep resource sharing by the University of California libraries" [J]. Serials, 2004, 17 (2): 119 – 125.

档式收费，扩大服务机构的资金来源，还通过借鉴市场机制中的理事制度、财务管理制度、绩效评估制度、独立签约制度以及激励机制、竞争与合作机制等企业化的管理方式强化了组织力量[①]。

图书馆信息资源共享的市场机制与营利性组织的市场机制不完全相同，这主要表现在两者的某些市场要素在地位和功能上有所差别。例如，价格是营利性组织市场机制的核心因素，对其市场行为有重要的调节作用；图书馆信息资源共享虽然也存在有偿服务，并且也正在探讨如何更加合理地为共享服务定价，但共享决策主要依据社会发展和用户的信息需求，并不直接受服务价格高低的影响。信息资源共享中的市场机制是指共享系统在遵循平等、互惠互利的原则下，引入市场观念，通过竞争与合作、合理的有偿共享、绩效评估、营销等市场策略，实现信息资源、物质资源和人力资源的优化配置，提高系统及其成员的竞争力。对于信息资源共享系统来说，建立市场机制最主要的目的是，通过竞争与合作发挥图书馆的主观能动性，使图书馆信息资源共享的发展遵循社会大市场的客观规律，实现系统效益最大化。具体来说，图书馆信息资源共享的市场机制可以从建设开放的系统、培养竞争意识、重视绩效评估和营销策略这几个方面来构建。

1. 开放的系统。开放性应是信息资源共享系统的根本属性之一。一个不关注外部环境变化，缺乏内外信息传递与交流的封闭系统必将因不符合社会需求而被淘汰。开放性要求信息资源共享系统对所处环境的掌控，帮助系统随时对信息技术的变革、政策法规的出台等做出反应，保持系统的先进性。除了共享系统内部成员的合作与协调以及和政府相关部门的沟通，系统应积极寻求与更多非营利组织和商业性企业的合作，如不同类型的信息资源共享系统，情报所、档案馆、博物馆、科研机构、其他图书馆等非营利性组织，出版社、数据库商、信息服务提供商等商业性组织，以此获得更丰富的资源。此外，建立开放性共享系统的目的之一是把握用户市场的需求，按需供应。只有加强与用户群体的交流与沟通，敏锐地发现用户的信息需求，实施以用户为导向的发展决策，才能保证共享系统作用的发挥及其可持续发展。

---

① 柳春阳、刘兹恒：《OCLC 对我国信息资源共享的启示——纪念 OCLC40 周年》，《图书馆》2007 年第 5 期，第 20—28 页。

2. 培养竞争意识。随着越来越多的个人和组织加入信息服务行业，图书馆必须拥有竞争意识才能在日益激烈的竞争中继续发挥自己的优势，而图书馆合作与信息资源共享作为一种竞争手段的同时，本身也需要融入竞争机制。图书馆在建立共享系统时，就应根据个体实际情况和用户需求，自主决策、竞争性地选择共享成员，实现信息资源的互补、兼容[①]。在共享系统的运行过程中，应建立与同行信息机构在信息市场占有率、用户满意度及社会地位等方面的竞争意识。这里的同行不仅是指商业性信息机构，还包括非营利性信息机构。竞争将带来共享系统信息服务质量和用户满意率的提高，带来系统运行效益的最大化以及图书馆社会地位的提升。

3. 绩效评估。市场机制要求图书馆合作与信息资源共享系统建立绩效评估制度，不只重视对系统建设和维护的投入力度，还应评估相对应的系统产出情况、系统运行的效率和效果、系统提供服务所产生的经济效益和社会效益以及用户信息需求的满足度。在充满竞争的环境中，定期的绩效评估是信息资源共享系统运行强有力的保障。

4. 营销策略。市场机制为信息资源共享系统充分发挥主观能动性提供了良好的环境，使用传统媒体、数字媒体、人际关系等途径构建有效的产品和服务营销策略将极大地提高共享系统的社会地位和运行绩效。此外，由于我国公众还没有建立足够的信息意识，营销策略的运用能够发掘公众潜在的信息需求，为共享系统拓展提供更多的机会。

（五）服务机制创新

图书馆一切工作的目的是传递和利用信息资源以满足用户的信息需求，信息资源共享乃是在个体图书馆服务能力有限的情况下被提出的，目的是实现图书馆的服务能力最大化。服务机制是图书馆信息资源共享机制体系的重要内容，关系到信息资源共享最终目的的实现。信息资源共享服务机制即是以用户需求为中心，通过提高服务人员素质，完善服务内容、服务方式、服务途径等，为用户提供高质量的信息服务，满足用户的信息需求。

具体来讲，信息资源共享服务机制的功能主要体现在以下四个方面：

[①] 彭晨曦，尹锋：《系统论观点下的网络信息资源共享机制的构建研究》，《图书与情报》2008年第4期，第72—75页。

（1）有效利用共享系统内的资源。服务是无形的活动和过程，但服务的完成需要有形载体的支撑。图书馆信息资源共享服务在资源利用方面有别于个体图书馆，共享服务所依赖的信息资源、人力资源和物力资源都远远超越个体图书馆的能量。如何在基于共享的服务中有效利用共享系统的丰富资源满足用户的多元化信息需求，是图书馆信息资源共享服务机制要解决的问题。（2）多途径不断创新共享系统的服务内容。创新是整个社会不断向前发展的源头。服务作为图书馆开展信息资源共享的目的，只有在不断创新之中，才能保持共享系统的发展活力。如何利用共享系统的资源整合优势，以及不断发展中的社会经济、文化、技术环境，以用户为中心多途径创新共享服务手段，是图书馆信息资源共享服务机制的重要内容。（3）制定合理的服务价格标准。随着全球信息经济的快速崛起，信息服务行业市场化步伐不断加快，图书馆信息资源共享服务既不能无视社会主义市场经济体制的形成，也不能脱离图书馆的公益性服务地位。制定合理的服务价格，是规范图书馆共享服务环境，保证共享系统可持续发展，保护用户权益的关键。（4）保障用户对共享系统的信任和忠诚度。用户对共享系统的信任程度是影响共享服务效果的重要因素，通过图书馆信息资源共享的优质服务为图书馆培养忠诚的用户群体是共享服务的任务之一。服务机制应探索各种增进共享系统与用户关系的措施，培养用户对图书馆信息资源共享服务的信任和忠诚度。由此可见，服务创新、服务定价和用户保障应是服务机制构建的重点。

　　多途径的服务创新。从图书馆信息资源共享整体来说，其所提供的服务可以归纳为以下七个方面：信息资源协调采集；联合目录和联合编目；馆际互借与文献传递；数字资源建设及资源合作储存；合作参考咨询服务；计算机资源共享；人员培训与业务辅导[①]。这些以图书馆合作与信息资源共享为基础的服务方式使图书馆的各类资源得到最优化的配置和最有效的使用。图书馆信息资源共享服务创新包括对已有服务方式的优化和设计新的服务方式两种类型。从机制现状调查结果可知，我国图书馆信息资源共享较为重视服务创新。根据国内外的共享实践，任一类型的服务创新都可通过发掘现有资

---

① 燕今伟：《图书馆联盟的构建模式和发展机制研究》，《中国图书馆学报》2005 年第 4 期，第 24—29 页。

源、引入新技术、开拓新的合作关系及依据图书馆用户和终端用户的新需求等途径实现。

合理的服务定价。价格是市场不可缺少的因素之一，稳定的市场秩序的建立离不开合理的商品价格。图书馆信息资源共享对提高图书馆服务能力的作用是不容置疑的，例如，合作数字参考咨询、电子文献传递服务的开展，但这种作用的发挥需要投入大量人力、物力、财力，需要足够的资金支持。为了促使图书馆信息资源共享的可持续发展，完善其服务机制以适应市场发展，共享系统必须制定合理的服务定价策略，使共享系统及其成员的投入获得有效的资金补偿，也为用户的合法权益提供保障。

（六）监督机制创新

作为国家职能的监督，其目的就是提示督促、防止差错、治理国事和维护秩序[①]。由此可见，监督机制的要素应包括监督者和被监督者、监督内容、监督手段、监督过程等，这些要素相互联系、相互作用并循环往复地运动，保证监督对象向有利的方向发展。信息资源共享监督机制应有以下几个具体目标：（1）保证共享系统遵守国家相关政策和标准，更加规范化、高效化。（2）协调各合作个体的关系及共享系统与外部环境的关系，建设和谐共享系统。（3）监控图书馆信息资源共享的实施过程，提高共享过程质量。（4）保证系统资源建设和服务符合用户需求。

就监督的方式而言，有结合管理权力的自上而下的监督、组织自我监督与不结合管理权力的自下而上的监督。作为自上而下的监督，如果没有广泛的自下而上的监督和自我监督作为基础和持久的动力，这种监督是极为有限的；自下而上的监督和自我监督，如果缺乏自上而下的监督支持和落实，也是难以奏效的。我国的监督体制，长期以来是由政府管理下的逐层监督体系。图书馆信息资源共享监督机制的建设应当使监督呈现多元化的结构，既有系统内部的自我监督，又有自上而下、自下而上的外部监督。在此监督体系中，共享系统首先应建立内部自我监督制度，主要是根据系统的发展战略和规章制度，建立包括共享系统管理部门、各参与个体负责人、员工在内的完善的自律监督体系，实现系统自我监督与完善。外部监督则包括政府、行

---

① 李长福主编：《邓小平理论辞典》，中国文史出版社2004年版，第631—632页。

业、用户、公众四大监督主体,监督手段除了在第 5 章已经论及的行政监督、法律监督以外,信息资源共享的监督机制还应包括行业监督、用户监督和舆论监督。

行业监督的组织形式是各行业协会或相应的组织监督。目前,我国图书馆信息资源共享的行业监督主体是中国图书馆学会,主要通过学会的规则与制度监督、约束、协调和控制其成员在资源共享中的行为,同时行使对成员利益的保护监督。行业监督的内容包括共享服务市场监督、资源共建共享业务监督、合作关系监督、系统形象监督、图书馆和用户合法权益保护监督等。美国图书馆协会在行业监督中的作用十分突出。针对 Google、美国出版商协会、美国作家协会签订的解决 Google 扫描由研究图书馆提供的数百万册书籍的法律纠纷的协议,美国图书馆协会代表 13.9 万个图书馆及 35 万位图书馆员的利益,提交了法律意见书。协会声称,虽然和解协议有可能向公众提供上百万书籍,但该协议的很多特征,包括竞争的缺乏可能危及图书馆平等获取信息、保护读者隐私、知识自由等图书馆基本价值。建议法院可通过规范 Google 的行为及书籍版权登记系统来减轻这些消极影响[1]。

用户监督是指用户或用户组织在法律允许的范围内,对共享系统信息服务质量和利用服务的结果进行评价与监督,以便在需求没被满足的情况下通过有效途径和方式进行自我利益保护的一种监督。用户监督是图书馆信息资源共享系统建设现状的最直接反映,用户监督的有效性与共享系统的发展有直接关系。共享系统应鼓励其成员馆为用户提供更多监督途径。一方面,可以邀请部分用户参与共享系统自我监督的组织体系,使用户在了解图书馆共享工作的基础上,更好地发挥其对服务质量和服务效益的监督功能。另一方面,可以使用传统的读者意见箱、读者投诉卡、调查问卷以及相应的网络方式获得用户的监督意见。

舆论监督是指公众利用各种舆论表达方式对国家事务、社会现象以及国家公务人员和一切社会成员的行为所实施的检查、评定和督促[2]。这种监督

---

[1] Library groups advise DOJ on proposed Google Book Search settlement [EB/OL]. [2010-1-15]. http://www.ala.org/ala/newspresscenter/news/pressreleases2009/july2009/doj_wo.cfm.

[2] 李云娣、董立新:《搞好新闻舆论监督的原则与方法策略》,《理论观察》2000 年第 5 期,第 89—90 页。

是一种自在的、无形的精神性力量，包括新闻舆论监督和社会公众舆论监督两种类型。通过舆论，不正确和不正当的行为受到谴责，正当的道德行为受到鼓励。在今天的社会中，以报纸杂志、广播电视以及电脑网络为形式的大众传媒的影响力正显现出愈来愈强大的趋势。很多学者将舆论监督称作为"第四权"，尤其是网络功能日益强大的情况下，舆论监督的作用更加受人关注。图书馆信息资源共享也同样处于新闻媒体和社会公众的舆论监督之中。虽然舆论监督有其自发性，但共享系统可以通过增强系统的透明度，例如，使用新闻发布会、网络等手段发布系统的进展报告，来促进舆论监督功能的发挥。

（七）政策保障机制创新

政策是人们为实现某一目标而确定的行为准则与谋略[①]，有权威性、约束性、指导性、稳定性及前瞻性等特点，可以保证政策对象的前进步伐不因环境改变而出现较大波动，有利于政策对象按规律发展。周文骏教授曾经指出："文献国际交流，从来就不是一个技术问题。在人类历史上，即使是在技术水平低下的时期，国际文献交流也没有停止过。国际文献交流的日趋扩大，主要取决于各国的交流政策"。[②] 信息资源共享是一项涉及众多组织、众多领域的复杂工作，政策保障机制是其稳固发展过程中必不可少的支持因素。在信息资源共享机制体系中，其他共享机制的运行都离不开政策的支持，例如，动力机制中利益平衡策略的完善，决策机制中决策主体的确立，交流机制中组织结构的变革以及对交流制度化的规定。信息资源共享政策保障机制是指政策保障体系中各要素相互作用、相互制约的关系及其功能，相关部门通过制定权威性且有指导性的政策内容，借助有力的执行体系为共享实践各项工作的实施提供保证。

图书馆信息资源共享的政策保障机制应具有以下三方面的功能。
（1）完善图书馆信息资源共享的政策内容。政策内容是图书馆信息资源共享政策保障机制的核心要素。我国目前已有若干单项的信息资源共建共享政策，大部分信息化政策、信息资源建设政策也都包含信息资源共享的内容。

[①] 王福生：《政策学研究》，四川人民出版社1991年版，第28页。
[②] 转引自肖希明：《国家信息政策与文献资源共享》，《情报资料工作》1997年第6期，第5—7、61页。

但还没有形成相互关联的政策体系，缺乏明确的政策重点和政策目标，可操作性差。政策保障机制的目标之一乃是建设涵盖共享各个环节的多类型、分层级的政策体系。图书馆信息资源共享政策框架一般包括信息资源整体布局政策、信息资源协调采集政策、书目信息资源共建共享政策、文献传递政策、信息资源共享相关知识产权制度、标准化规范政策、技术支持政策、经费与投资政策、管理政策等内容。我们并不是要专门制定一部图书馆信息资源共享政策法规，而是要将这些内容分布在图书馆法、出版法、书目工作法规、标准化法规、知识产权法规等不同领域的政策中，从而形成较为完善的图书馆信息资源共享政策体系[①②]。在涉及共享实践各个环节的基础上，政策体系可包括法律、法规、规章、原则、措施、办法、方法、条例等多种类型，不仅有国家级、地区级的共享政策，也有个体图书馆的共享政策。（2）明确政策制定的责任机制，保证政策的权威性和指导性。政策的权威性和指导性是政策发挥作用的关键。权威性的政策制定主体、政策制定的组织保证以及政策制定程序都需要在政策保障机制中被明确，这些与政策的权威性和指导性有密切关系。（3）保证图书馆信息资源共享政策的执行力度。长期以来，我国在缺乏信息资源共享政策的同时，已有的政策也存在着执行力度欠缺的问题。政策保障机制不仅要制定高质量的政策，还要保证政策在共享实践中被遵守。对图书馆信息资源共享政策实施的监督和评价应成为政策保障机制的重要内容。

  本节论述了图书馆信息资源共享机制创新的具体内容，动力机制、决策机制、信息传递与交流机制、市场运行机制、服务机制、监督机制与政策保障机制作为图书馆信息资源共享机制体系的子机制，都不是也不能孤立地发挥作用，它们之间存在着密切的相互作用、相互交融的关系，任一机制的运行在对其他机制发生作用的同时，也都离不开其他机制的支持。例如，动力机制是要促使各图书馆主体积极追求参与信息资源共享的利益，是图书馆信息资源共享存在、其他各机制运行的前提，而其他机制的良好运行同时也是动力机制的一部分，都将推动共享系统及其成员主观能动性的发挥。从图书

---

  ① 肖希明：《推进我国信息资源共享政策体系建设》，《情报资料工作》2005年第6期，第5—7页。
  ② 罗晓兰、肖希明：《我国信息资源共建共享的政策保障机制》，《情报科学》2009年第3期，第360—364页。

馆信息资源共享的目的角度看，服务机制应是共享机制体系的核心。

三、信息资源共享系统运行机制的绩效评估

图书馆信息资源共享机制的绩效评估，是对图书馆信息资源共享系统各支持机制的建设状况和运行状况进行检测，对机制支持下共享系统运行所产生的各效益指标加以估量，并反馈各种评估信息，从而为调整图书馆信息资源共享的组织管理模式、完善共享机制体系、优化共享机制运行效果、进一步扩大图书馆信息资源共享的社会效益和经济效益提供客观依据。图书馆信息资源共享机制反映的是共享系统各组成要素的相互作用关系及其功能，是共享系统发展的基础力量，其作用的发挥必须依附共享系统而不能独立存在，因此，图书馆信息资源共享机制的绩效与共享系统的绩效有密切的关系，对共享机制绩效的评估在很大程度上是在考察共享系统的信息资源、人力资源、物质资源之间，共享系统各成员之间是否按规律相互作用、相互联系，以及这种相互作用、相互联系为图书馆信息资源共享带来的效益大小。由于机制对图书馆信息资源共享的基础性推动作用，机制绩效评估应当伴随共享系统的运行而开展。从理论和实践来看，信息资源共享系统的绩效评估都在一步步完善和成熟，而图书馆信息资源共享机制的评估还极少进入研究的视野，为了保障评估对共享机制建设的反馈和完善作用，可将共享机制的绩效评估与共享系统的绩效评估同时进行。

（一）信息资源共享机制绩效评估的必要性

当前，信息资源共享系统朝着数字图书馆基础框架的战略转移。2008年年底，CALIS即向社会呈现了具有国际先进水平的开放式中国高等教育数字化图书馆的框架。这种利用先进信息技术整合一定区域和范围的信息资源、人力资源和物质资源，最终实现全社会信息资源共建共享的趋势是当代社会和经济发展的必然要求。图书馆信息资源共享战略目标的制定和实现必须以合适的机制体系为基础，通过绩效评估引导共享机制的完善是机制创新的重要内容，也是信息资源共享系统稳步提升绩效，实现可持续发展的关键。因此，图书馆信息资源共享机制的绩效评估具有其现实必要性：

1. 全面认识图书馆信息资源共享机制建设现状和运行效果的需要。图

书馆信息资源共享系统首先需要对决定其发展的机制建设现状有一个全面而清晰的认识，这包括共享机制体系及子机制的完整程度、机制与共享系统及所处环境的兼容程度、现有机制所具备的功能等。其次，机制的运行效果即对共享系统的实际作用力也是共享系统应当掌握的，系统应通过评估掌握其在各子机制作用下的外在表现，这包括动力机制作用下的共享系统参与发展的积极性、决策机制作用下的决策机构设置及决策制定情况等等。

2. 制定合理的机制建设目标的需要。通过绩效评估考察图书馆信息资源共享机制的绩效现状，从而明确其改进方向，进一步确定机制建设的具体目标。在数字信息环境下，技术发展、市场环境、信息经济瞬息万变，图书馆信息资源共享系统应密切关注环境的改变，建设具有高适应性的共享机制体系，保证共享系统的稳定发展。

3. 制定最优化绩效提高策略的需要。图书馆信息资源共享机制需要在不断完善中发挥其对共享系统的推动作用，若机制处于低绩效运行状态，将严重阻碍共享系统的发展。图书馆信息资源共享机制的绩效评估将为制定机制改进策略提供依据，只有通过分析共享系统机制的运行状况，以此为基础才能制定出最优化的绩效提高策略，促进机制建设目标的实现。

4. 深入认识图书馆信息资源共享系统发展现状的需要。目前，针对图书馆信息资源共享系统的评估理论和评估实践正在不断完善，但评估标准大多反映的是共享系统的资源建设、服务利用等外在表现，较少涉及共享系统深层次的管理机制等机制建设状况。忽视对图书馆信息资源共享机制建设状况的掌握，将大大影响社会对共享系统发展实际水平及共享系统可持续发展能力的判断。通过共享机制绩效评估，能够帮助共享系统及其成员全面深入认识资源共享的现状，有助于从根本上解决信息资源共享进程中存在的问题，实现信息资源共享更快更好的发展。

（二）信息资源共享机制绩效评估的维度

评估图书馆信息资源共享机制的绩效，就是要看共享机制体系的建设是否反映了共享系统各要素的相互关系，是否使这些关系处于最佳的存在及运行的状态，是否推动共享系统的有效发展。因此，可从以下三个方面来评估图书馆信息资源共享机制的绩效。

1. 机制体系的完善性评估。机制体系的完善性评估即是指对所构建的机制体系的健全程度的评估，检测其是否完全反映了系统各要素的相互关系，对共享系统的运行提供全面的支持和引导。完善性评估包括机制体系整体的完善程度评估和子机制的完善程度评估。机制是任何组织存在与发展的基础，对组织的竞争力有决定性作用。图书馆信息资源共享系统的成功运行需要有完善的动力机制、决策机制、信息传递与交流机制、市场机制、服务机制、有效监督机制和政策保障机制的支持，任一子机制建设的不完善都将影响这一机制功能的发挥，缺乏任一子机制都将使系统的发展存在严重的缺陷，从而阻碍信息资源共享满足全社会信息需求目标的实现，无疑也就阻碍了信息时代经济与社会的发展。

2. 机制体系的适应性评估。图书馆信息资源共享系统并不是孤立存在的，它与政治、经济、科技、文化等社会环境有着密切的物质与能量交换，在社会环境的发展过程中，对信息资源共享产生了越来越强烈的需要。图书馆信息资源共享的发展规律，就是要通过适应环境来保证更大范围信息需求的满足程度。作为共享系统运行基础的共享机制体系建设，更应当是共享系统所处环境的一面镜子，时刻关注环境的变化和需要，与现有环境保持高度的一致性。因此，不仅要对机制体系的完善性进行评估，共享机制体系的适应性评估同样有重要的意义。适应性评估所要考察的是共享机制对信息经济、市场体制、信息需求的多样化、信息技术的更新、政策环境等因素的适应情况，是机制体系动态性的反映。

3. 机制体系的有效性评估。建设完善的图书馆信息资源共享机制体系，保证机制体系对社会环境的动态适应性，这些都是为了建设更有利于共享系统发展的有效的共享机制。对共享机制体系有效性的评估是共享机制绩效评估的最终目的。有效性评估需要通过考察共享系统的运行效果来测定，具体表现在共享系统建立和发展的整个过程，包括图书馆参与共享的积极性和共享系统的发展动力、共享决策的效果、信息传递与交流的效果、市场竞争力等方面。图书馆信息资源共享机制的有效性不仅取决于各子机制的运行绩效，也与各子机制之间的相互融合有极大关系，因此，机制体系的有效性评估既要有各子机制的运行效果评估，也要有子机制之间的配合情况评估。

（三）信息资源共享机制绩效评估的内容

结合信息资源共享机制绩效评估的三个维度，具体分析其评估内容如下：

动力机制评估：从动力机制的含义可以看出，其对共享系统的支持体现在激励措施的形成。因此，对共享动力机制的评估就是要评估系统所实施的激励措施。其中，完善性所要评估的内容是激励措施的完善程度，即是要评估共享系统是否建立包括从内在思想的培养激励到外在的图书馆评估等监督手段、资金支持、奖惩方式、利益平衡保证、高质量的决策、完善的信息传递与交流机制、市场机制的构建、完善的政策支持等激励措施。动力机制适应性的评估可以包含完善性评估中，在计划经济时代，信息资源共享的建立和运行都是在国家行政手段的推动下展开，随着社会各个领域信息化进程的加快以及市场经济体制的成熟，图书馆信息资源共享的激励措施需要更加的多样化，图书馆信息资源共享的主观能动性需要被激发出来，从共享系统激励措施的完备程度，特别是利益平衡和市场竞争的建立，可以评估动力机制对现代社会复杂环境的适应情况。而动力机制有效性的评估则要看其是否激发了图书馆和共享系统的内在动力，图书馆是否参与了合适的共享项目以及项目绩效情况，图书馆在参与共享的过程中投入和收益是否平衡等。

决策机制评估：决策机制至少包括决策主体、决策中的责权利关系、决策组织体系三个部分，评估共享决策机制的完备性时，要看共享系统是否有清楚的决策主体，用以保证决策者决策行为合理化的明确的责任、权力和利益结构，包括决策中心、智囊团、信息系统等在内的完善的决策组织体系。在计划经济体制之下，信息资源共享的决策主体是政府，图书馆较少发挥自身在决策体系中的主观能动性，缺乏责权利意识。决策机制适应性的评估就是要评估其与新的信息环境和市场经济体制的一致性。在新的信息环境下，国家应改变以往的做法，促使图书馆成为共享的决策主体，在整个决策组织体系中发挥主导作用，并为图书馆行使决策权给予强有力的权力和利益保证。此外，共享系统在决策中应根据不同情况灵活使用临时决策、短期决策、中长期决策等多种决策手段，且更加具有战略眼光，实施战略决策以保障系统在激烈的市场竞争中占据优势地位。由于决策机制是对决策机体运动变化规律的客观反映，并决定着共享系统决策行为的有效性程度。因此，共享系统决策机制的有效性需要通过评价系统在一段时间内各次决策的效果来体现，特别是战略决策的效果。

信息传递与交流机制评估：该机制是使信息被共享系统最大限度地传递使用的机制，包括信息传递与交流的对象、内容、途径、工具等要素，信息传递与交流机制完备性的评估对象即是这些机制要素的建设。由于图书馆信息资源共享系统的信息传递与交流包括系统内部和系统外部的信息传递与交流，这两种交流方式均包含交流对象、内容等要素，因此，机制的完善性评估可以分为系统内部的信息传递与交流评估和系统外部的信息传递与交流评估。我国以往受计划经济的影响，在行政决策手段为主的环境下，主要是自上而下的信息传递与交流模式，传递内容多是指令信息，缺乏自下而上的信息反馈和同级横向信息交流，对系统外部的信息传递与交流也有所忽视。数字信息环境为信息传递与交流提供了更为便捷的途径，再加上市场经济对效率和效益的追求，市场环境的日益复杂，图书馆信息资源共享有必要变革旧有的信息传递与交流机制。因此，机制的适应性主要反映在信息传递与交流网络的完备程度，是否既有自上而下和自下而上的纵向信息传递，又有同级横向信息交流；信息传递与交流系统是否广泛利用各种现代通讯工具；共享系统是否与用户、相关机构、政府等外部环境建立畅通的交流渠道。结合图书馆信息资源共享信息传递与交流机制构建的两部分内容，其有效性一方面体现在系统内决策的被认可情况，决策执行过程的准确性和决策执行效果；另一方面体现在共享系统的社会地位和影响力。

市场机制评估：信息资源共享的市场机制可以从建设开放的系统、培养竞争意识、重视绩效评估和营销策略这几个方面来构建。因此，市场机制的完善性评估即是指共享系统是否重视竞争意识的培养并建立与外部组织的竞争与合作关系、是否实施共享系统绩效评估、是否利用营销策略等方面。图书馆信息资源共享在计划经济体制的影响之下时，共享并没有建立市场机制，即使是在市场经济迅速发展的今天，大多共享系统依然缺乏市场竞争意识，引入市场机制本身就是图书馆合作和信息资源共享适应社会竞争环境的重要举措。市场运行机制的适应性评估则是要评估图书馆信息资源共享与社会大市场的融合程度，评估市场机制中的竞争意识、开放系统、绩效评估和营销策略等几个因素的完善程度，市场竞争的日益激烈要求图书馆信息资源共享构建更具优势的竞争与合作关系、完善的共享系统绩效评估体系、高效的营销策略。对于图书馆信息资源共享系统来说，建立市场机制最主要的目的是，通过竞争与合作发挥图书馆的主观能动性，实现系统效益最大化。因此，市场机制的有效性评估包括对共享系统竞争意识的强弱、所建立的竞争与合作关系的合理性、共享系统的利用率与用户覆盖率以及用户满意度的评估。

服务机制评估：通过服务满足用户信息需求是图书馆一切工作的目的，信息资源共享正是在个体图书馆服务能力有限的情况下被提出的，为了要使图书馆的服务能力最大化。从机制整体来看，图书馆信息资源共享服务机制的建设对其他子机制的依赖程度较高，是其他子机制的支持中心，动力机制、决策机制等的构建都是为了推动图书馆提供更符合用户需求的信息服务。因此，从一定程度上说，对其他子机制的评估是服务机制评估的一部分。本文所构建的图书馆信息资源共享服务机制包括服务创新、服务定价和用户保障三部分内容，每一部分对服务机制功能的发挥都有至关重要的作用。服务机制评估要考察共享系统是否制定服务创新策略、服务定价策略和用户保障策略，以及各个策略的完备程度，例如服务创新策略包含哪几种创新途径。服务机制的适应性评估主要针对以用户为中心的市场经济、信息经济以及信息技术的发展。服务机制的构建必须建立以用户为中心的理念，顺应信息经济以创新为根本的特点，重视服务的不断创新；顺应市场经济的发展制定包容经济效益和公益性的合理的服务价格，规范定价过程；完善用户保障策略，将用户纳入服务体系，重视用户培训，用户对共享系统的认知，在数字环境下加强用户隐私保护，多方面保障用户权益，提高用户对共享系统的信任和忠诚度。服务机制的功能体现在有效利用共享系统内的资源、多途径不断创新共享系统的服务内容、制定合理的服务价格标准、保障用户对共享系统的信任和忠诚度这四个方面。因此，有效的服务机制应具有以下特点：共享系统各项服务对资源的利用处于最优化状态；无偿服务与有偿服务定位适当，服务价格体现成本与效益标准；用户积极利用共享服务，对服务内容和服务定价有高的满意度。对服务机制有效性的评价可以从以上几个方面进行。

有效监督机制评估：有效监督机制的评估重点是对监督工作组织的评估。监督机制的完备性评估是要评估图书馆信息资源共享系统是否拥有多元化的监督组织结构,自我监督、行政监督、法律监督、行业监督、用户监督和舆论监督等监督手段在监督者和被监督者、监督内容、监督过程等方面是否明确。监督的完备性即多元化组织结构是共享监督机制适应信息社会的复杂信息需求、竞争激烈的市场环境的表现,监督对保证图书馆信息资源共享过程质量、提高共享服务质量、提高共享系统竞争力有极其重要的作用,在当前的信息环境下,保证监督机制的适应性除了建立多元社会化的监督体系外,还应协调监督体系中各监督手段之间的关系,明确各监督手段在监督体系中的最佳结构,完善法律监督,适当利用行政监督,重视自我监督、行业监督、用户监督和舆论监督。图书馆信息资源共享监督机制的具体目标包括保证共享系统遵守国家相关政策和标准,更加规范化、高效化等内容。因此,对监督机制有效性的评估要通过评估共享系统的标准化和规范化、共享系统的和谐性以及共享建设和服务的质量来实现。

政策保障机制评估:完备的政策保障机制应包括完善的图书馆信息资源共享政策内容体系、权威性的政策制定责任机构和执行机构。其完备性的评估对象应是图书馆信息资源共享政策内容体系的完善程度、政策制定和执行的组织保证体系建设。而健全的组织保证体系应包括政策制定主体、图书馆员及各类用户等信息支持人员、国家级的政策咨询机构、政策执行监督机构等。政策保障机制的适应性评估一方面需要关注当前图书馆信息资源共享的政策需求,评估政策内容是否适应图书馆信息资源共享的发展需要,例如,数字信息环境的迅猛发展要求加强数字信息资源共建共享政策、数字信息资源相关知识产权法律的制定和完善;另一方面,市场环境要求图书馆信息资源共享在法制化环境中运行,必须增强共享政策的权威性和执行力度,为提高图书馆信息资源共享的竞争力提供强有力的实际政策支持。政策保障机制的有效性体现在图书馆信息资源共享发展的方方面面,例如,共享系统有明确的发展目标、各参与方的利益平衡、稳定的资金投入等等。图书馆信息资源共享需要在稳定的环境中发展前进,政策即是保障这种稳定性的工具,因此,政策保障机制的有效性可以通过评估共享系统发展的稳定性来反映,而稳定性的具体表现是有法可依和有法必依,即共享系统在政策保障之下摒弃其发展的随意性,依照其发展规律不断接近共享的最终目的。

四、提高信息资源共享系统绩效的策略

随着社会的发展，社会各领域对信息资源共享绩效提出了新的要求，如何提高共享系统的绩效呢？如前文所述，机制乃任何系统运行之内在规律的反映，共享机制创新的实施是提高信息资源共享系统绩效的根本。而与此同时，信息资源共享体制、共享相关制度、图书馆管理文化等因素在一定程度上也决定着共享机制创新的实施效果及共享绩效的提高。

（一）完善信息资源共享的体制建设

体制是国家机关、企事业单位的机构设置、隶属关系和权利划分等方面的具体体系和组织制度的总称。它是制度体系中的一个方面或层面的内容，是关于国家或社会某一系统中组织结构、权力配置和利益分配格局的制度，它规定系统中各个运行主体的地位、权利和责任、权力和作用，决定各个主体之间的相互关系。笔者将体制重构与制度建设分开来进行阐述，是因为体制对信息资源共享绩效的影响有别于其他制度，而显出更加重要的作用。从机制的完善角度来说，体制是否合理与完善对共享机制运行状态具有主导性规定作用。如果某一社会系统的体制不合理，在该系统的体制未改变之前，系统内的总体权利、权力、利益结构基本保持不变，即使其他方面的制度作了合理的改革和调整，也很难使机制的总体运行状况得到根本的改善，从而提高系统绩效。因而可以说，机制的完善很大程度上取决于体制的改革和完善[①]。从信息资源共享机制创新的内容可以看出，机制创新的一个重要方向是改革计划经济体制环境下政府在信息资源共享计划中起主体决定作用的状况，推动共享系统及其成员主观能动性的发挥，机制体系中任一子机制的创新都与信息资源共享系统的权力配置等体制建设有直接关系，信息资源共享应建立符合我国社会总体体制走向的组织结构、权力分配体系。

在我国，各级各类图书馆都有自己清楚的隶属关系，像公共图书馆、高

---

① 高兰、李娟："机制"与"制度"、"体制"辨析［EB/OL］．［2010 - 2 - 5］．http：//www. Chinaelections. com/newsinfo. asp？ newsid = 126015.

校图书馆、中小学图书馆、科研专业图书馆等都隶属于不同的行政系统。信息资源共享系统是建立在个体图书馆通力合作的基础上的,从图书馆信息资源共享的历史发展来看,"条块分割"的行政隶属关系是阻碍共享前进的一大问题,也是目前通过法律难以完全解决的问题①,系统内的共享较易进行,而跨系统的共享较难开展。这种涉及多头利益的共享现状决定了其体制建设的复杂性。在社会主义市场经济体制迈向稳定发展的阶段,信息资源共享体制结构应具有如下特点:第一,全面考虑信息资源共享各相关主体因素。在社会主义市场经济体制中,多种所有制结构及分配制度都被包容在内,这也是该体制相比其他体制的优势之一。对信息资源共享体制来说,建设包容各相关主体因素(政府、共享组织、图书馆、用户、其他信息机构)的共享体制结构是完善体制建设的重要一环,也是消除机制创新的体制障碍所不可忽视的一环,任一主体的缺失都将影响机制创新的质量。第二,各相关主体责权利关系明确且合理。责权利关系是体制建设的主要内容。社会主义市场经济体制的一大特征是正确处理各主要因素的关系,这包括主次关系、隶属关系、利益关系等,将各因素放在最合适的位置上发挥作用。责权利到底是个怎样的概念呢?责,简单地说,就是个体应承担的义务、分内应做的事,责任、职责。例如在信息资源共享系统中,参与图书馆应按照各自在资源共建中承担的内容各负其责。权,就是权力,是指个人职责范围内的支配力量。它是完成责任的条件,任何个体都应具有与承担的责任相应的权力,才能使它的能动性和作用充分发挥。利,是与责任相应物质利益和精神利益的总称。个体图书馆只有在投入和收益相一致的前提下,才有持续参与共享的积极性。综合来说,责字当先,以责安权,以责定利,责到利生,它们是一种相辅相成、相互制约、相互作用的对立统一关系②。信息资源共享所涉及的利益主体较多,特别是在数字信息资源和网络共同构成的数字信息环境下,图书馆信息资源共建共享获得了更大的发展空间,但同时也增加了各相关主体利益关系的复杂性。共享机制的创新、共享系统的发展、共享目

---

① 李国新:《关于中国图书馆立法的若干问题》,《中国图书馆学报》2002年第1期,第15—19页。
② 浅谈"责权利" [EB/OL]. [2010-2-26]. http://wenda.tianya.cn/wenda/thread?tid=49df1e823136eacd.

标的实现都需要明确各相关主体的责任、权力和利益关系。

对于信息资源共享体制的完善,特别是跨系统图书馆共享组织,除了明确各利益主体的责权利关系,还应解决跨越国家行政体制障碍的问题。对于一个国家的图书馆事业来说,追求的目标应该是不同类型的图书馆共同构成国家的文献信息资源保障体系和图书馆服务体系。可以通过多种方式引导图书馆向淡化系统壁垒的方向发展,除了通过法律手段明确规定国务院文化行政部门具有指导、协调各类型图书馆的管理工作和文献信息资源配置的权力外[1],还可以通过制定约束力强的信息资源共享协议保障各参与方在资金、人才培训、资源共建等方面跨越系统界限,实现关系密切的实质性资源共建共享。

(二) 完善信息资源共享的制度环境建设

制度建设对信息资源共享系统绩效的推动作用体现在两个方面。第一,通过相关制度建设间接促进共享绩效的提高。信息资源共享的发展涉及社会政治、经济、科技、文化等多个领域,其绩效的提高也与这些领域的制度推动作用有关。例如,社会各领域对信息资源的强烈需求意识,社会对图书馆地位的认同,对图书馆发展的激励,对图书馆责任、权利、利益的明确,这些制度的形成都将促使图书馆追求共享机制的创新,提高信息资源共享的效益。第二,通过制度建设直接保障共享绩效的提高。与信息资源共享实践相关的各项制度的制定,将带来共享各环节运行效率的提高。如对共享系统各种信息交流方式的频率和细则的规定即可形成其良好的信息传递与交流习惯。由此可见,制度是否符合信息资源共享的运作规律,是提高共享绩效的关键。

1. 全民教育制度的建立。在 2000 年达喀尔"世界教育论坛"通过的《达喀尔行动纲领》中,世界各国已指出教育是"可持续发展和各国内部及各国之间和平与稳定的关键"[2]。2008 年 9 月,在美国举行的联合国千年发展目标高级别会议再次将"教育"列为政府和其他利益相关方面的关键行

---

[1] 李国新:《关于中国图书馆立法的若干问题》,《中国图书馆学报》2002 年第 1 期,第 15—19 页。
[2] 联合国教科文组织:达喀尔纲领——全民教育:履行我们集体的承诺 [R/OL]. [2010 - 2 - 1]. http://www.unesco.org.cn/ViewInfoText.jsp? INFO_ ID =70&COLUMN_ ID =0310&KEYWORD =.

动要点之一,认为教育是"提高人民生活质量和实现大多数千年发展目标的先决条件"。可见,国际社会已普遍认同,全民教育不仅是一种权利,它对于社会以及个人的全面发展都至关重要。从世界范围内图书馆事业发展的基本规律来看,国民受教育水平是影响图书馆事业发展速度的主要社会因素之一[①]。提高国民受教育水平在信息资源共享发展中的角色表现在:一方面,通过全民教育制度的完善增强图书馆的全民教育责任感,激发信息资源共享绩效提高的动力。全民教育的宗旨和最终目的是要满足所有人的学习需要,以提高所有人的基本文化水平和谋生的基本技能,让他们有尊严的生活,并有一定的意识和能力参与解决困扰世界的一些重大问题。通过开展全民教育,让全人类和平相处、共同进步,从而使世界走上可持续发展的道路[②]。图书馆是全民教育的一个重要阵地,特别是公共图书馆肩负着开展社会教育,提高全民综合素质,传播现代科学文明,开发智力资源,促进社会、经济发展,提升文明水平的重要职责,是一个国家或地区文明程度的标志。在全民教育制度中强调图书馆的社会教育功能,将促使图书馆重视自身所担负的全民教育责任,追求增强其服务辐射能力,扩大服务覆盖面,丰富服务内容与方式。为实现这一目的,图书馆参与信息资源共享、提高共享绩效的动力必然增强。另一方面,全民教育制度的完善及有效实施将极大激发全社会的信息需求,促使图书馆界普遍认识到信息资源共享的重要性。学海无涯,知识的海洋是无限广阔的,对知识的学习将带来对更多知识的需求。信息经济时代,信息需求主体将更加多元化、社会化,各个阶层均表现出强烈的信息需求。由于我国尚处于信息经济发展的初期阶段,长期以来,各地区经济、文化发展不平衡,在欠发达地区,许多民众的受教育水平低,信息意识薄弱,对信息资源在当今社会发展及个人发展中的重要性缺乏充分认知。全民教育面向的是社会各领域、各阶层、各年龄段的民众,其广度和深度的提高能够有效地培养所有社会成员和组织主动学习、不断创新的思想意识,由此必将产生对信息资源的极大需求。建立全社会信息资源的共建共享

---

① 李国新:《关于中国图书馆立法的若干问题》,《中国图书馆学报》2002年第1期,第15—19页。
② 现代教育思想专题 [EB/OL]. [2010-3-05]. http://www.sxffjx.com/xbpx/xdjysx/10.ppt.

来满足社会信息需求是图书馆事业发展的必然趋势，信息需求的多元化将使图书馆深切体会到提高共享绩效的必要性。

2. 图书馆法。图书馆法是调整与图书馆事业发展有关的各种关系的法律，例如，图书馆与政府、图书馆与读者、图书馆与各类资源供应商、图书馆与著作权人、图书馆管理者与工作人员之间的关系，其中，图书馆与读者之间的关系是图书馆法调节其他诸关系的目的。因此，从目的角度来说，图书馆法是保障图书馆事业发展和用户利益的法律法规。制定权威性、约束力强的图书馆法是中国图书馆界长期以来热切盼望和致力于实现的目标。法律具有明确性、强制性和较强的引导性，一部保障图书馆事业发展的图书馆法的颁布，对图书馆信息资源共享绩效的影响是根本性的。图书馆法对图书馆性质和职责、图书馆社会地位、管理体制、图书馆员准入制度、信息资源建设与共享、经费、设备等任一相关内容的法制化，都将为图书馆创造更加坚实的发展基础，激发图书馆的发展动力，也必然有助于信息资源共享绩效的提高。

3. 信息资源共享合作协议。数字信息环境下，为提高信息资源共享系统的竞争能力，需要构建一种经过正式组织、合作更加紧密、更具有协同性的共享模式，坚持成员之间平等、互惠互利及协议约束的图书馆联盟就是顺应这种需要而迅速兴起的信息资源共享的重要形式。约束力强的信息资源共享合作协议在协调联盟成员关系、成员与系统关系、联盟的发展运行方面发挥着至关重要的作用，成为图书馆联盟管理的主要工具。在图书馆联盟的组建阶段，联盟成员就应在协议中明确规定联盟功能、目标以及各成员义务。有了目标分解和任务规定，联盟的协调活动就成为实现目标的管理措施。协议制定过程中需要具体充分地分析各种合作方式的利弊，为各种不确定因素安排应对措施。如果外界条件变化，合作协议也需要相应的调整[①]。在印度，图书馆和机构管理者对资源共享的益处持更加开放的态度，图书馆间制定了很多正式的资源共享合作协议[②]。

[①] 苏海潮、萧德洪：《数字图书馆联盟的合作与协调》，《图书馆杂志》2004年第4期，第16—18页。
[②] Laxman Rao, N. "Knowledge–sharing activities in India" [J]. *Library Trends*, 2005, 54 (2-3): 463-484.

任何信息资源共享组织或项目都可签订共享合作协议来约束成员的合作行为，保证合作效果。在提高信息资源共享绩效方面，还需要拓展共享合作协议的内容和功能。首先，共享合作协议可以作为图书馆法的补充进一步完善共享体制建设，对成员图书馆、用户在图书馆信息资源共享系统管理中的角色进行明确阐述；另外，合作协议还可以为共享机制创新提供制度保证，决策机制中的决策组织体系建设，信息传递与交流机制中的信息交流对象、方式的明确，市场运行机制中的绩效评估和营销宣传策略，服务机制中的服务定价方法，监督机制中的多元化监督手段的使用，政策保障机制中的共享系统政策制定等相关内容都需要合作协议来保障。

（三）构建数字环境下的信息资源共享文化

在数字环境中，图书馆业态与图书馆的管理发生了巨大的变化。然而，数字环境对于图书馆的影响，不仅仅是改变了图书馆管理的技术手段和方法，也不止是提高了图书馆工作的效率，而是深层次地影响着图书馆管理者乃至所有图书馆人的价值观念、思维方式和行为模式，从而形成一种体现其所处时代特点和风貌的图书馆文化。这种文化所追求的目标，就是实现信息资源共享，满足全社会的信息需求。因此，对图书馆来说，信息资源共建与共享已经不仅是一项业务建设，或一种工作方法，更是一种文化境界和文化追求。数字环境下的信息资源共享文化应该具有以下几个方面的特点：

1. 注重合作与共享。在数字信息环境下，用户的信息需求呈现出主体多元化、内容综合化、载体形态多样化、利用高效化的趋势。任何图书馆都不可能单纯依靠自己的资源满足用户日益多元化的信息需求，因此，开展信息资源、人力资源、物质资源等多方面的合作与共享是图书馆管理的必然选择，而以网络为核心的信息技术在对图书馆合作与共享提出要求的同时也提供了极大的便利。数字环境下的图书馆合作与共享既包括图书馆之间的合作，也包括图书馆与其他信息机构在竞争中的合作共赢。既包括信息资源的共建共享，也包括人才培训、技术设施建设的合作与共享，以及更多信息服务合作项目的开发，因此，合作与共享成为数字环境下图书馆管理文化的显著特点。

2. 以人为中心。现代图书馆管理正在经历着从书本位向人本位的转变。

数字环境归根结底是为人服务的。数字信息技术改变了信息的生产、加工、存储、传递的方式，为信息资源共享提供了强有力的技术支持，最终目的是为了使人们更加广泛、方便、快捷地获取信息，以满足人们的信息需求。因此，数字环境下的信息资源共享更应把人作为其出发点和归宿点，要将以人为本的精神贯穿于信息资源共建共享的过程，以满足读者需求为宗旨来开发新技术、运用新技术，让新技术成为读者方便、快捷、准确获取信息资源的得心应手的工具；信息资源共享的各项制度建设，首先是要有利于读者对信息资源的充分利用；图书馆员更要牢固树立读者第一的思想，以满足读者需求为己任，努力提高服务质量。

3. 注重信息的横向交流。信息资源共享有赖于一个良好的信息传递与交流模式。在数字环境下，信息资源共享系统成员之间可以通过网络搭建的平台开展信息的横向交流。从组织信息传递角度来说，一个组织系统自上而下传递的信息很大一部分要靠组织成员的横向交流来消化，成员之间的横向信息交流有助于实现全馆成员对组织运行状况的了解，加强对管理层决策的理解和接受，促进联盟组织各部门间及部门内工作的协调。从团队建设角度来说，横向交流的加强可以提高成员间的凝聚力，在交流中激发成员的积极性和创造性。

4. 追求效率与效益。效率与效益观的建立是数字环境下信息资源共享文化的重要特点。数字环境下，信息资源共享系统将更加重视对社会信息需求的满足程度，对每一项业务活动进行投入产出分析，追求以尽可能小的投入获得尽可能大的经济效益和社会效益。注重效率与效益，有利于促使信息资源共享系统为达到目的而积极寻求最佳、最有效的方式方法，帮助系统成员在竞争日益激烈的信息市场中最大限度地发挥自己的价值，获得可持续发展的动力。追求效率与效益一方面要求信息资源共享系统多方位、多角度密切关注社会的信息需求，例如，通过了解用户对知识信息的"消费"价值观，选择更具适应性的信息资源共享方式；另一方面，应建立信息资源共享系统绩效评估指标体系，定期对信息资源共享绩效展开评价。

5. 加强法制化建设。信息资源共享需要法律制度的支持和规范，加强并完善法制是信息资源共享文化建设的重点。我国信息资源共享活动向来较为缺乏法律法规的指导,而在数字环境下,竞争的加剧、信息环境的复杂化、信息资源共享活动的拓展、对效益的追求等都要求制定完善的政策法规体系来保障信息资源共享活动的有效开展。我国已开始重视信息化建设中的法律法规建设。2008 年 11 月,文化部正式启动"公共图书馆法"立法工作,由文化部起草《公共图书馆法》条文,并委托国家图书馆联合中国图书馆学会,负责完成图书馆立法的相关支撑性研究。在此背景下,图书馆界、信息界应积极参与国家、地方图书馆法的制定,推动信息资源建设与共享领域信息政策的制定,在我国形成涵盖宏观、中观、微观各个层次的信息法律法规体系。

主要参考文献

图书

[1]Bertot, J. C., Davis D. M. *Planning and evaluating library networked services and resources* [M]. Westport: Libraries Unlimited, 2004.

[2]Conger, J. E. *Collaborative electronic resource management: From acquisition to assessment* [M]. Westport: Libraries Unlimited, 2004.

[3]James, E. Andrews. *Measuring library performance: Principles and techniques* [M]. London: Facet Publishing, 2006.

[4]Brophy P., Jenny Craven J., Margaret Markland M. *Libray without walls 6: Evaluation the distributed delivery of library services* [M]. London: Facet Publishing, 2005.

[5]White A., Kamal E. D. *E – Metrics for library and information professionals: How to use data for managing and evaluating electronic resource collections* [M]. London: Facet Publishing, 2006.

[6][英]理查德·威廉姆斯：组织绩效管理，蓝天星翻译公司译 [M] 北京：清华大学出版社，2002。

[7]李文静，王晓莉：绩效管理 [M] 东北财经大学出版社，2008。

[8]程焕文，潘燕桃：信息资源共享 [M] 北京：高等教育出版社，2004。

[9]方小苏：图书馆绩效评估 [M] 杭州：浙江大学出版社，2008。

[10] 高波：网络时代的资源共享——中日文献信息资源共享比较研究 [M] 北京：北京图书馆出版社，2003。

[11] 高凡：网络环境下的资源共享：图书馆联盟实现机制与策略研究 [M] 成都：四川人民出版社，2006。

[12] 胡宁生：公共部门绩效评估［M］上海：复旦大学出版社，2008。

[13] 黄长著，周文骏，袁名敦：中国图书馆情报网络化研究［M］北京：北京图书馆出版社，2002。

[14] 姜定维，蔡巍："平衡计分"保证发展［M］北京：北京大学出版社，2004。

[15] 姜定维，蔡巍：KPI，"关键绩效"指引成功［M］北京：北京大学出版社，2004。

[16] 罗曼：图书馆全面质量管理［M］合肥：安徽大学出版社，2003。

[17] 王怀明：绩效管理［M］济南：山东人民出版社，2004。

[18] 肖希明：信息资源建设［M］武汉：武汉大学出版社，2008。

[19] 肖希明等：数字信息资源建设与服务研究［M］武汉：武汉大学出版社，2008。

[20] 肖希明，袁琳：中国图书馆藏书发展政策研究［M］南京：南京大学出版社，2002。

[21] 卓越：公共部门绩效评估［M］北京：清华大学出版社，2004。

学位论文与报告

[1] OCLC Annual Report 1998/1999，1999/2000，2000/2001，2001/2002，2002/2003，2003/2004，2004/2005，2005/2006，2006/2007［R/OL］. http：//www.oclc.org.

[2] OhioLINK Snapshot 2001，2002，2003，2004，2005，2006，2007［R/OL］. http：//www.ohiolink.edu/about/publications.html.

[3] 付先华：图书馆联盟的模式与机制研究［D］武汉：武汉大学，2006。

[4] 李宏：图书馆共建共享效益相关问题研究［D］北京：中国科学院文献情报中心学位论文，2006。

[5] 林嘉：基于资源效益的图书馆联盟机制研究［D］武汉：武汉大学学位论文，2005。

[6] 乔欢：数字图书馆评价研究［D］北京：北京大学学位论文，2005。

[7] 唐琼：高校图书馆电子资源使用评价研究［D］广州：中山大学学位论文，2006。

［8］黄久华：电子资源共享图书馆联盟策略规划之研究［D］台湾政治大学学位论文，2003。

［9］王丽华：图书馆联盟运行机制研究［D］北京：北京大学学位论文，2008。

［10］张盛强：数字资源评估指标体系研究［D］成都：四川大学学位论文，2004。

［11］邹瑾：数字资源利用与服务绩效评估研究［D］武汉：武汉大学学位论文，2007。

［12］徐革：我国大学图书馆电子资源绩效评价方法及其应用研究．西安：西安交通大学学位论文，2006。

期刊

［1］Bundy A.，Amey L. Libraries Like No Others：Evaluating the Performance and Progress of Joint Use Libraries［J］. *Library Trend*，2006（4）：501 – 518.

［2］Anderson，D. Allocation of Costs for Electronic Products in Academic Library Consortia［J］. *College & Research Libraries*，2006（2）：123 – 135.

［3］Bertot，J. C. Measuring service quality in the networked environment［J］. *Library Trends*，2001（4）：758 – 775.

［4］Bertot，J. C. Libraries and networked information services：Issues and consideration in measurement［J］. *Performance Measurement and Metrics*，2004，5（1）：11 – 19.

［5］Bhatt R. K. Library Consortia：An Effective collaborative approach towards resource sharing［J］. *Journal of Library and Information Science（India）*，2006（1）：69 – 82.

［6］Bertot，J. C.，McClure C. R. Outcomes assessment in the networked environment：Research questions，issues，considerations，and moving forward［J］. *Library trends*，2003（4）：590 – 613，686.

［7］Bostick S. L.，Dugan R. E. The history and development of academic library consortia in the United States: An overview [J]. *Journal of Academic Librarianship*, 2001 (2): 128 – 130.

[8] Todeva E., Knoke D. Strategic alliances and models of collaboration [J]. *Management Decision*, 2005 (1): 123 – 148.

[9] Gatten J. The OhioLINK LibQUAL + 2002 experience: A consortium looks at service quality [J]. *Journal of Library Administration*, 2004 (3/4): 19 – 48.

[10] Hirshon, A. International library consortia: Positive starts, promising futures [J]. *Journal of Library Administration*, 2001 (1/2): 147 – 166.

[11] Duy J., Liwen Vaughan. Usage data for electronic resources: A comparison between locally collected and vendor – provided statistics [J/OL]. *The Journal of Academic Librarianship*, 2003 (1).

[12] Jeffrey N. G. Measuring consortium impact on user perceptions: OhioLINK and LibQUAL +^{TM} [J]. *The Journal of Academic Librarianship*, 2004 (3): 222 – 228.

[13] Motloch J., Pacheco P., Vann J. Sustainability for the Americas: Building the American network of sustainability consortia [J]. *International Journal of Sustainability in Higher Education*, 2007 (2): 183 – 197.

[14] Kettunen J. The strategic evaluation of academic libraries [J]. *Library Hi Tech*, 2007 (3): 409 – 421.

[15] Mats B. K., Ulf Sjöberg. Towards a comprehensive SCP – model for analysing strategic networks/alliances [J]. *International Journal of Physical Distribution & Logistics Management*, 2003 (5): 408 – 426.

[16] Mary, M. C. A snapshot in time: ARL libraries and electronic journal resources [J]. *Journal of library administration*, 2005 (2): 87 – 107.

[17] McClure, C. R. Strategies for collecting networked statistics: Practical suggestions [J]. *The Journal of Information and Knowledge Management Systems*, 2004 (4): 166 – 171.

[18] Nfila, R. B., Darko – Ampem, K. Developments in academic library consortia from the 1960s through to 2000: a review of the literature [J]. *Library Management*, 2002 (4/5): 203 – 212.

[19] Pandian, P. M., Jambhekar A., Karisiddappa C. R. IIM digital library system: Consortia – based approach [J]. *The Electronic Library*, 2002 (3): 211 – 214.

[20] Genoni P., Jones M. Collection coherence and digital abundance: Enhancing the effectiveness of document supply [J]. *Interlending & Document Supply*, 2004 (2): 109 – 116.

[21] Malviya. R. N., Kumar A. Networking and consortia management techniques [J]. *DESIDOC Bulletin of Information Technology*, 2007 (3): 21 – 30.

[22] Missingham R., Moreno M. Resource sharing in Australia: Evaluation of national initiatives and recent developments [J]. *Interlending & Document Supply*, 2005 (1): 26 – 34.

[23] Saracevie, T. Digital library evaluation: Toward an evolution of concepts [J]. *Library Trends*, 2000 (2): 350 – 369.

[24] Self, J. From values to metrics: Implementation of the balanced scorecard at a university library [J]. *Performance Measurement and Metrics*, 2003 (2): 57 – 63.

[25] Phipps S. Beyond measuring service quality: Learning from the voice of the customers, the staff, the processes, and the organization [J]. *Library Trends*, 2001 (4): 635 – 661.

[26] Steve H. Ching, Paul W. T. Poon, Ken L. Huang. Managing the effectiveness of the library consortium: A core values perspective on Taiwan e – book Net [J]. *The Journal of Academic Librarianship*, 2003 (5): 304 – 315.

[27] Hiremath U. Electronic consortia: Resource sharing in the digital age [J]. *Collection Building*, 2001 (2): 80 – 87.

[28] Yiping Bai, G. C. O' Brien. The strategic motives behind firm's engagement in cooperative research and development: A new explanation from four theoretical perspectives [J]. *Journal of Modelling in Management*, 2008 (2): 162 – 181.

[29] XiaoXia Yao, Ling Chen, LongJi Dai. Current situation and future development of CALIS [J]. *Library Management*, 2004 (6 – 7): 277 – 282.

[30] 蔡庆芬：国外资源共享系统对我国信息资源建设的启示［J］情报杂志，2000（11）：7—8，11。

[31] 白冰，高波：新西兰的图书馆信息资源共享模式［J］大学图书馆学报，2008（5）：55—58。

[32] 蔡瑞平：CALIS联机合作编目的优点、不足及急需解决的问题［J］图书馆设，2003（4）：47—49。

[33] 曹臻：我国区域文献资源保障和服务系统的建设与发展［J］图书情报作，2001（11）：72—74，29。

[34] 常红：图书馆联盟绩效评价探讨［J］图书馆建设，2005（5）：46—48。

[35] 常红：图书馆联盟绩效评价体系构建［J］图书馆学研究，2006（3）：39—41。

[36] 常红：图书馆联盟盟员绩效评价的模糊综合评判模型［J］情报杂志，2005（8）：38—39。

[37] 常唯：LibQUAL+™——图书馆服务质量评价方法新进展［J］大学图书馆学报，2003（4）：23—26。

[38] 陈传夫，肖希明：凝炼共识　昭示理念　推进合作共享——我们理解的《图书馆合作与信息资源共享武汉宣言》［J］大学图书馆学报，2006（2）：2—7。

[39] 陈红丽：CALIS特色数据库建设现状分析［J］图书馆杂志，2001（2）：5—7。

[40] 陈华：论国外区域性图书馆联盟［J］情报杂志，2007（4）：126—128。

[41] 陈利：CALIS联合目录西文书目数据丛编著录的质量分析［J］图书馆论坛，2006（8）：169—171，174。

[42] 陈凌，王文清：数字文献服务环境与CALIS统一检索平台［J］上海交通大学学报，2003（9）：31—35。

[43] 陈玉青，彭仁贤：21世纪数字图书馆联盟：香港JULAC（大学图书馆长联席会）实例［J］图书情报工作，2003（9）：6—10。

[44] 程焕文：图书馆联盟——21世纪图书馆发展的大趋势［J］图书情报

工作，2004（7）：5。

[45] 程慧荣，孙坦，黄国彬：e-Science 环境下数字图书馆建设机制初探——基于 DILIGENT 的建设方案 [J] 图书馆杂志，2006（8）：46—51，71。

[46] 崔旭：西部地区文献信息资源共建共享研究述评 [J] 图书情报工作，2006（1）：93—96，63。

[47] 戴龙基：《武汉宣言》昭示的理念 CALIS 推行的实践——谈《武汉宣言》倡议与 CALIS 建设目标的关系 [J] 新世纪图书馆，2006（5）：3—5，75。

[48] 董永梅，刘烨，高洁：基于行业的知识联盟构建研究 [J] 情报杂志，2007（12）：26—28。

[49] 范并思：建设一个信息公平与信息保障的制度——纪念中国近代图书馆百年 [J] 图书馆，2004（2）：1—3，15。

[50] 范小华，谢德体，龙立霞：数字资源评价指标体系研究 [J] 图书情报作，2008（10）：74—77，146。

[51] 范亚芳：高校区域教学联合体文献资源共享运行模式研究 [J] 图书情报工作，2007（8）：120—123。

[52] 冯承柏：图书馆联盟模式研究 [J] 图书情报工作，2005（12）：29—33，25。

[53] 方监：CALIS 和 NSTL 文献资源共享体系的比较研究 [J] 现代情报，2008（3）：81—83。

[54] 冯英，陈凌：技术创新对信息资源共建共享可持续发展的推动力 [J] 图书情报工作，2008（5）：24—27。

[55] 高波，李田章：中南地区高校图书馆馆际互借与文献传递的现状、问题及建议 [J] 图书馆论坛，2007（12）：196—200。

[56] 高波，吴慰慈：从文献资源建设到信息资源建设 [J] 中国图书馆学报，2005（5）：24—27。

[57] 高凡，徐引篪：国外图书馆联盟研究进展 [J] 图书情报工作，2006（4）：83—87。

[58] 高民：图书馆评估引入效益分析势在必行 [J] 大学图书馆学报，2007（1）：10—14。

[59] 谷遇春：论大湘西区域文献信息资源共建共享［J］中国图书馆学报，2006（1）：73—76，84。

[60] 顾德南，孟连生，蔡志勇，吕世炅：试论网络实时参考咨询服务——兼述 NSTL 实时参考咨询系统的建设与服务［J］图书情报工作，2005（7）：97—100，142。

[61] 顾潇华，郭春丽：信息化对我国经济增长贡献的测定——基于经济增长理论和国家信息化指数的研究［J］中国图书馆学报，2005（1）：90—91，97。

[62] 顾潇华，李洪建：文献信息资源共建共享运行机制研究的综合探析［J］中国图书馆学报，2001（4）：37—39。

[63] 郭黎康：对 CALIS 特色数据库的调查与分析［J］图书馆论坛，2005（12）：184—186，217。

[64] 郭平，张楚婕：文化信息资源共享工程建设研究［J］情报科学，2007（8）：1159—1162。

[65] 郭一平，王亮：数字图书馆联盟构建模式的选择与实践［J］图书馆论坛，2007（8）：1—3。

[66] 何朝晖，戴龙基，肖珑：共建共享数字资源的可持续利用研究［J］大学图书馆学报，2007（2）：61—64。

[67] 洪雁：大英图书馆文献提供中心对我国馆际互借工作的几点启示［J］图书情报工作，2003（4）：61—64。

[68] 胡昌平，谷斌，贾君枝：组织管理创新战略［J］中国图书馆学报，2005（6）：14—17。

[69] 胡昌平，谷斌：数字图书馆建设及其业务拓展战略［J］中国图书馆学报，2005（5）：13—16，33。

[70] 胡昌平，罗贤春：基于可持续发展观的协同模型——论图书情报事业发展［J］图书馆杂志，2005（7）：7—12。

[71] 胡昌平：面向用户的资源整合与服务平台建设战略［J］中国图书馆学报，2005（2）：5—9，24。

[72] 胡昌平：图书情报事业的社会化发展战略——国家可持续发展中的图书情报事业战略分析（1）［J］中国图书馆学报，2005（1）：5—9，20。

[73] 胡俊荣：构建粤港澳图书馆联盟联合体之我见［J］中国图书馆学报，2005（2）：36—38。

[74] 胡燕菘：图书馆数字资源使用评价研究［J］中国图书馆学报，2005（4）：61—63，77。

[75] 胡小菁：CALIS 重点学科导航库及其影响［J］情报资料工作，2005（1）：106—108。

[76] 华薇娜：用户眼中的 CASHL——兼对用户界面设计的思考［J］大学图书馆学报，2008（3）：9—11。

[77] 黄碧云，方国辉：CALIS 引进网络数据库资源利用现状及思考［J］图书情报工作，2002（5）：76—78，75。

[78] 黄长著，霍国庆：我国信息资源共享的战略分析［J］中国图书馆学报，2000（3）：3—11。

[79] 纪陆恩：OCLC 三年战略计划及其思考［J］图书馆杂志，2001（4）：32—33。

[80] 李富玲，卢振波：数字图书馆联盟研究［J］大学图书馆学报，2005（2）：11—15。

[81] 李浩凌，肖珑，徐成：用户满意度调查法在数字资源评估中的运用［J］大学图书馆学报，2007（1）：41—46。

[82] 李国庆：世界图书馆联盟的典范：OhioLINK 的信息资源共享模式研究［J］图书情报工作，2004（7）：13—16，89。

[83] 李家清：我国图书馆联盟进展及发展策略［J］情报资料工作，2007（2）：76—79。

[84] 李军凯：CALIS 馆际互借与文献传递网的现状与发展［J］图书馆杂志，2005（10）：30—33。

[85] 李晓娟：ICOLC——学术交流体系中的图书馆界代表［J］图书馆杂志，2006（2）：59—61，58。

[86] 李卓卓：数字馆藏评价标准选择［J］图书馆理论与实践，2008（5）：5—11。

[87] 林佳，李京华："CALIS 重点学科网络资源导航系统资源选择与评估标准"的建立与思考［J］大学图书馆学报，2005（1）：38—41，48。

[88] 林嘉：欧美及我国图书馆联盟的建设与发展［J］图书情报知识，2003（2）：75—76，96。

[89] 林嘉：网络环境下图书馆联盟建设的思考［J］中国图书馆学报，2003（2）：32—34，44。

[90] 刘春丽，徐跃权：资源共享联盟内部费用分摊模型研究［J］图书馆工作研究，2007（2）：175—177。

[91] 刘光容：解读图书馆联盟的组织模式与运行机制［J］情报杂志，2007（6）：122—123，121。

[92] 刘光容，王真：图书馆联盟的组织结构与管理制度研究［J］情报理论与实践，2007（3）：354—356。

[93] 刘家新：联盟发展天津市高校数字图书馆的思考［J］图书馆工作与研究，2004（2）：2—4。

[94] 刘华，孟连生：电子资源使用统计的现状分析［J］图书馆建设，2007（2）：65—68。

[95] 刘磊等：网络环境下基于需求的地区信息资源共享系统评估研究［J］图书馆理论与实践，2007（2）：1—3。

[96] 刘莉：CALIS 资源建设中存在的问题和思考——CALIS 重点学科网络资源导航库发展建议［J］大学图书馆学报，2008（6）：104—107，32。

[97] 刘彦丽，梁南燕：服务绩效评估促进信息资源共建共享的可持续发展［J］图书情报工作，2008（5）：20—23。

[98] 刘勇敏：升级版 CALIS 重点学科导航库的调查与评析［J］大学图书馆学报，2007（4）：56—59。

[99] 柳春阳，刘兹恒：OCLC 对我国信息资源共享的启示——纪念 OCLC 40 周年．图书馆，2007（5）：20—23，28。

[100] 楼靖华：文献信息资源共建共享的利益平衡机制研究［J］图书馆杂志，2006（5）：20—23，32。

[101] 马先皇：中美图书馆联盟比较研究——以 Calis 和 OhioLINK 为例［J］情报资料工作，2007（1）：86—91。

[102] 莫少强：建立珠三角数字图书馆联盟 实现跨系统文献资源共建共

享——广东省推进跨系统文献资源共建共享的经验和今后设想［J］图书馆论坛，2009（6）：121—124。

［103］梅海燕：电子资源使用统计研究［J］大学图书馆学报，2009（3）：82—86，107。

［104］彭晨曦，尹锋：系统论观点下的网络信息资源共享机制的构建研究．图书与情报，2008（4）：72—75。

［105］戚文：浅议CALIS联合目录数据库书目质量控制［J］图书馆论坛，2004（2）：97—99。

［106］阙本旭：CALIS高校专题特色数据库建设及实践——以"潮汕文献数据库"为例［J］图书馆论坛，2006（6）：14—16。

［107］盛小平：OhinLINK的成就及启示［J］大学图书馆学报，2008（6）：8—13。

［108］史永强，齐玉强：天津高校数字化图书馆联盟投资效益分析的几个问题［J］图书情报工作，2005（12）：43—47，78。

［109］史继红：电子资源使用绩效的评价［J］情报资料工作，2007（5）：55—58。

［110］孙秀丽：高校图书馆数字资源建设与利用的调查分析［J］大学图书馆学报，2008（6）：45—50。

［111］索传军，郭艳艳，冯阳飑：国内外数字资源服务绩效评估研究之对比分析［J］图书情报工作，2008（6）：67—70，149。

［112］索传军：电子资源服务绩效评估的含义及影响因素分析［J］图书情报知识，2005（6）：66—69。

［113］索传军：数字馆藏服务绩效评估指标体系及其构建原理［J］图书情报知识，2006（9）：5—9。

［114］汪萍：图书馆信息资源共享区的结构与功能研究——以江苏省高校图书馆文献信息保障体系为例［J］图书馆，2007（1）：61—64，68。

［115］王芹，王永喜：对文献资源共享服务的调研与分析［J］图书馆建设，2007（1）：69—71。

［116］王堃：论过程、过程管理与过程监控［J］质量与可靠性，2005

(1): 32—37。

[117] 吴敏,周德明:论文献资源共享评估机制——以上海科技文献共享服务为例 [J] 图书馆, 2007 (5): 24—28。

[118] 肖希明:信息资源建设:概念、内容与体系 [J] 中国图书馆学报, 2006 (5): 5—8。

[119] 肖珑等:CALIS数字资源评估指标体系及其应用指南 [J] 大学图书馆学报, 2008 (3): 2—8, 17。

[120] 谢春枝,燕今伟:图书馆联盟绩效评价的研究实践及思考 [J] 图书情报知识, 2007 (2): 96—99。

[121] 徐革:电子资源评价之重要影响因子的调查研究 [J] 大学图书馆学报, 2006 (3): 77—81, 96。

[122] 许桂菊:网络文献传递服务:面向最终用户的资源共享 [J] 大学图书馆学报, 2006 (5): 16—19。

[123] 杨毅,桂君,周迪:CALIS引进电子资源地区分布研究 [J] 大学图书馆学报, 2007 (3): 68—73。

[124] 姚晓霞,陈凌,戴龙基:对我国信息资源共建共享可持续发展的思考和启示 [J] 情报图书工作, 2008 (5): 16—19。

[125] 姚晓霞等:对我国信息资源共建共享可持续发展的思考和启示 [J] 图书情报工作, 2008 (5): 16—19。

[126] 姚晓霞,陈凌,朱强:CALIS服务政策的解析与实践 [J] 大学图书馆学报, 2011 (1): 22—26, 10。

[127] 叶宏:论图书馆联盟的运行机制 [J] 图书馆, 2007 (2): 56—58, 123。

[128] 张惠君等:"CALIS重点学科网络资源导航库"标准与规范述评 [J] 大学图书馆学报, 2006 (3): 28—32。

[129] 张晓林等:国家科技图书文献中心的效用形式及其评价 [J] 图书情报工作, 2008 (3): 62—65。

附录Ⅰ 信息资源共享系统绩效评估指标体系权重调查表

尊敬的专家：

您好！我是武汉大学信息管理学院图书馆学专业 06 级的博士生，正在进行博士学位论文"信息资源共享系统绩效评估研究"的写作，该论文也是＊＊＊教授主持的国家社科基金课题"文献资源共享系统绩效评估"研究的主体部分。本次调查是恳请您对信息资源共享系统的评估指标权重给出您的意见，并填写各层次评估指标权重表。我采用的是利用层次分析法进行专家调查，共七个表，完成整个问卷大约会花费 10 – 15 分钟时间。您提供的所有信息将只用于研究统计并将严格保密。如果您需要，我会及时将信息资源共享系统绩效评估指标赋值结果予以反馈。烦请于 2009 年 1 月 24 日前完成问卷的回答，发送到 < smileforever96@126.com > 邮箱中。万分感谢您的支持！

武汉大学信息管理学院＊＊＊
"文献资源共享系统绩效评估研究"课题组
2008 年 12 月

请您阅读以下内容以了解各项指标的内涵和填表方法：

信息资源共享系统绩效评估指标体系（一、二级指标）

一级指标	二级指标	主要测评点
资源	更新速率	联合目录和自建数据库、网络资源导航的更新情况
	覆盖率	联合目录对成员馆藏资源的覆盖状况；系统可存取的数字信息资源所覆盖时间、学科、类型、语种等范围
	结构和布局	资源体系的构成及其各成分的比重，资源学科结构、类型结构、地域分布、学科分布、图书馆类型结构等均衡状况
	可知晓性	资源揭示、组织和整合以便提供利用的状况
	可获取性	通过文献传递、馆际互借等有效方式实现资源的获取，资源的开放获取程度，数字资源的长期保存
成员	成员结构	历年成员增长比率和成员覆盖率、参与共建和共享成员占系统总成员的比例
	成员就绪度	考察成员对参与系统共建共享活动在人员、经费、设备、培训和宣传方面的准备状况
	成员参与度和使用度	统计系统中参与共建和共享成员占系统总成员的比例，考察成员实际参与系统共建共享活动的状况
	成员收益	成员参与系统活动节省的费用，参与系统服务后终端用户的增量
服务和利用	服务内容和项目（产品）	考察图书馆基本服务中实现信息资源共享系统服务的比例，系统提供培训和技术支持
	服务基础和利用保障	重点考察系统故障率、系统应对故障能力以及系统安全问题
	资源和服务利用状况及其效率	体现为各类利用分布均衡性、利用频率及响应时间、终端用户访问数量

续表

一级指标	二级指标	主要测评点
	服务效益和利用效果	服务受益的成员范围、产生了的服务量、系统对图书馆业务的支持和人员的培养、终端用户的覆盖率、系统统计的成功访问率、系统帮助和投诉处理、终端用户满意度
	满意度	成员对系统提供的资源和服务的满意度
投入和支出	经费来源	经费的充裕度、经费来源的稳定性
	成本控制	经费分配的合理性、收支平衡、为系统成员节约的成本
	资源利用成本核算	从次均使用成本、人均服务成本、最大访问量统计、同类资源利用成本差异几个方面来反映。
管理和流程	组织结构的合理性	系统行政隶属关系和管理部门的设置,考察系统组织结构的协调性、灵活性和稳定性,系统管理人员的构成及其专业化和人员配备的合理性;对成员加入准则、章程和契约,成员组织和分工,组织文化
	流程的科学性和周期控制	流程设计的合理性、流程运转效率、流程监控和反馈
	运行机制的有效性	从系统战略决策模式、系统利益协调原则、系统和成员之间的信任关系、组织的沟通途径和渠道、项目科学管理、成员激励和约束细则、服务质量控制和绩效评估运作、系统风险防范措施、系统监控和危机应急方案等多个方面综合考察
外部效益	公共关系	从制定国家信息化战略导向性规划(含系统支持、组织或参与提出的信息政策和公共信息活动量及影响范围、影响程度)、公共需求调研、品牌塑造和公共形象三个方面综合考察信息资源共享系统的公共关系
	市场合作	根据上下游的合作(与出版商的合作和与信息服务商的合作),政府政策倾斜和物质、资金支持,以及社会捐赠状况(捐赠者、捐赠金额和捐赠的连续性)综合评估

续表

一级指标	二级指标	主要测评点
	整体效益	解决行业发展成员共同面对问题（如标准制定、知识产权问题），利用相同资源系统支出的横向比较、集团购买单位资源的平均优惠幅度来体现直接经济效益，利用系统资源、服务、产品和工具延伸开发系统或服务的单位统计及所产生的增值服务量

在确定信息资源共享系统绩效评估指标体系权重中，我们采用的是层次分析法（AHP）。我们将各级指标分别列于不同的矩阵中，请您两两比较这些指标的相对重要性。打分方法如下：

两两比较打分方法

相对比较	标度
两标准同样重要	1
一标准比另一标准重要	3
一标准比另一标准极端重要	5
重要程度介于1、3、5之间	2、4

注意： 如果情况相反，一指标与另一指标相比相对次要，则取上述各数的倒数。

例如，在下表中，将纵坐标轴上的"资源"与横坐标轴上的"服务"进行比较，若某专家认为"资源"比"服务"重要，则在相应空格处填3；反之，若认为"服务"比"资源"重要，则在相应空格处填1/3。同样，将纵坐标轴上的"服务"与横坐标轴上的"成员"进行比较，若某专家认为"成员"比"服务"重要得多，则在相应空格处填1/4，若认为"服务"比"成员"重要得多，则在相应空格处填4。

	资源	服务	成员
资源	1	3	1/4
服务		1	
成员			1

您只需要填满对角线右上方的空格即可（空白部分）。

以下表格请您填写：

请您根据以上方法两两比较 6 个一级指标的相对重要性。

	资源	成员	服务和利用	投入和支出	管理和流程	外部效益
资源	1					
成员		1				
服务和利用			1			
投入和支出				1		
管理和流程					1	
外部效益						1

非常感谢您的支持！请您继续对以下一级指标下的各个二级指标进行专家评判。

1. 请对"资源"下的 5 个二级指标两两比较其重要程度：

资源	更新速率	覆盖率	结构和布局	可知晓性	可获取性
更新速率	1				
覆盖率		1			
结构和布局			1		
可知晓性				1	
可获取性					1

2. 请对"成员"下的 4 个二级指标两两比较其重要程度：

成员	成员结构	就绪度	参与度和使用度	成员收益
成员结构	1			
就绪度		1		
参与度和使用度			1	
成员收益				1

3. 请对"服务和利用"下的 5 个二级指标两两比较其重要程度：

服务和利用	服务内容和项目（产品）	服务基础和利用保障	资源和服务利用状况及其效率	服务效益和利用效果	满意度
服务内容和项目（产品）	1				
服务基础和利用保障		1			
资源和服务利用状况及其效率			1		
服务效益和利用效果				1	
满意度					1

4. 请对"投入和支出"下的 3 个二级指标两两比较其重要程度：

投入和支出	经费来源	成本控制	资源利用成本核算
经费来源	1		
成本控制		1	
资源利用成本核算			1

5. 请对"管理和流程"下的 3 个二级指标两两比较其重要程度：

管理和流程	组织结构的合理性	流程的科学性和流程运作控制	运行机制的有效性
组织结构的合理性	1		
流程的科学性和周期控制		1	
运行机制的有效性			1

6. 请对"外部效益"下的 3 个二级指标两两比较其重要程度：

外部效益	公共环境	市场合作	整体效益
公共环境	1		
市场合作		1	
整体效益			1

7. 您的其他想法和建议：

十分感谢您耐心的填写，值此岁末年初祝您身体健康，万事如意！

附录Ⅱ 信息资源共享系统绩效评估二级指标权重计算结果

说明：Wi 为权重值，小数点后保留 4 位。

1. 资源

判断矩阵一致性比例：0.0611；对总目标的权重：0.2156。

信息资源共享系统绩效评估资源二级指标权重

资源	更新速率	覆盖率	结构和布局	可知晓性	可获取性	Wi
更新速率	1.0000	1.4918	2.2255	0.4493	0.3012	0.1539
覆盖率	0.6703	1.0000	2.2255	0.4493	0.3012	0.1311
结构和布局	0.4493	0.4493	1.0000	0.6703	0.4493	0.1031
可知晓性	2.2255	2.2255	1.4918	1.0000	1.0000	0.2694
可获取性	3.3201	3.3201	2.2255	1.0000	1.0000	0.3425

2. 成员

判断矩阵一致性比例：0.0075；对总目标的权重：0.1765。

信息资源共享系统绩效评估成员二级指标权重

成　　员	成员结构	就绪度	参与度和使用度	成员收益	Wi
成员结构	1.0000	0.6703	0.3012	0.4493	0.1239
就绪度	1.4918	1.0000	0.4493	0.4493	0.1672
参与度和使用度	3.3201	2.2255	1.0000	1.0000	0.3722
成员收益	2.2255	2.2255	1.0000	1.0000	0.3367

3. 服务与利用

判断矩阵一致性比例：0.0531；对总目标的权重：0.2911。

信息资源共享系统绩效评估服务和利用二级指标权重

服务与利用	服务内容和项目	服务基础和利用保障	利用状况和效率	服务效益和利用效果	满意度	Wi
服务内容和项目	1.0000	1.4918	0.5488	0.2019	0.2019	0.0837
服务基础和利用保障	0.6703	1.0000	0.8187	0.5488	0.2466	0.0982
利用状况和效率	1.8221	1.2214	1.0000	0.8187	0.4493	0.1588
服务效益和利用效果	4.9530	1.8221	1.2214	1.0000	0.3012	0.2101
满意度	4.9530	4.0552	2.2255	3.3201	1.0000	0.4492

4. 投入和支出

判断矩阵一致性比例：0.0688；对总目标的权重：0.1494。

信息资源共享系统绩效评估投入和产出二级指标权重

投入和支出	经费支持	成本控制	利用成本核算	Wi
经费支持	1.0000	2.2255	2.7183	0.5352
成本控制	0.4493	1.0000	2.7183	0.3140
利用成本核算	0.3679	0.3679	1.0000	0.1508

5. 管理和流程

判断矩阵一致性比例：0.0688；对总目标的权重：0.1002。

信息资源共享系统绩效评估管理和流程二级指标权重

管理和流程	组织结构	流程控制	运行机制	Wi
组织结构	1.0000	0.3012	0.4493	0.1551
流程控制	3.3201	1.0000	0.6703	0.3943
运行机制	2.2255	1.4918	1.0000	0.4506

6. 外部效益

判断矩阵一致性比例：0.0386；对总目标的权重：0.0671。

信息资源共享系统绩效评估外部效益二级指标权重

外部效益	公共环境	市场合作	整体效益	Wi
公共环境	1.0000	2.2255	2.2255	0.5217
市场合作	0.4493	1.0000	0.5488	0.1919
整体效益	0.4493	1.8221	1.0000	0.2863

图书在版编目（CIP）数据

信息资源共享系统绩效评估研究/肖希明，李卓卓著.
—北京：学习出版社，2013.3
（国家哲学社会科学成果文库）

ISBN 978-7-5147-0321-4

Ⅰ．①信… Ⅱ．①肖… ②李… Ⅲ．①信息资源—资源共享—评估—研究 Ⅳ．①G203

中国版本图书馆 CIP 数据核字（2013）第 023204 号

信息资源共享系统绩效评估研究
XINXI ZIYUAN GONGXIANG XITONG JIXIAO PINGGU YANJIU
肖希明　李卓卓　著

责任编辑：李　岩
技术编辑：王晓勇
封面设计：肖　辉　杨　洪

出版发行：学习出版社
　　　　　北京市崇文门外大街 11 号新成文化大厦 B 座 11 层（100062）
　　　　　010-66063020　010-66061634
网　　址：http://www.xuexiph.cn
经　　销：新华书店
印　　刷：北京新华印刷有限公司

开　　本：710 毫米×1000 毫米　1/16
彩　　插：2
印　　张：20.75
字　　数：329 千字
版次印次：2013 年 3 月第 1 版　2013 年 3 月第 1 次印刷
书　　号：ISBN 978-7-5147-0321-4
定　　价：56.00 元

如有印装错误请与本社联系调换